U0872019

海外投资移民

实用指南

黄正东 主编

Practical Guide to Overseas Investment Immigration

法律出版社
LAW PRESS·CHINA

《海外投资移民实用指南》编委会成员

主　编：黄正东

副主编：童之伟　张亚卿

编　委：何　嵘　张洪涛　高　洁　余本军　米晶晶

童之伟

中国著名法学家，现任华东政法大学法学教授、宪法学学科带头人和博士点带头人，兼任中国宪法学研究会副会长，上海市宪法研究会会长。童教授是在我国主流法学期刊发表论文数量较多和在中外有影响的法学家之一。童教授对中国法学的主要贡献是提出和证明了法律法权中心说。其代表作是《国家结构形式论》(北京大学出版社 2015 年版）和《权利、权力与法权中心说：当代中国的实践法理》(Right, Power, and Faquanism: A Practical Legal Theory from Contemporary China , Brill, 2018，博睿学术出版社 2018 年版）。

邮箱：zwtong98@163. com

张亚卿

北京大成（武汉）律师事务所高级合伙人、大成律师事务所中国区知识产权专业委员会副主任，担任大成武汉办公室竞争与反垄断专业组负责人。中国民主建国会会员，武汉市法学会竞争法研究会常务副会长兼秘书长。张亚卿律师从 1996 年开始从事律师工作，在合规、竞争与反垄断、知识产权与科技、并购与重组等公司业务领域从业，擅长用商业思维解决复杂法律争议。

邮箱：Yaqing. zhang@dentons. cn

何嵘

北京大成律师事务所高级合伙人，武汉仲裁委员会仲裁员，中华全国律协涉外律师领军人才。本科和研究生毕业于武汉大学，并获得英国伯恩茅斯大学法律与金融专业硕士学位，曾在美国麻省理工学院进修法律和工商管理。

何嵘律师在投资移民、收购与兼并、境内外投资、私募股权基金的设立和运营、资本市场方面具有丰富的经验，并担任政府部门、多家大型国有和上市公司的法律顾问。

邮箱：rong. he@dentons. cn

张洪涛

北京大成（青岛）律师事务所合伙人，中国海洋大学国际法学硕士、东北财经大学法学学士。

张律师在海事海商、国际贸易、公司法、合同法、商事诉讼、仲裁领域颇有建树，他是青岛市律师协会海事海商委员会副主任、中国海洋大学法律硕士教育中心法律实训专家库专家、山东省国际贸易摩擦法律顾问团团员。

张律师是学者型律师，代表性论文有《无船承运人研究》《域外证据公证认证制度质疑》《无单放货证明责任》，参与编著《经济法教程》。

邮箱：hongtao. zhang@dentons. cn

高洁

（Ms. Jie (Joy) GAO）

2003 年毕业于山东大学，获法学学士学位，2006 年毕业于 Durham University（英国杜伦大学），获 LLM 法学硕士学位，2015 年毕业于 Missouri State University（美国密苏里州立大学），获 MBA 工商管理硕士学位。在加入大成之前，高律师执业于金杜律师事务所，并曾就职某欧洲外商独资企业任法务总监。

高律师现在是北京大成（济南）律师事务所合伙人，担任济南办公室跨境投资与贸易专业组负责人。

高律师主要执业领域为投资并购及资本市场领域。高律师从事法律工作十余年，曾为多家大型国有企业及私营企业的境内外上市、债券发行等提供法律服务，并为多家境内外大型企业和跨国公司的境内及跨境股权及资产并购交易提供法律服务，涉及食品饮料、房地产、基础设施、矿产能源、制造业等行业。

邮箱：gao. jie@dentons. cn

余本军

上海兰迪律师事务所高级合伙人、南京大学法律硕士、美国芝加哥大学肯特法学院法学硕士。曾任国内大型保险公司的法务经理，以及纳斯达克上市企业董事会秘书，负责企业日常的法律、上市公司合规业务处理以及企业对外投资项目。余律师曾在北京大成（上海）律师事务所工作 5 年时间，业务专长包括金融与保险、上市公司合规管理、公司并购与重组、对外投资，执业期间曾服务于上海汽车集团、太平人寿保险有限公司、天安保险、中原银行等大型企业，其高效优质的法律服务，得到了客户的一致好评。

邮箱：yubenjun2004@163.com

米晶晶

毕业于华东政法大学，现就职于北京大成（上海）律师事务所，专注于代表不同行业的欧美跨国公司和境外客户，提供涉及公司交易、境内/跨境并购、合资合作等方面的综合法律服务。

邮箱：jingjing.mi@dentons.cn

序　言

《海外投资移民实用指南》这本书对赴国外投资移民和非移民性签证程序提供了一个全面且易于遵循的指南。该书对包括美国、加拿大、澳大利亚、新西兰、白罗斯、英国和欧盟主要国家在内的不同国家的移民政策有着重要的启示。

全球人口之间联系越来越密切,世界各国的投资和移民机会也逐渐涌入。基于了解这种联系性以及对国民经济的潜在积极影响,许多国家都引入新移民投资签证机会,改革原有政策。现在每个人都有自由选择各种各样的移民机会。与任何移民政策一样,公共政策是投资签证政策和程序背后的驱动因素,政策是不断变化的,且遵循严格的规章制度,这可能会给那些有限移民经验的人带来困惑和阻碍。

作为主编,黄正东先生从近 30 年的移民律师经验和知识中汲取并主导创作大量的著作,为投资移民程序和法规提供了深入的研究。黄先生选择的移民律师和移民专家为寻求投资和移民机会的个人提供有益的见解和信息。

本书成功地达成了目标,解决寻求投资移民机会的人们的困扰,让读者有机会探索和评估各种投资移民机会。这本书花时间深入研究每个国家的政策,为读者详细解释各个国家移民的程序、要求、潜在费用、资格、限制和好处。

本书是一本很好的工具书，它将帮助潜在的投资者了解他们的投资机会和各种移民项目的相关限制，以便他们可以更有信心地进行投资，并更积极地作贡献。

移民法律和政策经常发生变化，本书包括最新的政策和法规，这对于希望以投资方式获得永久居民签证的人是非常珍贵的资源。

包龙图先生

美国中西部与中国合作协会董事长

2018 年 12 月

Foreword

The book *Oversea Investor Immigration* offers a comprehensive and easy to follow guide for foreign investment immigrant and nonimmigrant visa procedures. The book delivers important insightsinto the immigration regulations of a diverse group of countries including United States, Canada, Belarus, New Zealand, Russia, the United Kingdom, and the major countries in the European Union.

Due to a greater interconnectedness among global populations, there has been an influx in individuals seeking investment and immigration opportunities in countries around the world. Understanding this interconnectivity and its potentially positive effects on a national economy, many countries have introduced new immigrant investment visa opportunities and reformed established policies. Individuals now have the personal freedom to choose from a wide variety of immigration opportunities. As with any immigration policy, public policy is the driving factor behind the investment visa's policies and procedures, and as such policies are ever - changing and are inundated with strict regulations that may be confusing and discouraging to an individual with limited immigration law experience.

As Editor - in - Chief, Mr. John Huang draws from his nearly thirty years of experience and knowledge as an immigration attorney to masterfully create a collection of writings which providean in - depth look at investment immigration procedures and regulations. Mr. Huang ' s selection of immigration attorneys and industry expertsprovide helpful insights and information for individuals who seek investment and immigration opportunities.

This book successfully accomplishes its goal to relieve confusion amongst individuals seeking investment based immigration opportunities by giving the reader the chance to explore and evaluate a variety of investment immigration opportunities. This book takes the time to delve deep into each countries' policies, providing the reader with detailed descriptions of the procedures, formal requirements, potential fees, eligibility, limitations, and benefits of each immigration process.

This book is a wonderful tool, which will help potential investors understand their investment opportunities and the associated limitations of various immigration programs, so that they may invest more confidently and contribute more positively.

Immigration laws and policies are often changing, and *Oversea Investor Immigration* includes the latest policies and regulations, which-will prove to be an invaluable resource to many individuals hoping to obtain an investment based permanent resident visa.

Gov. Bob Holden

Chairman of MidWest US – China Association

Bob Holden

前　言

这是一部介绍21个国家吸纳投资移民的体制、方法和路径的可靠著作，由在中美两国都声誉卓著的黄正东律师[①]主编，相关国家的权威移民法专家和律师撰稿，很有实用价值。主编者选择的这21个投资移民介绍单元，绝大多数属于发达国家或地区，其余的也都是有代表性、有特色的发展中国家，它们地跨欧洲、北美洲、南美洲、亚洲和大洋洲。可以说，这些国家或地区，构成了当今世界最有投资移民价值的地域。

我本人和我的家庭没做投资移民的规划，但我认同亲戚朋友和国人的一切投资移民意向、努力和行为。我持这一开放态度的基本理由，有如下数种：

投资移民是资本和劳务在全球范围内进行市场化配置的重要表现。市场经济，世界市场，其形成和维持的基本条件之一就是资本和劳务在全球范围的自由流动。投资移民行为中的对外投资，是资本自由流动长河中的一朵普通浪花。至于移民，则是地理大发现以来，劳动力这一最活跃生产要素全球性自由配置的首要表现形式。实际上，今日世界市场的一些极重要组成部分，其本身就主要

---

① 作为大成律师事务所高级合伙人，黄正东博士荣登2017年、2019年伊利诺伊州超级律师（Super Lawyer）荣誉榜。

是由移民运动形成的，北美洲、南美洲、大洋洲，都是如此。移民也程度不等地参与了，当今世界市场的其他重要组成部分的创造，并充当着其中的生产者和消费者角色，如欧盟。

从宪法角度来看，投资移民是公民人身自由、迁徙自由诸多实现形式中不可缺少的形式之一。人身自由又称身体自由，是个人按照自己的意志和利益支配自己的身体，不受约束、控制或妨碍，自主进行行动的权利。实现充分的人身自由，不仅应在国内保障个人身体和行动不受他人干涉，不受非法逮捕、拘禁，不被非法剥夺、限制、搜查，还应保障个人出国和向国外移民的自由。另外，我国宪法未把迁徙自由规定为公民的基本权利之一，但此举仅仅表示国家不承担保障义务，绝不表明国家禁止公民行使这项自由。事实上，中国自从实行社会主义市场经济以来，国家一直在通过户籍改革和推行人才流动政策等措施促进公民享有迁徙自由。中国实行这些改革、政策和发展市场经济，正在为将迁徙自由重新纳入宪法保障的公民基本权利范围创造条件。

投资移民也是个人生活或志趣选项多样化的一个具体方面，可以理解为公民追求幸福的一种方式。自由的直观表现，就是生活或志趣的选项至少不低于两个。无一个以上选项则无自由，而选项越多越自由。自由是幸福的主要源泉，因此，无自由谈不上幸福，选项太少幸福指数会偏低。自由同时还是追求幸福的工具，没有自由不可能找到幸福。中国公民获得投资移民的自由，是改革开放以来中国人权保障取得的显著成就之一。当然，此处所说的自由，是约翰·密尔重视和曾撰写专著申论过的自由，即社会的自由，它同有些学者一贯津津乐道地谈论的对必然的认识是两码事。

最后我想说，没必要对个人投资移民之类行为作是否爱国的道德裁判，因为，投资移民与爱不爱国没什么关系。自孙中山活动的时代以来，无数事例表明，对于一个生于中国长于中国的人来说，他/她爱不爱国与其身体处于何种地域没有什么必然联系。

或许，说太多会显得多余，总之一句话：国人若欲以投资移民的方式追求人生的幸福，务必读读以黄正东大律师为核心的律师团队奉献给我们的这本书。

童之伟

华东政法大学教授

法治中国建设研究中心主任

二〇一九年二月五日

目　录

美国——您最佳的投资移民选择

作者简介

黄正东 John Z. Huang

北京大成律师事务所高级合伙人，耶鲁大学法学博士，上海同济大学和武汉大学客座教授，南京大学华智研究中心研究员。

黄正东律师于 1985 年至 1989 年就读于美国耶鲁大学，1986 年获该校法学硕士学位(LL. M)、1989 年获法学博士学位(J. S. D.)。黄正东在获得耶鲁大学法学博士学位之后，又于 1991 年取得伊利诺州理工学院芝加哥肯特法学院法律博士(J. D.)。他还拥有武汉大学法学硕士学位，拥有中国律师执照和美国纽约州、伊利诺伊州律师执照，被列入美国 Martindale - Hubbell 律师名录。黄正东律师擅长在公司法领域，国际贸易、国际投资、跨境兼并和收购、房地产、争端解决、商务签证及移民等领域为客户提供专业的法律服务。2017 年和 2019 年荣登美国伊利诺伊州超级律师榜(Super Lawyer)，2017 年被评选为杰出律师(Lawyer of Distinction)，2019 年入选美国诉讼律师荣誉院(Fellow in the Trial Lawyer Honorary Society)。

邮箱：zhengdong. huang@ dentons. cn

一、移民美国的优势

美国是一个移民国家。可以说,美国是由来自世界各国的移民及其后裔组成的国家。自由独立的精神、民主宪政的立国之本、世界一流的教育体系,使得美国成为许多移民的首选。从建国始,一拨又一拨的移民热潮造就了一个多元、多样、包容的社会。尽管不同种族拥有不同的文化和信仰,但美国社会制度的力量把各族裔移民聚合在一起。来自不同国家和地区的移民既保留了他们各自的宗教信仰和价值观,又各有所长地创造出个人及族裔的辉煌和传奇。综合来说,美国对海外移民的最大吸引力表现在以下几个方面:(1)卓越顶尖的教育体系;(2)健全的社会保障体系;(3)优越的创业环境;(4)得天独厚的自然环境;(5)多元和谐的种族关系;(6)保护人民权利、限制政府公权力的法律制度;(7)追求平等、鼓励创新、自信乐观的民族性格;(8)领先世界的科学技术和管理水平。

二、投资移民类别(EB-5)的设立

为了刺激美国经济增长,创造就业机会,吸引外国人到美国投资,美国国会于1990年修改移民法律,在职业移民类别中创设了第五优先方案。也就是说,美国EB-5投资移民方案是美国移民法中针对海外投资移民人士所设立的移民签证类别,简称“EB-5”

(Employment Based Fifth Preference)。

美国移民局具体负责 EB－5 投资移民的监管工作。根据投资移民法规,美国每年有 10 000 个签证名额分配给合格的外国投资移民申请人,其中有 3000 个签证名额预留给投资到目标就业区(Targeted Employment Area) 创立新企业的投资移民者。按照法律规定,投资移民申请人必须至少投资 100 万美元并经营一家公司,直接创造 10 个就业机会。

1993 年,EB－5 移民法规中特别增设了“区域中心移民方案”(Regional Center Pilot Program)。在区域中心里,投资移民条件进一步放宽:(1)将移民投资额由 100 万美元降至 50 万美元。(2)将“直接创造十个就业机会”的规定放宽为“直接或间接创造十个就业机会”。(3)申请人不再被要求直接经营某个企业,而是通过投资成为某项目的股东即可。这些修改,使 EB－5 成为美国所有移民类别中申请核准时间较短、资格条件限制较少的一条便捷通道。

不过,1990 年国会设立投资移民类别后,在相当长的时间里外国投资申请人并不多见。刚开始的几年, 移民局每年只批准约 300 个至 400 个 EB－5 投资移民签证申请,后来逐渐增加到每年 2000 年到 3000 个签证,但离每年 10 000 个的配额仍然相差很远。近年来, 随着中国国力的大幅提升,许多经济雄厚的人士蜂拥到美国投资,美国出现 EB－5 投资移民热潮。从三年前开始,每年 10 000 个 EB－5 投资移民配额开始满员。中国 EB－5 投资移民申请人在世界各国总申请人数中占比 80% 以上。

三、美国投资移民 EB－5 的优势

美国投资移民 EB－5 的优势可以概括为以下几点：

1. 投资人只需证明投资资金系本人合法所得，并且投资资金不限定一定是通过自己经营企业的获利，通过继承或赠予取得的资金也是合法所得。

2. 投资资金安全：区域中心对投资金设有监管账户。移民申请获得移民局批准前投资资金并不投入项目中。投资人的 I－526 表移民申请被移民局批准后，他的投资资金才会被投入项目中去。

3. 投资人不必亲自参与经营及管理。

4. 无居住地点要求，无移民监的困扰。投资人获得“有条件”绿卡以及后来获得“无条件”绿卡后，可自由进出美国，无移民监的困扰。投资人可以选择在美国任何地方居住或工作。

5. 子女享受免费教育。投资移民申请一旦获批准，投资人的子女同美国公民一样，享受美国 12 年免费基础教育，可以优先进入美国众多优秀学府，申请就读一些外国人较难申请的专业和大学，而且大学期间只需缴同美国公民相同的学费。

6. 投资人、投资人的配偶以及未满 21 周岁的未婚子女均可同时获得绿卡。

7. 获得绿卡五年后可以申请入籍，成为美国公民。

四、EB－5投资移民必须满足的条件

1. 依法设立营利公司

所有的EB－5投资移民申请人必须向一个全新的商业企业进行投资，该企业必须于1990年11月29日后成立。成立于1990年11月29日之前的商业企业必须是通过并购或重组后产生的新的商业企业，或者是通过增加投资于某个企业使其年纯利润至少增加百分之四十或员工人数增加至少百分之四十的公司。商业企业指的是任何从事合法商业活动的营利组织，包括个体企业、合伙人，集团公司、合资公司、商务信托以及其他个人所有的商业实体。这个定义也涵盖拥有母公司和若干子公司的商业企业，只要每个子公司都是从事合法商业活动的营利组织即可。

2. 创造法定就业机会

EB－5投资申请人必须按照法律的规定进行投资，设立一个新的企业并创造10个全职就业工作机会。具体要求如下：(1)如果新设立的企业不位于投资区域中心，所有的10个新的工作职位必须由新公司直接招聘，也就是说，新公司必须是新聘员工的雇主。(2)如果新公司位于区域投资中心，新的工作机会可以由新公司直接或间接创设。(3)直接工作机会指的是新公司和员工们之间正式确立的雇佣关系。(4)间接工作机会指的是新公司成立后产生的工作机会，但是员工和新公司之间没有正式雇佣关系。(5)如果一个

企业被认定为是困难企业(troubled business),投资人必须证明至少在2年内维持该企业在增加投资前的雇员数目。困难企业指的是一个至少存在两年并且在递交I-526表投资移民申请之前12个月至24个月内营业亏损的公司。亏损额必须达到公司净资产的20%。

3. 所招聘员工必须符合法定条件

符合法定条件的雇员指的是美国公民、绿卡持有人以及任何有合法工作许可的外国人,如有条件绿卡持有人,难民或政治庇护人士,或驱逐令暂时被中止的人士,但是不包括投资移民申请人本人以及其配偶、子女,也不包括没有工作许可的外国人。全职指的是新公司所聘用的符合条件的每周至少工作35个小时的员工。位于区域中心的公司,全职还包括新公司间接产生的或衍生产生的每周至少工作35个小时的员工。有的情况下,两个甚至更多员工在同一工作岗位上工作,但只要每个人的工作时间达到每周至少35个小时,该员工就满足了全职工作的标准。但是几个临时工人在同一工作岗位上工作,即使几个人相加的时间满足了一个全职工作的时间要求,这种情况不够条件称为全职工作。同理,短期的,间接性的,季节性的工作都不能称为全职工作。不过,如果一个工作岗位能持续至少两年,就不应说成短期的,间接性的,季节性的工作。

4. 满足资本投资的要求

资本指的是现金、设备、库存、其他动产、现金等价物以及外国投资人财产担保的债务(该外国投资人的财产不能用于担保另外的债务)。所有资金都以美国货币为准。所有投资人的资金必须通过合法手段取得,非法获得的财产不得用于投资移民申请。资产可以包括移民申请人的银行本票或期票。投资人还必须证明本人是资产的合法所有人。

如前所述,投资移民最低投资款应为100万美元。但是在目标就业地区(高失业率或农业地区),最低投资款可以降低为50万美元。目标地区指的是移民申请人投资的农业地区,或者是失业率达到或超过全国平均水平150%以上的地区。农业地区指的是不属于任何大都市地区范围的地区或任何拥有20万人口的城镇的外围地区。

五、EB－5投资移民申请人的资格要求

相较其他国家而言,美国EB－5投资移民对申请人的资格要求相当宽松。而且EB－5的另一大特色就是“一人申请,全家移民”,即投资人本人、配偶和未满21周岁的未婚子女可以和主申请人同时移民。

EB－5申请人的资格要求列举如下:

1. 投资人必须年满21周岁;

2. 投资人不必有任何学历经商或工作经验的背景;

3. 投资人必须拥有50万美元的资产证明(赠与、继承等方式亦

可，但必须是源自合法正当的途径）；

4. 投资人必须已经或正积极将资金投入特定项目中；

5. 投资人身体健康，无传染性疾病，无犯罪记录。

六、美国 EB-5 投资移民申请流程表

EB-5 申请的流程包括以下几个主要步骤：首先，投资人要确定一个合适的商业项目。接着申请人按照规定将投资款投入所选择的项目里。其次，律师帮助准备申请文件并代表该投资人向移民局递交 I-526 申请表及所有支持证据。移民局审查 I-526 表申请并予以批准后，投资人获得两年有条件绿卡。投资人持有绿卡 1 年 9 个月后，通过律师向移民局递交 I-829 表申请，证明申请人已经满足了 EB-5 申请的所有条件。移民局审理无异议后将签发无条件绿卡即永久绿卡。

以下是 EB-5 投资移民申请流程图：

投资人确认具体认购项目并签约

↓

专业移民律师为投资人确定方案，准备申请材料

↓

投资人将资金投入项目或监管账户

↓

投资人将移民申请表（I–526）等全部申请材料递送至美国移民局

↓

美国移民局收件后审阅并完成审批。
审批若通过，申请人将收到由美国务院寄出的文件包，并在领事馆面试日期前填妥此资料。若未通过，则监管银行发还申请人存放于监管账户的投资款

↓

美国领事馆通知投资人面试日期，并要求投资人进行体检

↓

美国领事馆面试，移民官当场或之后告知面谈结果

↓

若面试通过，投资人将获得2年期有条件永久居民签证

↓

获得有条件签证后180天内，投资人必须赴美
投资人可举家迁往美国任何所欲居住的州。未来2年内，每年除需维持一定实际居住时间外，投资人在此期间可自由进出美国

↓

投资人进入美国21个月后（有条件签证到期前3个月），递交I–829申请表，请求解除条件

↓

投资人的I–829表被移民局批准后，获得无条件绿卡即永久绿卡。获得永久绿卡三年后，可以申请入籍

↓

获得永久绿卡后，投资人可以收回投资款

完成了以上步骤后，投资人和配偶以及未婚未满 21 周岁的子女会拿到永久绿卡。他们持绿卡并在美国居住满 5 年后可以申请美国国籍。除了年限区别外，有条件绿卡持有人和无条件绿卡持有人享有同等的权利和待遇。

七、投资移民应准备的材料（全部文件都需要经过翻译公证）

1. 投资移民申请人所需递交的个人信息材料：

（1）主申请人及其家属的护照复印件（第一页有照片的）；

（2）主申请人及其家属的出生公证；

（3）结婚公证；

（4）如申请人是离婚状态，则需提供离婚公证，如需带小孩一起移民则需提供抚养权证明公证材料；

（5）主申请人及其 16 岁以上家属的无犯罪记录公证；

（6）护照照片 4 张。

2. 资金来源证明文件：

（1）如果用公司利润来证明资金来源，则需提供如下资料：

①公司的注册资料：营业执照，章程，税务登记；

②公司五年的审计报告（资产负债表和损益表），五年累计的利润；

③经过公证的公司税单，如营业税等。

（2）如果用房屋买卖的利润来证明资金来源，则需提供如下

资料:

①房屋买卖合同的翻译公证;

②房产证等文件的翻译公证;

③买主的钱进入投资人银行账户的转账证明;

④购房时的收入证明,公司注册资料,或继承父母财产的文件证明。

(3)如果用投资股票的利润来证明资金来源,则需提供如下资料:

①股票账户两年的流水单,开户证明;

②目前工作单位和收入证明,即原始投资资金的来源。

(4)如果用银行贷款证明资金来源,则需提供如下资料:

①银行贷款文件的翻译件及原件复印件(公证);

②房屋抵押估价报告的翻译件及原件复印件(公证);

③银行转入投资人账户的贷款金额单据翻译件及原件复印件(公证);

④投资人现在任职的工作和收入证明。

八、创办美国投资移民区域中心(Regional Center)

截至2017年2月,美国共有879家区域中心被移民局批准,其中大部分区域中心都是近几年来建立的。区域中心已经吸引了越来越多的包括中国企业家在内的商界精英进行投资。这些区域中心都把目标客户或移民投资人集中在中国富人身上。

1. 创办投资移民区域中心的优势

EB－5 项目融资的方式有两种：一是个人直接投资于某个项目，二是通过区域中心进行投资。区域中心融资更具吸引力，因为移民局对区域中心创造就业机会的要求比直接投资的要求更为宽松。因此，为商业项目筹集低利率贷款，建立区域中心是一种十分可靠的方式。区域中心移民方案的优势主要有以下几点：

首先，绝大部分区域中心通过申请，可以获得 50 万美元投资门槛，从而大大降低移民投资人的投资额度和风险。在区域中心，投资人仅仅将资金投入某个项目中，自己不直接参与日常的企业管理，这是区域中心投资模式与其他投资模式最大的区别。投资人和家属移民美国后也不会被要求居住在区域中心或附近地区。区域中心除了要求投资人的资金投入外，不需要投资人提供其他资质。

其次，对于创造的就业岗位，除了直接创造的就业机会——区域中心直接雇佣的全职员工外，间接产生或衍生产生的工作机会也会被计算在内。按照移民法规定，个人投资人必须在所投资项目中直接创造 10 个全职工作岗位。而在投资区域中心，投资人只要能创造 10 个直接或间接或衍生的全职工作岗位，就符合了创造工作机会的要求。区域中心按照经济乘数来计算创造就业的数据，使它较容易证明所创造的就业机会。区域中心也更容易募集资金，因为法律对一个特定项目的投资人数没有限制，只要它能证明已经创造出法定数目的就业岗位即可。

最后，按照现行法规，任何人或任何公司都可以申请投资移民区域中心，无须其他特殊资质或许可证。任何公共的或私人的实体，只要致力于促进美国经济增长，增加出口销售，提高地区生产力，创造就业机会，增加资本投资，都可以申请建立区域中心。这类实体包括政府机构、合伙企业、公司及其他类型商业实体。

申请门槛为50万美元的区域中心，申请人必须证明其开发的项目位于目标就业地区（TEA），即高失业地区或农业地区。失业率的数据可以从美国人口调查局或者劳工部获得。失业率数据同时也可以在各州州政府网站上搜寻到。

2. 设立EB－5投资区域中心的审查和评估

任何区域中心申请必须附上投资项目。我们可以根据成熟度将所有投资项目划分为假设的、实际的及成型的三类。假设项目是指一个项目建议，包括一般性建议和一般性预测，预估该项目将促进经济增长。实际项目更进一步，包括很多可查证的细节，以及由经济计算或统计预测工具支持的评估和建议。申请人通常提供全面的商业计划和经济报告，准确地描述了项目，投资和创造就业机会的具体步骤。成型项目是区域中心申请人直接递交I－924表申请和I－526表投资移民申请，同时提交企业的组织文件和各种交易文件的复印件。

区域中心审批过程中最重要的一步就是确定某个项目的地理范围和经济效益，包括确定区域中心实际范围、面积大小、商业重点、企业结构、经营模式以及项目的投资金额。

3. 聘用专家或专业人士

申请设立区域中心需要聘用以下三种专家或专业人士：

(1)需要一位出具 EB－5 商业计划书的专业人士。商业计划书是申请区域中心的文件中最重要的文件。移民局对商业计划书有明确的标准：计划书必须详细描述在该地理区域内，区域中心将如何直接或间接创造满足 EB－5 要求的工作岗位，必须提交各种予以佐证的数据，研究和分析报告，包含投资金额的结构，筹划的投资项目，市场分析，竞争企业的名字，相对优势和劣势分析，竞争对手的产品和定价结构的比较分析，以及设立新公司的目标市场及潜在客户的具体描述。计划书应当列出必要的许可证和执照，描述制造或生产过程中所需的材料及货源。计划书还应详细列明各种材料或产品的分销或供应合同，对具体业务，营销策略，定价、广告进行详细分析。计划书还应详述企业的组织结构及高层管理人员的背景信息和经历，企业的用人要求及招聘时间表，以及所有岗位的职位介绍。计划书也应该包含预计销售额，成本及收入，并详细解释各项数据的来源或根据。计划书所有的分析和数据必须真实可靠，不能包含虚假信息。计划书还须包括管理、监察和运营该区域中心的详细要求。

(2)需要一位经济学家进行工作岗位的精算并撰写如何创造工作岗位的报告。这个报告对于区域中心至关重要，因为区域中心被允许使用间接或衍生创造的工作机会数字。

经济学家以合理的经济学方法计算出直接、间接或衍生的就业机会,甚至包括有些不在区域中心的关联就业机会。经济学家应该列举有说服力的证据,证明一定资金的注入或直接工作机会的产生必然导致产生一定数量的间接或衍生就业机会。经济学家同时必须确认区域中心是否位于目标就业地区(TEA)。所有这些分析都很重要,因为对于移民局来说,证据越令人怀疑,则越需要更杰出的专家作出说明。

(3)需要一位拥有 EB-5 合规文件起草经验及私募备忘录审查经验的证券顾问。证券顾问起草的文件不仅要符合证券交易委员会的联邦法规,也须遵循移民局的相关规定,其中最重要的是必须符合“风险”要求,即凡是有资格设立区域中心的投资人,为了获利必须将自己的资金实际投入该项目中承担“风险”。仅有投资意图是不够的,区域中心申请人必须对投资资金做出具有法律效力的承诺和实际投入。

4. 设立区域中心所需要准备的文件

上述专家及专业人士将起草区域中心申请过程中的所有文件。这些文件包括以下内容:(1)假设项目:①区域中心业务经营计划,区域中心所有权的企业结构协议;②项目业务计划;③经济学家出具的项目报告;④区域中心项目管理协议。(2)实际项目:除了以上文件外,还需准备全面的项目商业计划书,以及交易文件如投资者认购协议及私募备忘录。(3)成型项目:除了以上文件,还需准备最终交易文件,以及准备 I-526 投资移民申请表等。

完成以上文件后,区域中心申请人向移民局递交 I-924 申请表及支持文件。按照规定,区域中心向移民局递交 I－924 表后,就可以开始公开推广宣传该区域中心及投资项目。不过,需要指出的是,在移民局尚未正式批准该区域中心前,该中心不得接受投资者的投资款项。

美国移民局和相关机构将监控区域中心的活动并跟踪项目的就业情况。区域中心还必须每年向移民局提交年度合规报告及 I－924a 表。区域中心还必须向证券交易委员会,州及地方的证券监管机构提交相关文件。

九、EB－5 投资移民的风险控制

1. 投资移民申请人面临两个主要风险

第一个风险是资金风险。EB－5 移民投资指的是投资人将 50 万美元投入所选中的项目里,且大部分项目要求 5 年内不得撤资。但是,作为一种投资行为,风险是必然存在的。任何项目方或中介机构都无法保证 50 万美元资金的预期收益,或保证 50 万美元投资款在 5 年后如数返还,所以资金风险是 EB－5 项目的首要风险。

第二个风险是永久绿卡审批风险。投资人持移民签证进入美国后,他们将获得有效期为 2 年的所谓“有条件”绿卡,在“有条件”绿卡快到期前必须申请将其转为“无条件”绿卡。这里存在一个永久绿卡审批风险。移民局在决定“有条件”绿卡能否转为“无条件”绿卡时,将严格审查每个投资人的 50 万美元或 100 万美元投资款是否已经直接或间接创造了10个工作机会。但是在区域中心投资的投资人是不直接参与投资项目的日常经营管理，因此他们无法控制和决定他们的投资是否能在美国创造相应的就业机会。向移民局证明创造就业机会的任务实际上落在区域中心项目方身上。

2. 如何有效地规避及控制相应的风险？

办理美国投资移民是一个比较复杂的过程，需要谨慎分析各个具体项目以及每个项目的风险。除了选择成熟的项目之外，投资人还得依靠有丰富经验的移民律师的帮助。办理投资移民涉及一系列复杂程序，是专业性很强的业务，所以申请人应该聘请专业移民律师严格把关。专业律师为申请人精心准备所有文件和证据并在移民申请全程中协助当事人，为他们争取最大利益。当然，即使聘请了专业律师，完成了资金投资，但如前所述，任何投资都有相应的风险。如果投资失败，永久绿卡（I－829表）申请也可能被移民局拒绝。投资移民申请人必须对此保持清醒的认识。

十、结束语

从目前情况来看，美国EB－5区域中心已经面临重大调整。美国国会一些议员建议撤销区域中心，因为他们认为EB－5区域中心已经被开发商滥用甚至出现一些欺诈案件，而且很多项目并没有给偏远贫困地区或高失业地区带来显著的变化，或创造可观的就业机会。但是，大部分国会议员仍然坚定支持EB－5区域中心，认为

EB－5 区域中心计划已经吸收了大量外国投资者和资金,给美国公民创造了很多就业机会。他们认为 EB－5 区域中心需要改革,但不能一刀切地取消。目前较为流行的说法是,美国 EB－5 投资移民的投资金额将会上调,修改后的法律将更严格定义目标就业区,强化对 EB－5 审批过程的监管,防止诈骗;与此同时,美国证券委员会将加强对 EB－5 欺诈案件的审查。美国新一届政府已经积极鼓励外国企业和个人到美国投资办厂办企业。因此,我们对 EB－5 投资移民计划的前景仍然保持乐观态度,相信美国投资移民市场将会持续健康地向前发展。

开启墨西哥投资移民之门①

作者简介

Felipe Domínguez P.，墨西哥市马施云奥罗斯科麦迪纳会计师事务所财务、法务与转让定价业务主管，高级审计员。

Felipe Domínguez P. 先生是一名注册会计师（CPA）及注册财政师（PCFI），毕业于墨西哥国立理工学院，作为会计师学院成员已活跃了近20年。他作为墨西哥主要法人代表之一的税务委员会的成员，也是墨西哥税收管理服务局（SAT）及社会保险主管部门许可的纳税人代理。他的职业生涯专注于税收领域，曾在多家会计师事务所任职，包括曾在某四大会计师事务所从助理税务师到三年级税务经理的8年从业经历。

自2002年起，Felipe先生一直在墨西哥市的马施云奥罗斯科麦迪纳会计师事务所主管财务和法律业务（历任经理、主管），以西班牙语和英语为有意在墨西哥投资的外国投资者服务。他目前担任主管税务、法律和转让定价领域业务的负责人。在税务领域他专注于处理有关解决和实现国内外企业和个人债务的业务。

（翻译：王越律师团队）

---

① 本文内容来自笔者在马施云奥罗斯科麦迪纳会计师事务所工作期间为有意来墨西哥投资的外国人提供管理咨询（财务、法律、金融、劳动、贸易和转让定价）服务的个人经验。

本文提到的以墨西哥比索为单位的金额均以2016年第一季度与美元的平均汇率即1美元=18墨西哥比索进行换算。墨西哥比索以下简称比索。

摘要:世界投资风向向墨西哥转移

墨西哥是拉丁美洲地区最具外商投资吸引力的国家,同时在2015年位列全球最具吸引力目的地第九名(高于澳大利亚和印度)。因此,墨西哥被公认为投资、国际贸易的战略要地。

影响上述评级的最重要的优势在于墨西哥采用以降低贸易税率的优惠政策来吸引重要商品或贸易产品、当前多样化的市场、税务和货币政策、与美国边境的一体化、高产能的制造部门具有高期待值、墨西哥—美国—加拿大北美自由贸易协定(NAFTA)、拉丁美洲一体化联盟(LAIA)的可能性、外国投资者可无限制撤资或提取利润,以及墨西哥政局的稳定性①。

考虑到墨西哥签署的(12项有效)对外贸易条约和(包括北美和拉丁美洲区域在内共74项有效)避免双重征税或税收情报交换协定,墨西哥在诸多产业的商业开发、发展和管理上都是世界最具有吸引力的。

一、墨西哥国家概况

墨西哥是位于北美洲最南端的一个国家:北部毗邻美国,南部毗邻伯利兹城和危地马拉,东临墨西哥湾,西临太平洋。墨西哥拥

---

① 资料来源于科尔尼管理咨询公司的《2015外国直接投资信心指数》。

有近200万平方公里的国土,2012年人口约为一亿两千一百万人,是世界国土面积第十四大国和人口第十一大国。墨西哥的官方语言是西班牙语,此外还有67种当地语言,同时英语也是常用的商务语言。

二、外商投资制度

因近年来墨西哥极度重视经济发展,政府制定了一系列鼓励外资增长的指导方针。墨西哥的外商投资法在较为灵活的同时为投资者确立了重要的优惠政策,不但为企业设立节省了时间,也为外国投资者提供了必要的法律保障。

三、外商投资

很有必要说明的是,以下情况被视为外商投资:

- 外国投资者以任何比例在墨西哥企业的参股;
- 主要投资来自外国人的墨西哥企业;
- 外商投资法规定的其他外商投资活动和行为。

(一)外商直接投资

外国投资者不需要遵守过多的要求,可以直接参与投资大部分经济行业分类。然而,如果外商投资份额超过49%且总资产高于政府主管部门决定并在官方报刊公布的年度计划量，则需要取得许可。

（二）外商间接投资

外国人通过法律特别程序如信托或非股权投资（中性投资）等间接投资可以取得有限的权利和义务。

（三）中性投资

指墨西哥企业或信托受托方授权进行的、不视为外商直接投资的投资行为。

（四）国家外商投资委员会（CNIE）

国家外商投资委员会负责批准颁发有关在墨西哥进行外商投资的许可，并应在45天内作出是否批准的决定。

（五）国家外商投资登记处（RNIE）

国家外商投资登记处隶属于经济部（SE），负责控制和登记所有外商投资交易。

（六）能源改革

为迎接外商投资，墨西哥制定了一系列基于近来墨西哥宪法能源改革而带来的具有优惠政策的指导方针。能源改革和吸引外商投资主要是为提高石油、天然气、电力等相关能源领域的生产率。

四、贸易企业

墨西哥存在多种类型的资合性或人合性的集体法人和独体法人，最主要的有以下几种：

1. 股份公司(SA)；
2. 有限责任公司(S de RL)；
3. 公民社会(SC)；
4. 民间协会(AC)。

前两者主要承担以商业为目的的贸易职能，而后两者承担社会职能(但在特定规则下，它们也能部分或全部承担一定的商业职能)。相关法律法规对企业的设立有以下规定：

1. 不约定企业的经营期限；
2. 有限责任公司的注册资本应由股东在公司章程中约定；
3. 股份公司的最低注册资本可由股东自行约定；
4. 发出通知和召集会议的方式更加灵活；
5. 对于小股东权益有更多的保护措施。

(一)在墨西哥选择适当的企业类型

在墨西哥开展商业计划时，外国投资者首先应当考虑的就是确定一种最佳的经营模式，即他们要成立什么类型的企业。

应当成立一家有限责任公司？还是一家股份公司？或者设立一个分支机构？一个常设机构呢？办事处行不行？

在解决这个问题之前，更主要的问题在于收集有价值的信息以获得更多的选项。目前有很多咨询途径，比如律师就可以为投资者提供建议。在笔者任职的单位，过去几十年来我们助力许多外国企业在墨西哥开展业务，从选择最适合的企业类型那一刻开始就为他们提供咨询服务。我们向客户提供了充足的信息以便他们更容易地区分子公司和分支机构，并使他们更容易理解其各自的特殊性。

然而，对企业类型是否适用（或不适用）于客户的商业计划通常需要进行深度的分析。

（二）常设机构

关于外国居民常设机构，尽管墨西哥的所得税法、避免双重征税协定（墨西哥与许多国家签署了此类协定）、财政相关的法律法规和可以适用的外商投资法等均有规定，常设机构并不属于常用的经营载体。在墨西哥开设常设机构的优缺点并不是很明确。

在世界其他地区，常设机构是境外企业的延伸。而在墨西哥，常设机构一般被用作辅助性的经营活动，有别于其境外母体。常设机构的目的不能是同其境外母体从事相同的业务类型，只能作为其境外母体业务的补充和辅助。这是因为常设机构及其境外母体是同一法律主体。

在墨西哥，常设机构的财务模式类似于分支机构。常设机构的开设和登记注册一般需要3周到4周。

上述财务模式允许分摊或按比例分配非在墨西哥产生的费用(由境外母体产生)。显然,基于财务目的,与在墨西哥开展的业务有关的收入来自境外母体产生的收入,应当被视为由墨西哥的常设机构产生。同时,常设机构在墨西哥属于常规纳税人,这意味着在计算和支付相应的墨西哥所得税、增值税和其他当地税费时,确认的费用(包括海外按比例分配的支出款项)和收入应与常设机构应税基数相当。因此,通过常设机构在墨西哥缴纳的税费视为归属于其境外母体企业(根据其国内法可抵免企业税)。

为鼓励开设常设机构,从好的方面说,在开展短期项目时常设机构是一种非常实用的业务载体。常设机构的开设(不是法人的设立)只需要经过一位当地公证人的见证。一般来说,外国公司在墨西哥没有授权代表(然而,如果委托了授权代表,该授权代表可以向当地有关部门说明其法律权限,自行完成开设常设机构的程序)。

(三)子公司

在墨西哥以子公司的形式开设一家独立法人企业,在好的咨询顾问指导下,并不是很难。我们认为了解以下三点最为重要:

1. 取得营业执照所需要的时间。一般情况:四周。如果涉及反洗钱法的规定,可能会延长至六到八周(以取得公证程序所必需的如营业执照原件、章程等相关美国企业信息)。在政府部门的登记程序可以通过委托一位墨西哥的授权代表完成,外国投资者无须特意到墨西哥办理上述程序。

2. 法定利润分配。法律规定公司若处于盈利状态,应在第二年起提取和支付其利润对员工进行利润分配。利润分配率为10%。

3. 员工福利。企业所有者可按照墨西哥市场上相似企业和员工的福利水平来决定其员工福利。法定福利为工资、圣诞和假期奖金以及利润分配(仅适用于盈利的雇主单位)。

(四)子公司和常设机构/分支机构比较

当然,在墨西哥设立一家新的经营主体,投资者还有很多需要了解的事项、情况和障碍。为了更清晰地说明设立一家子公司的一般性问题,在下表中我们将分析最常见的一些问询。

表1 有限责任公司、股份公司以及常设机构/分支机构责任对比表

事项	子公司——有限责任公司	子公司——股份公司	常设机构/分支机构
所有者责任	股东可能承担超过其出资额的责任	股东以其持有的股份为限承担责任	不适用
外国母体的责任	外国总部不对子公司的交易承担责任	外国总部不对子公司的交易承担责任	外国总部对第三方和政府部门承担责任——墨西哥经营主体的责任可能传递给其外国股东/母公司
主体类型	拥有自己注册资本的独立法人	拥有自己注册资本的独立法人	不独立;是外国总部的延伸
经营期限	其结构适于作长期商业运营	其结构适于作长期商业运营	其结构适于作短期商业运营

续表

事项	子公司——有限责任公司	子公司——股份公司	常设机构/分支机构
经营范围	无限制(除石油、天然气、电力等)	无限制(除石油、天然气、电力等)	无限制,但其经营范围应与其外国总部的经营范围一致(除石油、天然气、电力等)
注册资本(固定)	拥有自己注册资本的独立主体,注册资本没有限制,建议最少200美元(约3000墨西哥比索)。所有者可自行决定注册资本大小	拥有自己注册资本的独立主体,注册资本没有限制,建议最少2800美元(约50 000墨西哥比索)。所有者可自行决定注册资本大小	不需要注册资本。仅需运营资金
注册资本(可变)	无限制	无限制	不适用
注册资本变更	(固定和可变)注册资本可按照其经营需要增加/减少	(固定和可变)注册资本可按照其经营需要增加/减少	不适用
税收核定	有限责任公司可参考分支机构(立即核定税收),按照其外国所有者管辖地法律处理(核定亏损或在墨西哥对已在外国缴纳的税收进行抵免)	不适用	适用其所有者管辖地的法律
公司间开票	允许公司间开票(必要开支)	允许公司间开票(必要开支)	不适用
对外国总部的有利之处	不适用	不适用	分支机构可以与其外国母公司共享利润、共担成本(按比例分配费用)

续表

事项	子公司——有限责任公司	子公司——股份公司	常设机构/分支机构
利润和费用错误记账时外国总部的责任	不适用	不适用	如果无法正确调整会计账簿，外国母公司的利润和费用可能被墨西哥征税
股东保护措施	若公司股东决定出售其份额，其他股东应当接纳新股东	股东无须征求其他股东同意，可自由出售其股份	不适用
子公司与分支机构适用相同的税种和税率	所得税最低税率为30%	所得税最低税率为30%	所得税最低税率为30%
	增值税（VAT）一般税率为16%，出口增值税为0%	增值税（VAT）一般税率为16%，出口增值税为0%	增值税（VAT）一般税率为16%，出口增值税为0%
	代扣代缴（服务费所得税、工资或增值税）	代扣代缴（服务费所得税、工资或增值税）	代扣代缴（服务费所得税、工资或增值税）
	社会保险（仅对用人单位）。包括社保、住房公积金、退休基金。约为20%	社会保险（仅对用人单位）。包括社保、住房公积金、退休基金。约为20%	社会保险（仅对用人单位）。包括社保、住房公积金、退休基金。约为20%
	地方工资税（仅对用人单位）工资税为3%	地方工资税（仅对用人单位）工资税为3%	地方工资税（仅对用人单位）工资税为3%
关联交易/转让定价	子公司与其外国总部之间的关联交易需要编制转让定价分析	子公司与其外国总部之间的关联交易需要编制转让定价分析	不适用

续表

事项	子公司—— 有限责任公司	子公司—— 股份公司	常设机构/分支机构
当地纳税和授权代表	适用	适用	适用
独立的银行账户	适用	适用	适用
注销	需要进行解散和清算程序	需要进行解散和清算程序	可能需要委托书。在特殊情况下,可能需要进行解散和清算程序

(五)办事处

外商在墨西哥开设办事处往往不是用来拓展业务(进行贸易交易),而仅为了如外国企业的通讯、咨询、产品或商品的宣传等不取得销售收入的管理目的。

开设办事处需要取得经济部的许可,申请该许可主要需提供外国企业主体资格证明、固定经营场所证明并委托一位在墨西哥的授权代表。

因此,办事处完全是其海外总公司的代表处。办事处在墨西哥进行管理活动而雇佣员工,应像其他当地企业雇主一样,对所产生的劳动关系负责(工资涉及的个人所得税代扣代缴、缴纳社会保险、缴纳地方税务)。

五、联邦权利法

2012年修正案删除了公司设立时因申请使用公司商号所涉及的商号可用性核查、通知等付费程序。

自2015年起，前述法律法规经历了结构性调整，为在这一事项上进行更好的公共管理服务确立了措施。

六、会计记账

墨西哥的注册会计师协会是制定关于会计记账事项规则或指导方针、将会计登记事项纳入财务信息标准框架的主要机构。即使是在国家证券交易所上市的公司，自2012年起也应当适用国际财务信息标准。同时，注册会计师协会负责更新会计、财务、税务和法律界关于商业经营的主要信息。

七、工资和薪酬

工资和薪酬是企业的一项重要财务负担，因此也是墨西哥法律和税务系统的一项主要话题。墨西哥《联邦劳动法》、《社会保险法》和《所得税法》均有关于工资和薪酬的相关规定。与这一领域有关的法律义务和责任主要如下：

- 所得税(ISR);
- 社会保险(IMSS);
- 住房公积金(INFONAVIT);
- 退休基金(SAR);
- 各州的地方工资税。

上述事项增加了员工收入和公司的固定费用。

八、联邦劳动法

2012 年 12 月,墨西哥对有关劳动关系的法律法规进行了大修,以更好地平衡用人单位和员工之间的劳动关系。

这些修改实现了一些对用人单位的重要保护措施,亮点在于关于劳务转包(劳务外包)的新规、解除劳动合同的工资补偿最多不超过 1 年的工资(以协商解除方式)、试用期和培训期的新类型、以电子方式支付工资以及加强对公会的控制和监督。

劳动法的修改使外国投资者在墨西哥拥有更加稳定的投资环境。清晰的劳动环境将对用人单位和员工产生直接影响。

九、墨西哥的税务体系

墨西哥宪法衍生出了一系列税收相关的法规和规范,确立了为支付国家、联邦政府和自治区开支而纳税的义务。

税务机关的主要任务是适用属地管辖权收取纳税人的应缴税款。

税费种类：

(1)税；

(2)社会保险；

(3)整修税；

(4)公租税；

(5)公共服务费。

(一)税

墨西哥的主要税种如下：

1. 所得税(ISR)

所得税通过核定影响企业和个人资产的收入收取，分类如下：

纳税人为企业时

—墨西哥居民企业：应纳税所得额(收入减去抵扣项)的 30%；

—有固定经营场所的外国企业：就来源于该固定场所的收入收取应纳税所得额的 30%；

—无固定经营场所的外国企业：对在墨西哥取得的收入按不同税率收取。

● 工资和薪酬

i. 对于 125 900 墨西哥比索(合 6994 美元)以下的部分免予征收；

ii. 对 125 900 比索和 1 000 000 比索(合 55 556 美元)之间的部分收入按 15% 收取;

iii. 对超过 1 000 000 比索的部分按 30% 收取。

- 实施独立专业服务的费用:按总收入的 25% 收取,不可抵扣;
- 房地产出租:按总收入的 25% 收取,不可抵扣;
- 房地产转让:按收入的 25% 收取,不可抵扣;
- 股权转让:按转让价格的 25% 收取,不可抵扣;
- 利息:根据利息的类型从 4.9% 到 30% 不等;
- 专利和技术支持:根据实施情况从 5% 到 30% 不等;
- 艺术家、商业演出、运动员:按收入的 25% 收取,不可抵扣。

除上述提及的税率外,外国居民在墨西哥取得的收入最高可按照 35% 的税率收取个人所得税。

2. 墨西哥的纳税居民

税收制度。个人按照其收入类型缴纳税收:

(1)工资和薪酬;

(2)商业活动和专业服务;

(3)资产租赁或收取权利使用费;

(4)销售货物;

(5)购买货物;

(6)分红;

(7)利息;

(8)其他收入。

应缴税款按照累进税率计算。2016 年，对于不超过 750 000 墨西哥比索（合 41 667 美元）的收入适用 30% 的税率，对于 750 000 比索至 1 000 000 比索（合 55 556 美元）之间的收入适用 32% 的税率，对于 1 000 000 比索至 3 000 000 比索（合 166 667 美元）之间的收入适用 34% 的税率，对于超过 3 000 000 比索的收入适用 35% 的税率。

（二）商业单一税率税（IETU）

此项税收已在 2014 年废除，废除前按照 17.5% 的税率以收付实现制对下列应税所得进行征收：

1. 销售货物；
2. 提供独立劳务；
3. 资产租赁或收取权利使用费。

尽管商业单一税率税已经失效，未来几年仍有可能出现其他相似的税种（收付实现制）。

（三）增值税（VAT）

以下交易活动根据不同情况适用三种增值税一般税率：

1. 销售货物；
2. 提供独立劳务；
3. 资产租赁或收取权利使用费；
4. 进口货物。

适用的税率为：一般税率为 16%；某些特定交易活动税率为

0%(如出口、食品和药品)。

同时,对一些交易活动可以免征增值税。

(四)现金存款税法(IDE)

该税种自 2014 年起被废除,废除前其主要目的是核定非正规经济的规模,对在金融机构超过 15 000 墨西哥比索(合 833 美元)的现金存款以 3% 的税率征收。同时,银行将对纳税人收到高于这个数额的现金存款的情况持续向税务部门报告。

(五)商品和服务特别税(IEPS)

经营通讯、烟草、酒精饮料等特别商品和服务将被征收商品和服务特别税,每种商品和服务的税率不尽相同。

自 2014 年起,墨西哥开始对热量高于 275 卡路里的产品(如软饮、甜食)征收商品和服务特别税,以减少墨西哥的肥胖指数。某些能量产品和特别服务的商品和服务特别税税率更高。

(六)社会保险

社会保险主要是用人单位为员工的社会福利缴纳;社会保险税分为三部分收取:用人单位、员工和政府。社会保险税的受益人是员工及对其存在经济依赖的家庭成员,也考虑到医院护理费、医药费、经济补贴、退休基金及与“墨西哥劳动者全国住房基金委员会”(INFONAVIT)有关的抵押贷款。

（七）整修税

在联邦公共基础设施建设中直接收益的纳税人需要缴纳整修税。

（八）低税赋地区

墨西哥法律打击（以跨国避税为目的）与低税赋地区（常被称为“避税天堂”）居民开展贸易活动的纳税人，通过付款类交易的纳税申报表和来源于低税赋地区的资金对其进行长期监控。此外，大部分由墨西哥居民向低税赋地区支付的收入需要缴纳40%的所得税（除分红和利息外）。

所有此类交易均应仔细的计划并谨慎审查，以避免不必要的税务审计。

（九）公租税

是指使用或租赁国家公共财产所应缴纳的税费。

（十）公共服务费

是指政府为其履行公共和法律职而能收取的费用。

（十一）电子单据

自2014年起，墨西哥开始启用一项科技程序（通过互联网手段)，即所有交易都必须出具电子单据。其中最具争议的是支付工资也必须开具电子单据。

(十二)分红

来自税后净利润(CUFIN)的分红将被免征所得税。然而，2014年后向墨西哥个人和外国企业发放的分红将被固定征收10%的所得税。外国股东可视情况适用避免双重征税的协定。

(十三)不可抵扣的免税收入

降低员工免税工资的抵扣率是2014年改革最具争议的事项之一。改革后员工免税工资的抵扣比例上限仅为57%，若其免税工资在上一个财务年度有所降低，则抵扣比例上限为47%。这一规定在2016年没有变化。

(十四)通过网络提交会计账簿

另一个纳税人、企业和个人的新义务是以电子方式提交部分会计账簿(e－conta)，以便有关主管机关收取并自主审查。需要提交的内容包括：(1)会计科目表；(2)月结报表；(3)会计账簿，按不同周期及各项目不同的规则提交。某些企业自2015年起开始履行这项备受争议的义务，其余的则自2016年3月起开始履行。

(十五)地方税费

企业应向其所在的州按月缴纳其支付薪酬的3%(平均)。

企业财务预算还应考虑到其他地方税费，如收购资产、广告宣传、有奖销售、车辆、住房、供水及财产税。当然，具体地方税费的缴纳取决于企业各自的主营业务。

十、审计和财务意见

自2013年起，在一个会计年度中收入高于39 140 520比索（约合2 174 473美元）或总资产高于78 281 070比索（合4 348 948美元）或月平均员工超过300人的纳税人应对其财务报表进行审计。审计的主要目的在于确认财务数据的可靠性和企业财务的合规性。审计财务报表的核查和评估只能由注册会计师（CPA）进行，并在审计报告中发表其审计意见。财务审计报告对于无论是按要求审计还是主动审计其财务数据的纳税人来说是一种保护，因为只要在直接核查的情况下，主管部门都会先要求企业提供注册会计师的审计报告。尽管有此变化，2013年的审计工作与2012年采用的审计准则和会计准则相同。

2014年，上述财务审计要求被取消，收入超过100 000 000墨西哥比索（合5 555 556美元），平均资产超过79 000 000比索（合4 388 889美元）或月平均员工超过300人的企业可自主决定是否进行财务审计。这一规定在2016年保持不变。

十一、避免双重征税的国际条约

在国际上，墨西哥通过缔结各种避免双重征税的国际条约及广泛交换金融和税务信息的协定，对全球避税起到了重要作用。截至2015年年底，墨西哥已缔结和正在谈判的避免双重征税、交换税务信息和有关国际运输的条约超过70份。

鉴于某些条约尚在谈判中，某些条约的目的并不是税收优惠，某些条约结合了税收问题和其他问题，应用前应注意分析条约是否适用。

表2

国家	谈判中	生效日	国家	谈判中	生效日
德国		2010年1月1日	马绍尔群岛共和国	×	
荷属安的列斯群岛		2011年2月4日	英属维京群岛	×	
沙特阿拉伯	×		冰岛		2009年1月1日
阿根廷		2005年1月1日	以色列		2000年1月1日
阿根廷	×		意大利		2015年4月16日
阿鲁巴岛		2014年9月1日	牙买加	×	
澳大利亚		2004年1月1日	日本		1997年1月1日
奥地利		2011年1月1日	科威特		2014年1月1日
巴哈马		2011年1月1日	拉脱维亚		2014年1月1日
巴林		2013年1月1日	黎巴嫩	×	

续表

国家	谈判中	生效日	国家	谈判中	生效日
巴巴多斯		2010年1月1日	列支敦士登		2014年7月24日
比利时		1988年1月1日	立陶宛		2013年1月1日
伯利兹		2012年8月9日	卢森堡		2012年1月1日
百慕大群岛		2010年9月9日	马来西亚	×	
巴西		2007年1月1日	马耳他		2015年1月1日
加拿大		2008年1月1日	摩洛哥	×	
哥伦比亚		2014年1月1日	摩纳哥	×	
韩国		1996年1月1日	尼加拉瓜	×	
哥斯达黎加		2013年1月1日	挪威		1997年1月1日
智利		2000年1月1日	新西兰		2008年1月1日
中国		2007年1月1日	阿曼	×	
丹麦		1998年1月1日	荷兰		2010年1月1日
厄瓜多尔		2001年1月1日	巴基斯坦	×	
埃及	×		巴拿马		2011年1月1日
阿拉伯联合酋长国		2015年1月1日	秘鲁		2015年1月1日
斯洛文尼亚	×		波兰		2003年1月1日
爱沙尼亚		2014年1月1日	葡萄牙		2002年1月1日
西班牙		1995年1月1日	卡塔尔		2014年1月1日
美国		1995年10月26日	英国		2011年1月18日
菲律宾	×		捷克		2003年1月1日

续表

国家	谈判中	生效日	国家	谈判中	生效日
芬兰		1999 年 1 月 1 日	斯洛伐克		2008 年 1 月 1 日
法国		1993 年 1 月 1 日	罗马尼亚		2002 年 1 月 1 日
直布罗陀		2014 年 8 月 27 日	俄罗斯		2009 年 1 月 1 日
危地马拉	×		萨摩亚群岛		2012 年 7 月 18 日
希腊		2006 年 1 月 1 日	圣卢西亚		2015 年 12 月 18 日
香港		2014 年 1 月 1 日	新加坡		2013 年 1 月 1 日
匈牙利		2012 年 1 月 1 日	南非		2011 年 1 月 1 日
印度		2011 年 1 月 1 日	瑞典		1993 年 1 月 1 日
印度尼西亚		2005 年 1 月 1 日	瑞士		2011 年 1 月 1 日
伊朗	×		泰国	×	
爱尔兰		1999 年 1 月 1 日	英属特克斯和凯科斯群岛	×	
英属曼岛		2012 年 3 月 4 日	土耳其		2016 年 1 月 1 日
开曼群岛		2013 年 1 月 1 日	乌克兰		2013 年 1 月 1 日
库克群岛		2012 年 3 月 3 日	乌拉圭		2011 年 1 月 1 日
英属根西岛		2012 年 3 月 24 日	瓦努阿图	×	
英属泽西岛		2012 年 3 月 22 日	委内瑞拉	×	

（财政和公共信用信息部）

十二、对外贸易

（一）“对外贸易单一窗口”

“对外贸易单一窗口”（VUCEM）是墨西哥有关对外贸易的一项新进展。这一系统连接了不同的联邦公共行政机关，以简化报关相关的行政文书工作。自 2012 年 6 月 1 日起，个人和企业必须通过 VUCEM 网站办理进出口报关手续，并获得更好的报关体验：

- 一站式提交电子信息；
- 从任何地方都能持续关注；
- 节省费用和时间；
- 更好的后勤管理；
- 更加透明；
- 更高的法律确定性；
- 无纸化；
- 信息安全更有保障。

墨西哥签署的各项自由贸易协定如表 3 所示。同时，如前所述，在应用相关条约待遇前应仔细分析其是否适用：

表3

条约	缔约国	有效期		条约	缔约国	有效期	
		起始日	失效日			起始日	失效日
北美自由贸易协定	墨西哥、美国、加拿大	1994年1月1日	未约定期限	ACE-53	墨西哥—巴西增加第一议定书(争议解决、原产地证明—配额)	2003年5月2日	直到被墨西哥与南方共同市场自由贸易协定取代
墨西哥—哥伦比亚自由贸易协定	墨西哥、哥伦比亚	2011年8月2日	未约定期限	ALADI-ACE 6	墨西哥和阿根廷	2001年6月1日	
墨西哥—哥斯达黎加自由贸易协定	墨西哥、哥斯达黎加	1995年1月1日	未约定期限	ALADI-ACE 5	墨西哥—乌拉圭	1999年12月29日	2000年12月31日
墨西哥—尼加拉瓜自由贸易协定	墨西哥、尼加拉瓜	1998年7月1日	未约定期限	ALADI-APP 9,汽车	墨西哥和巴西		2000年7月27日
墨西哥—智利自由贸易协定	墨西哥、智利	1999年8月1日	未约定期限	ALADI-APP 29	墨西哥和厄瓜多尔		未约定期限
墨西哥—欧盟自由贸易协定	墨西哥、欧盟成员国	2000年7月1日	未约定期限	ALADI-APP 29	墨西哥、巴拉圭		延期
墨西哥—以色列自由贸易协定	墨西哥、以色列	2000年7月1日	未约定期限	AAP	墨西哥、巴拿马		2001年4月23日

续表

条约	缔约国	有效期		条约	缔约国	有效期	
		起始日	失效日			起始日	失效日
墨西哥—中美三国集团自由贸易协定	墨西哥、萨尔瓦多、危地马拉、洪都拉斯	2000年3月14日	未约定期限	ACE-51	墨西哥、古巴		2002年5月27日
墨西哥—乌拉圭自由贸易协定	墨西哥—乌拉圭	2004年7月15日	未约定期限	APP，C/5，化学品	墨西哥、乌拉圭		2000年12月31日
墨西哥—欧洲四国（AELC）自由贸易协定	墨西哥、冰岛、列支敦士登、挪威、瑞士	2001年7月11日	未约定期限	APP，C/13，速记表音符号	墨西哥、乌拉圭		2000年12月31日
墨西哥—哥斯达黎加、萨尔瓦多、危地马拉、洪都拉斯和尼加拉瓜自由贸易协定	墨西哥、哥斯达黎加、萨尔瓦多、危地马拉、洪都拉斯、尼加拉瓜	待定	未约定期限	APP，C/18，摄影	墨西哥、乌拉圭		2000年12月31日
加强经济合作协议	墨西哥—日本	2005年4月1日	未约定期限	APP，C/19，电子产品	墨西哥、乌拉圭		2000年12月31日

续表

条约	缔约国	有效期		条约	缔约国	有效期	
		起始日	失效日			起始日	失效日
贸易一体化协议	墨西哥、秘鲁	2012 年 2 月 1 日	未约定期限	拉美一体化协会(ALADI)—开放市场	墨西哥、厄瓜多尔和巴拉圭		未约定期限
México – Perú 墨西哥—秘鲁	México – Bolivia 墨西哥—玻利维亚	2010 年 6 月 7 日	未约定期限	拉美一体化协会(ALADI)-AAP 4(PAR)	墨西哥、阿根廷、巴西、古巴、厄瓜多尔、巴拉圭和乌拉圭		未约定期限
Bolivia México Economic Complementation Agreement No. 66 玻利维亚—墨西哥经济互补协定 66 号	México - Mercosur (Automotor Sector) First protocol added to Annex 1 of ACE 55 (México - Argentina) 墨西哥—南方共同市场(汽车产业)55 号经济补充协定附录1增加的第一议定书(墨西哥—阿根廷)	2003 年 1 月 1 日	直到被墨西哥与南方共同市场自由贸易协定取代	B. 文化	拉美一体化协会(ALADI)		2003 年 12 月 31 日

（财政和公共信用信息部）

（二）公司认证

制造、保税装配业和出口服务鼓励计划的企业［“出口加工业企业（maquiladoras）”，主要进行进出口业务］、汽车和交通运输行业、战略保税区（仓储）以及在指定保税仓库进行的加工、组装和维修应缴纳增值税，在临时进口货物被送往加工程序时还需要额外缴纳商品和服务特别税。

法律规定某些纳税人可以经认证而免于缴纳增值税和商品和服务特别税。然而，如果企业不想进行认证，则需要保证每次临时进口行为都缴纳了相应的税款。

这一保护性认证以 A，AA，AAA 的方式评级，只要企业可以证明其持续满足认证条件，则分别可获得 1 年、2 年或 3 年的自动延期。

十三、关联方

根据所得税法的规定，关联方交易（企业或个人）是指交易一方直接或间接参与另一方或各方的管理、控制或持有其股权。

在其他情况下，关联方是指：

1. 交易一方直接或间接参与另一方或各方的管理、控制或持有其股权；

2. 合资企业和其各投资方；

3. 公司总部和其固定经营场所或其他经营场所之间。

(一)转让定价分析

除以下情况外,关联方之间的交易(企业间交易)应编制转让定价分析:

1. 贸易类交易的各方上一财务年度收入未超过13 000 000比索(合722 222美元)。

2. 提供服务类交易的各方上一财务年度收入未超过3 000 000比索(合166 667美元)。

由于跨国公司市场逐渐打开,国内企业的海外投资不断增长,现今企业经营的永久性和可行性也不再是障碍,编制转让定价分析的观念很快凸显其重要性。如上所述,在财务审计报告中,注册会计师应提供关联方交易的信息,并就该交易的收入、税务抵扣和市场价格,对关联交易价格的合理性给出结论性意见。

(二)转让定价,法律框架

1. 一般来说,纳税人进行关联交易主要有以下义务:

(1)取得并自行保管关联交易的依据文件(转让定价分析);

(2)与外国关联方合并提交年度申报表及交易信息报告(均应以转让定价分析为依据);

(3)说明收入和抵扣符合市场价和《所得税法》的规定。

2. 有关转让定价事项的依据文件必须包括以下内容：

(1) 交易各方的身份证明（名称或商号、地址、税务主管机关和纳税地）；

(2) 能够说明各关联方直接或间接参与交易的文件；

(3) 每个交易阶段纳税人履行的义务、利用的资产以及承担的风险等信息；

(4) 和关联方的每个交易阶段的信息、依据文件和交易额；

(5) 分析方法。

（三）进行转让定价分析的官方原因

以下是一些进行转让定价分析的官方原因：

1. 核实交易过程；

2. 对交易进行调整；

3. 运用非公开手段查明各关联方之间的支付情况；

4. 应对税务机关的预估价格意见（APA）。

（四）关联交易没有书面依据的后果

1. 独立审计师应当在其财务意见中报告。

2. 不再享受罚款减免。

3. 有关机关可能会评估交易流程、分类和价格计算。

4. 如未提交转让定价纳税申报报告，在海外进行的支付将不可抵扣。

（五）编制转让定价分析的其他好处

编制转让定价分析还有以下好处：

1. 完善公司所在地的市场分析；

2. 改善集团公司结构；

3. 对不同地区的内控制度能作出适当决策；

4. 发展战略合作伙伴；

5. 明确技术战略和组织架构、销售和市场。

这一关联交易程序在2016年并没有进行调整，因此无论和国内还是国外关联方发生关联交易时，国内纳税人仍需承担履行前述程序的义务。

（六）关联方交易报告新规

关联企业之间的交易应满足《所得税法》第76－A条列举的条件，并备案以下财务报告（在2017年12月前）：

1. 集团总公司纳税申报表。应涵盖该公司所属跨国企业集团的税务、资产和风险，以及和其财务状况和税务有关的数据。

2. 当地关联方纳税申报表。应涵盖该公司的税务、资产和风险以及关联交易的细节。

3. 国家间纳税申报表。应涵盖交易各方所在管辖地信息。这份申报表仅适用于总收入超过8.175亿美元的集团公司。

当某些墨西哥公司的收入低于35 811 056美元时，可以豁免上述备案程序。

十四、墨西哥与中国

随着现代化和全球贸易的发展,中国有着成为世界第一大经济体的趋势。显而易见,墨西哥已连续多年表达了其加强与中国贸易纽带的意向。

(一)来自中国的投资

尽管有些还在批准审查阶段,墨西哥已经吸引了来自中国大型企业,如青岛海尔集团、中国化工集团、双汇国际控股有限公司和联想集团通过收购墨西哥子公司带来的投资。

以中国国有企业中国化工集团为例,2013 年中国化工集团提出以 430 亿美元的价格收购瑞士先正达(种子和农药领域),该公司在北美的销售收入占其收入的四分之一。在其 2014 年年报中,先正达提到其对在墨西哥的全资子公司先正达农业股份有限公司的投资超过 1200 万美元。

同时,美国通用电气公司在取消与瑞典伊莱克斯出售协议的一个月后,同意以 54 亿美元的价格向青岛海尔集团出售其家电业务。该交易包括了一家与美国通用电气公司结盟并保持了 28 年供应商关系的墨西哥电气公司,即 Mabe 通用电器公司 48.4% 的股权。

2013 年,中国的双汇国际控股有限公司宣布以 1.22 亿美元收购猪肉生产商墨西哥诺盛集团50%的股权,并向中国出口在墨西哥饲养的动物制品。

另一个值得注意的交易是2014年联想集团以29.1亿美元的价格收购摩托罗拉移动,包括其位于墨西哥的一个重要子公司摩托罗拉商业公司以及位于墨西哥哈利斯科州和塔毛利帕斯州的两个生产通讯设备的工厂。

中国公司还在墨西哥进行直接投资。华为,一家信息技术和通讯解决方案供应商,在2014年被报道将在墨西哥的克雷塔罗投入15亿美元建设新的战略设施。同时,敏实集团在墨西哥的阿瓜斯卡连特斯投资了6亿美元进行汽车部件的生产。

因有些交易是通过与第三方国家子公司的三方合作进行的,根据墨西哥经济部的数据,中国在墨西哥投资的官方统计数字仅为3.83亿美元。①

(二)墨西哥—中国避免双重征税协定

鉴于上述事实,墨西哥与中国签署了税收协定,该协定于2007年1月生效,将减轻中国居民在墨西哥的所得税负担。例如:

1. 除仅在同一缔约国内各地之间运输外,以船舶或飞机经营的国际货物运输,收入可在其居民国缴纳。

2. 商业利润(公司)和独立专业人士劳务(个人)。基于财务目的所得税可在其所在地的缔约国缴纳。

① 来源:Roberto Morales,《墨西哥经济学家报》2016年2月12日。

3. 股息，所得税不应超过股息总额的 5% 。

4. 除来自政府拥有的金融机构的贷款外，利息所得税不应超过利息总额的 10% 。

5. 特许使用权费所得税不应超过特许权使用费总额的 10% 。

每种情况均应详细分析以正确适用该税收协定的规定。

（三）墨西哥—中国贸易

截至 2013 年年底，墨西哥向中国的出口额仅为从中国进口商品额的近十分之一（原油和铜），因此多年来墨西哥都在有选择的强化从中国进口的高优先级商品的产业部门（如电子产品、汽车零件和纺织品），试图平衡其与中国的贸易关系。

有关墨中贸易的另一例是，2012 年墨西哥和中国的贸易额达到 626.57 亿美元，而其中墨西哥向中国的出口额仅为 57.21 亿美元。

墨西哥表示将开始和中国在一些新的商品上开展贸易往来。基于以上数据，新的贸易往来将从中国进口墨西哥商品开始（如农产品、饮料、浆果、肉、西红柿和牛油果）。不久后这一商品清单将会继续丰富，以增加出口而不是减少来自中国的进口来平衡墨西哥的贸易逆差。

结语

通过以上信息（根据最新的国内外数据绝对具有可信性）可以

看出，外国资本将意识到墨西哥是拓展其商业计划的合适目的地。

墨西哥为开展、发展和维持贸易活动提供了被广泛认可的、稳定的法律和经济框架。例如，墨西哥自 1994 年参与并活跃于经济合作与发展组织（OECD），一直遵守和实施其政策和建议，在世界银行也是如此。墨西哥同时也是 G20 集团成员、联合国组织的（1945 年创始）会员国。

墨西哥的财政结构和标准为外国资本提供了保护，也为企业落实其创意，萌芽企业与其他国家无障碍的进行贸易和交往并同时享受其优惠政策提供了保障。

墨西哥经济和社会稳定、货币走强，以出口为主的多产业产品线和贸易活动的多样化被国际市场广泛认可（石油和天然气、农业、制造业、矿业、制药业等），反映出其未来在整合现实治理下保持外商投资机遇长期发展的强势前景。

手把手教您如何移民加拿大

作者简介

黄冬冬，毕业于武汉大学、约克大学和渥太华大学，并获得文学学士、法学硕士、法学博士学位。他是中国最早的留学生之一，曾师从中国著名宪法学家何华辉教授和加拿大著名海洋法学家多纳特·法兰德教授。于1992年获得加拿大不列颠哥伦比亚省律师资格。

黄博士是加拿大的著名律师，温哥华公认的国际法律和中国法律专家之一，他经常为加拿大各级政府机构、证券交易所和银行出具法律意见书，并代表许多在华进行投资的国际上市公司和私营公司，也为中国企业向海外的扩展、投资和融资提供服务。从2002年到2006年，黄博士加入斯帕尔矿业有限公司(Spur Ventures)，一家在多伦多证券交易所的上市公司，并成为其董事和唯一的副总裁，兼任中国合资企业——宜昌枫叶化工有限公司总经理。作为律师，黄博士做了大量的投融资项目、海外上市、企业重组、国际技术转让、投资移民、国际银团贷款、电子商务法律、国际清算和仲裁、公司再组及兼并、创业板风险投资及上市。

一、加拿大概况

1. 国家概况

加拿大,位于北美洲最北端,领土面积为998万平方千米,是国土面积第二大的国家,仅次于俄罗斯。人口3500多万,主要为欧洲移民的后裔,也有其他许多民族,华人为180多万。加拿大为英联邦国家之一,素有“枫叶之国”的美誉,首都是渥太华。加拿大西抵太平洋,东迄大西洋,北至北冰洋,唯一的陆上邻国为美国,是世界上三个濒临三个大洋的国家之一(另外两个为俄罗斯和美国,但英国、法国通过海外的殖民地和领地也濒临三大洋或四大洋)。加拿大的官方语言为英语和法语。加拿大政治体制为联邦制、君主立宪制及议会制,英国女王伊丽莎白二世为国家元首及国家象征,但无实际权力。加拿大是七国集团成员,经济高度发达,拥有丰富的自然资源和高度发达的科技,使其成为世界上拥有最高生活品质、社会最富裕、经济最发达的国家之一,加拿大在教育、政府透明度、经济自由度、生活品质方面在国际上都名列前茅。

2. 移民建国

加拿大历史上就是移民建国,除了早期的印第安人(现称原居民)之外,所有来自欧洲、亚洲、美洲和其他地区的人们,都是移民到加拿大的。加拿大作为移民大国对于移民的态度良好且移民的政策也比较稳定,深受华人的喜爱,特别是加拿大的多伦多和温哥华等大城市。加拿大是一个非常适合人居住的国家,地大人稀,住起来很舒适。2016 年,加拿大自由党政府颁布了诸多移民新政策,先是公民入籍政策改回住满 3 年即可,后有提案取消结婚移民两年考核期。接着又发布 2016 年移民配额由过去的 28 万增加到了 30 万。

总的来说,加拿大移民有以下几个特点:第一,移民是加拿大的一项长期国策,不是哪一届政府或哪一个政党可以随意改变的。因为加拿大如果不吸收移民,加拿大的人口自然增长率就是负增长。第二,在政治上,除了原居民之外,所有来自欧洲、亚洲、美洲和非洲的加拿大人,都是移民。大家在心理上和政治上是平等的,谁也不比谁高贵,谁也不比谁卑微。第三,加拿大 1982 年宪法法案第 27 条规定,加拿大实行多元文化主义,虽然这并不是能够行使的一种宪法权利,但还是宣示了加拿大对待世界各种文化和民族的态度,并在一定程度上抑制了种族歧视和随之而来的文化偏见。

二、移民法规

1. 移民管辖

加拿大是联邦制国家,1867 年宪法法案第 91 条规定,联邦政府管理归化外国人,而第 95 条规定联邦和省对移民享有平行的管辖。随着加拿大联邦制度 100 多年的发展,联邦和省在移民的管辖上完全按照宪法的设计在现实中发展。如果省立法与联邦立法有冲突,则以联邦立法为准。在实践中,联邦立法是移民领域里最主要的立法,各省虽然也有自己的移民方面的立法,但大多都是着眼于本省的经济发展而制定的经济和商业类移民。主要的联邦移民法律有移民和难民保护法、公民法、加拿大多元文化主义法、加拿大护照法令等。魁北克在省的层面是个例外。由于历史、文化、民族、语言、宗教等方面的原因,魁北克省在许多领域都特立独行,并采取了与其他各省相比更加灵活和宽松的移民政策。

2. 移民落地

加拿大居民有迁徙自由,新移民可以选择加拿大的任何地点作为居住地。由于各地经济发展和社会文化的差别,新移民选择大城市居多。多数移民都喜欢在安大略省、魁北克省、阿尔伯塔省、不列颠哥伦比亚省等经济相对发达的省份定居。而其中最受青睐的城市有多伦多、温哥华、卡尔加里、蒙特利尔、渥太华等城市。

三、移民类别

(一)商业移民

加拿大商业移民的目的是要促进加拿大经济发展和创造就业。按照联邦移民法律,商业移民又可以根据经验和背景的不同分为三类:投资类、企业类和技术类。

1. 投资移民

加拿大设定这项制度的时候是希望能够吸引一些投资商以及有商业经验的人士来促进加拿大的经济发展,在本国有经商经验以及管理经验的人有能力在加拿大做投资或者建立生意的人可以通过这种商业移民的方式加入加拿大，加拿大的投资移民就是通过投资加拿大然后获得加拿大的签证，在加拿大投资人不需要在加拿大创业，因为有专业的基金管理人员为投资人管理基金。申请人需要证明合法拥有160万加元的资产，两年以上的管理经验。联邦投资移民计划是投资者通过投资加拿大政府担保的基金，获得移民签证，从而获得全家人在加拿大的定居。申请者除了身体健康和排除安全风险外，几乎没有别的限制。加拿大的投资移民对于投资者的经商背景的审核特别严格，投资时间为五年，投资风险较低。在通过面试后才将资金投入，投资由加拿大政府担保，无投资风险。由于有专业基金管理人代为管理投资，投资者无须自己在加拿大创业。该项目的特点包括投资移民的义务是做出投资，没有经营的要求。申请人可以选择商业贷款方式，从而减小资金流的压力；对申请人的学历、语言能力、年龄没有限制。

2. 企业移民

(1)联邦企业移民

企业移民原来是打分制，后来由于执行的过程中，出现了许多纰漏，现已暂停。

(2)省提名移民

由于联邦的企业移民类别有很多诟病并招致了广泛的批评，所以联邦的企业移民已经暂停。取而代之的是方兴未艾的各个省和区的提名移民。这类移民的特点是由各省区根据自己经济社会发展的要求，提出移民的要求和条件，并经过省移民部门初步筛选后，再经过正常的联邦移民程序。

3. 技术移民

技术移民以申请人的评分为基础，而这些能力包括语言能力（除了英语或法语以外的第二种语言）、工作经验、教育的程度以及在加拿大的适应能力，并在加拿大 24 种移民类型中取得六十多分以上的成绩就可以获得加拿大技术移民的签证，虽然这个花费的时间比较短且成本低，但是申请的条件比较严格。

（二）家庭移民

作为一个移民大国，加拿大的家庭移民一直都是其移民政策的一部分。

1. 夫妻团聚和未成年子女移民

2016 年，加拿大夫妻团聚移民配额有 6 万个，但加拿大移民部只审批了 4.7 万个。2017 年开始加拿大移民部将简化申请程序，提高审批效率，无论是在加拿大境外或境内申请，审理时间将缩减至 12 个月以内。为提高审批效率，加拿大政府决定从 2016 年 12 月 15 日起，启用最新的申请指南及文件清单，具体包括：加拿大境内及境外两个申请指南合并为 1 个申请指南；180 页的申请指南浓缩为 75 页；原 14 个国家的文件清单合并为 1 个文件清单；体检报告和无犯罪证明无须在递交申请时提供，等移民局通知再提供；要求申请人建立网上账户，把纸质申请与网上账户信息合并。

不过由于出现过很多假结婚的情况，加拿大加大了对婚姻事实和婚姻目的的审查，只要移民官认为这个婚姻有问题就可以拒绝申请人的申请。加拿大移民法规定，凡具有加拿大公民身份或永久居民身份者，均可担保其配偶移民加拿大。

2. 亲属移民

加拿大公民或永久居民符合以下条件，可以担保其父母、祖父母移民。加拿大的担保人必须年满18周岁；加拿大担保人必须有最低收入标准的经济收入。移民局规定的收入标准每年2月公布，有效期一年，每年都根据通货膨胀进行调整。可以用于担保的收入是指从入表时往前推一年之内的全部税前收入。

移民程序是先申请担保资格。如果确定担保人的收入比对家庭人数合乎表中最低收入的标准，担保人可以向移民局的担保中心递交担保申请书，申请中须附上与父母的亲属关系证明，与父母的担保协议书，承诺在报到后十年之内负责父母的基本生活所需等。如果被担保人在此期间领取福利金的话，政府将会向担保人追讨。递交担保申请书后，要等待一年半左右才能得到批准。收到担保资格批准后，申请人需要将申请文件寄往加拿大驻外使领馆的签证中心。目前我国台湾地区居民可寄往台北经贸办事处的签证处；香港、澳门居民以及内地海南、福建、广东、广西四省居民可寄往香港签证处；内地其他省市应寄往北京签证处。最后是加拿大签证处发出体检表，完成安全背景调查，发出移民签证。

（三）人道移民

2017 年加拿大难民类移民配额为 40 000 人，较 2016 年的 55 800人减少 15 800 人，包括安置难民（政府资助和私人赞助的）及其保护人成为永久居民。2017 年加拿大人道主义类移民配额为 3500 人，较 2016 年的 3600 人减少 100 人。

1. 政治难民

加拿大每年都会接收一定数量的政治难民，如今年接收相当数量来自叙利亚的难民。

2. 经济难民

加拿大每年也会接收一些由于经济困难而成为难民的申请者移民加拿大。

四、投资移民

（一）联邦投资移民

投资没有任何风险，投资人在通过面试后才进行投资，投资项目由加拿大政府担保。联邦投资移民申请条件如下：

（1）拥有 160 万加元以上净资产（ 18 周岁以上）：

资产包括房地产、股票、债券、期货、基金、保险、银行存款，公司净资产，资产来源是通过个人劳动的合法取得、继承、赠与、夫妻共有。

(2)五年中的两年以上全面的工商管理经验:

企业主:需要过去5年中至少有2年管理经验;

高管:需要过去5年中至少有3年管理经验,并且下面要有至少5名员工。

(3)向加拿大政府指定并担保的基金投资80万加元,投资期为五年,投资方式有两种:

向加拿大政府指定并担保的基金投资80万加元,五年零两个月后无息返本;

将24万加元的利息支付给加拿大政府指定并担保的基金,通过基金向加拿大境内银行贷款40万加元。

(4)申请人及家人身体健康,并无犯罪记录(也就是需要通过联邦政府的体检检查和安全检查)。

(二)魁北克投资移民

魁北克省在加拿大联邦中有其特殊性。第一,魁北克是加拿大面积最大的省,是法裔加拿大人的家乡,是加拿大经济总量和人口第二大的省。第二,在政治上,魁北克具有“特殊社会”的性质,自从1987年的《米奇湖协议》失败后,魁北克政府在很多领域获得了更多的授权。第三,由于加拿大实行宪法保护的迁徙自由制度,所以移民魁北克后,可以很自由地自由迁徙到安大略、不列颠哥伦比亚和其他任何省。

从1986年开始,魁北克就制定了投资移民政策。魁北克特别规定了许多优惠条件，特别允许一些魁北克省的金融机构为申请人提供部分贷款，同时为申请人所投入的资金进行政府担保。其优势非常明显：

1. 从递交资料到安排面试的时间会在3～5个月；

2. 面试通过后，才将资金投向加拿大联邦政府指定基金，由魁北克省政府予以担保，五年后无息退还全部投资；

3. 申请人可以一次性向联邦基金投入80万加元，或者投入22万加元贷款利息获得80万加元贷款；

4. 申请人不需要提供商业计划书，对申请人无投资生意的要求；

5. 和家人将享有牛奶金等福利，可以免费上学，学习法语，免费医疗服务；

6. 办理成功以后，可以在加拿大任何地方居住，申请人可以自由选择居住地点；

7. 对申请人无学历及英语和法语水平的要求。

符合资格的投资人通过魁北克投资移民计划可取得无条件的签证，到加拿大三年后就申请加拿大公民资格。需要满足的条件如下：

1. 申请人年满18周岁以上。

2. 具备自申请之日起5年内至少有2年以上经营管理经验，并能够成功地操作、控制或领导某个企业，包括专业服务。

3. 申请人及家人身体健康，并无犯罪记录（也就是需要通过联邦政府的体检检查和安全检查)。

4. 申请人凭自己的努力,以合法经营的途径积累个人私有财产(企业中属于自己的利益部分,包括动产与不动产、股票以及私人的房地产、银行存款等减去公司与个人债务)达到160万加元以上,别人馈赠或继承只能作为其中很小一部分。

5. 投资方式有两种,投资期限为五年。申请人可以任选其一:

(1)全额投资:面试成功后,向加拿大政府指定并担保的基金投资80万加元,5年后无息返本。

(2)贷款投资:申请人面试成功后,向加拿大政府指定并担保的基金一次性支付22万加元,由基金贷款80万加元完成加拿大政府要求的投资。

(三)省提名移民

1. 魁北克

魁北克省与其他省的省提名移民没有太大区别,都是两个步骤,向省政府申请接受,然后向加拿大联邦移民局提交移民申请。申请人需满足以下几个条件:

(1)教育水平;

(2)工作经验;

(3)年龄;

(4)法语和英语能力;

(5)在魁北克居住的亲属;

(6)雇主给予的工作机会;

(7)配偶的性格和适应性;

(8)未成年人的人数;

(9)资金保证。

2. 不列颠哥伦比亚

欲移民不列颠哥伦比亚省的申请人在网上提交完材料后,“技术移民登记系统”会根据材料得到申请人的分数,并依此决定申请人是否能够获邀进行下一步的申请。如果移民申请人能够达到或超过分数,会收到一个邀请进行下一步申请。整个移民申请流程是申请人登记,获得下一步申请的邀请,提交移民申请,获得省提名批准,取得移民签证。这些步骤中,最关键的是第一步的登记。在登记提交后,获得的分数至关重要。其中技术工人(正常和快速通道)的通过分数为135分,国际学生(正常和快速通道)为105分,初始水平的半技术个人为95分,省东北部地区项目为95分。

不列颠哥伦比亚省的快速通道包括:技术工人、国际学生两类。而技术移民类别包括:技术工人、国际学生和初中级技术工人。

3. 安大略

加拿大安大略省提名计划移民主要分为三类:

(1)雇主担保类别:可分为海外技术劳工类别和雇主聘请国际留学生两个类别;

(2)人力资源类别:可分为硕士、博士类和安大略省特快入境(英语移民和法语类别);

（3）商业类移民：可分为海外公司在安大略省投资分公司类别和企业家创业类别。

安大略省的商业类移民要求的投资额需要至少100万加元（在大多伦多地区）或50万加元（在大多伦多地区之外）。

海外公司在安大略省投资分公司的项目，目的是帮助海外公司在安大略省寻求扩张机会，或者购买安大略省现有的公司。投资公司以及商业计划被审查通过后，公司高管可以获得工作许可，并在工作许可有效期内履行与安大略省签订的表现协议，其高管可获得省提名。

海外企业安大略省投资分公司项目则需要投资最低500万加元，在安大略省开创新公司或收购现有的公司；每从海外带进来一位高管，需提供最低5个全职就业机会给加拿大公民或永久居民；高管必须是现任职于海外公司的管理层，并且必须参与投资安大略省新公司的创立和日常运作；在安大略省创建公司后，高管需要在申请省提名之前，在两年内完成语言要求，即雅思阅读4分，其余听写说都需要5分。

企业家创业项目是为了帮助有意在安大略省内创立企业或购买企业的创业人士申请移民。申请人需要经过意向评分系统进行打分，一旦被抽中并审核通过后，申请人可从联邦移民部获得工作许可证，并在工作许可有效期内履行与安大略省签订的表现协议，申请人则可获得省提名。安大略省企业家创业项目要求：

（1）过去5年内拥有36个月的全职商业运营经验，并且在过去

12 个月中参与公司的行政管理或者参与将计划在安大略省开创生意类型相关的商业管理。

(2)申请人必须是公司股东或高层管理者。

(3)净资产的要求:计划开创的公司若选择在大多伦多地区内,则申请人需拥有净资产至少 150 万加元;若选择在大多区外,则要有净资产至少 80 万加元。

(4)个人投资额:若公司在大多区内,个人投资需至少 100 万加元;若在大多区外,则需至少投资 50 万加元;另外,两类的投资人都需要拥有三分之一的公司股权。

(5)为加拿大公民以及永久居民创造至少两个全职职位。

(6)若申请人用伙伴的形式拥有及运营该企业,而且其合作伙伴也需要被安大略省提名。则合作伙伴也需同时符合以上的要求,并且开创生意的个人投资额是单独申请投资额的两倍(如在大多区内,申请人以及合作伙伴每人需要投资 100 万加元,一共 200 万加元)。

(7)申请人(以及合作伙伴,如有)成功地在安大略省创建公司后,需要在申请省提名之前完成语言要求,即雅思除阅读 4 分,其余听写说都需要 5 分;期限约 2 年。

安大略省提名计划中还有人力资源类别,包括硕士、博士类,即在安大略省的大学获得硕士和博士学位的人士可以申请。安大略省特快入境项目更适合本科毕业生选择。符合加拿大联邦技术移民和加拿大经验类的条件后,并且要在联邦特快入境计分系统达到

400 分或以上的申请人，才可以申请省提名项目，省提名被通过后，申请人在联邦特快入境计分系统的分数会增加 600 分。安大略省特快入境要求申请人必须拥有学士、硕士或博士学位；若申请人是在加拿大境外完成学历，需要提交加拿大学历认证；申请人雅思需至要少达到 6 分（听、写、读、说均需要达到 6 分）。

4. 萨斯喀彻温

萨斯喀彻温省提名投资移民计划是基于加拿大联邦政府和萨斯喀彻温省政府协商基础上制定的，允许符合该省提名申请要求的移民申请人获得在加拿大长期居住的机会。并且所有省提名移民计划都属于加拿大优先处理的移民类别，申请周期比加拿大其他移民类别的要短。萨斯喀彻温省提名项目的要求更是凸显出它独有的优势：家庭资产要求低，拥有 30 万加元净资产即可；投资方式灵活，投资 15 万加元到当地开拓或者是购买一个现有生意或者是参与到当地一个企业占股份 33.3 % 即可；审理周期短，一般只需 9 ~ 12 个月即可全部办妥，一步到位全家获得绿卡。萨斯喀彻温提名项目最适合那些想获得加拿大永久居民身份，又真正有意在加拿大创办生意的投资类申请人。由于投资款最终会被用于申请人自己选择的投资项目上，资金完全由自己控制。

萨斯喀彻温省的提名移民办理周期短，无任何年龄、学历、外语能力的要求，投资数额小、资产要求低，资金积累解释简单，项目成功率高，并可得到联邦移民局优先考虑。萨斯喀彻温提名计划申请条件如下：

(1)拥有3年以上的营商经验或盈利企业管理经验；

(2)拥有50万加元或以上的净资产，包括公司资产、房产、现金、股票和有价证券；

(3)投资最少15万加元以来创办一个新生意或购买一个现有的企业，又或拥有33.3%（最少为15万加元）或以上的公司股份，如果所拥有的股权少于33.3%，那么投资金额要相应提高到最少15万加元，并且要积极参与日常的管理工作；

(4)面试前到萨斯喀彻温进行为期最少5个工作日的实地考察和了解当地的风土人情和商机，其中包括参加省政府举办的讲座等；

(5)面试通过后提交整套申请表格和有关文件，包括完整的商业计划书；

(6)汇款75 000加元到萨斯喀彻温政府指定的信托户口作定金，同时要签署一份基于商业计划书和安居计划的履行同意书；

(7)要有定居萨斯喀彻温的意愿。

5. 马尼托巴

马尼托巴省提名计划是根据加拿大联邦政府和马尼托巴省的移民协议建立的，协议认可马尼托巴省可以根据其经济、文化和社会的需要有其移民的优先权。该计划允许马尼托巴省接受移民申请，提名那些最适合马尼托巴省经济发展需要的并有意愿在马尼托巴省居住和工作的申请人移民到加拿大。

马尼托巴省提名计划寻找符合资格的可以成功并顺利地在马尼托巴省立足的技术和商业人士移民到该省，包括那些不能满足加拿大联邦移民条件的申请人。此计划为那些能为马尼托巴省的经济发展带来重大贡献的技术人员和商业人士提供了机会。马尼托巴省提名的特点：申请时间快，一年左右可以完成，申请由省政府批准，效率高，免面试机会大；只要所从事的职业为马尼托巴省所需求的，无须太高学历。此外，对申请者无任何年龄、学历、外语能力的要求，对资产要求低，资金积累解释简单。申请成功率高，并可得到联邦移民局优先考虑，移民成本低，马尼托巴省生产成本和工业贸易的租金、电力、人力资源的花费，均是北美洲最低。马尼托巴的申请条件为：

（1）至少三年以上的企业经营管理经验及背景；

（2）在马尼托巴省投资至少15万加元，或者创办企业，或者收购企业，或者对现存企业注资并占33%以上的股权并积极参与企业的管理，保持两年；

（3）家庭净资产只需要35万加元，包括主申请人和配偶名下的资产；

（4）年龄、语言、教育及工作经验的评分以联邦投资移民标准衡量，最少要达到25分；

（5）能提供在马尼托巴省投资的详细资金证明。

6. 其他省区

阿尔伯塔、新斯科舍、新布伦瑞克、爱德华王子岛、纽芬兰、育空地区、西北地区、奴那维克地区都有自己的省区提名项目，有共同点，也有不同之处。

五、移民程序

1. 投资移民类

加拿大联邦投资移民现已暂停,主要由省提名取代。

2. 技术移民类

在联邦快速通道的类别下,有技术工人、技术专业人员和加拿大经验子项。快速通道分为两个步骤:第一步,申请人认为符合移民条件的,可以在网上提交基本登记资料,申请人的资料自动进入人才库。第二步,联邦和各个省都可以在人才库里根据得分挑选出符合条件的申请人提交移民申请。申请人的得分是以基于以下方面:雇主的雇佣信,或者得到省政府的提名;技术和经验考虑。申请人可以获得额外的分数包括:在加拿大得到的教育,有效的雇佣信,或者省政府的提名。

技术移民的基本要求如下:第一,过去十年至少 1 年在同一种工作上的全日制(1560 小时)工作经验,这份工作是符合国家职业分类系统中的 0 或 A 或 B 级技术水平。第二,语言要达到加拿大语言标准考试的 7 级水平,或者其他加拿大衣移民局认可的其他考试(包括雅思等)。第三,申请人需要拥有加拿大高中毕业的教育水平或得到认可的相应的外国教育。满足上述三个基本条件后,技术工人、技术专业人员和加拿大经验的移民申请将依据以下六个条件进行评估:

①英语或法语的能力；

②教育水平；

③工作经验；

④年龄；

⑤有效的雇佣信；

⑥适应性。

（1）对于申请加拿大联邦技术工人移民，其基本要求就是以上六个条件。除满足上述六个条件外，还需满足以下要求：

①没有居住在魁北克的意向；

②达到英语或法语的要求；

③5 年内有 2 年的相关专业经验；

④达到国家职业分类系统的职业要求；

⑤拥有至少 1 年的全日制的工作机会或者省政府颁发的专业资格认可。

（2）对于申请加拿大联邦工作经验移民，除了满足上述六个条件之外，还需满足以下要求：

①在过去三年内有 1 年加拿大的工作经验；

②在加拿大的工作是经过正常的工作签证许可的；

③达到工作所需的英语或法语水平；

④没有居住在魁北克省的意愿。

3. 省提名类

加拿大省提名企业家移民是加拿大某个省份为了提高本省的

经济建设、人口繁荣而设立的移民项目。省提名计划企业家移民的资产要求比较低,投资额也比较低,因而受到广大中小投资者的欢迎。申请人一旦获得加拿大某省的提名后,即可递交联邦政府申请枫叶卡。联邦政府移民局主要是审核申请人的健康和背景安全性检查,无犯罪记录等方面的检查。虽然各个省提名有不同的要求,但殊途同归,最终拿到的都是加拿大枫叶卡,并不限制在某省长期居住。

有些省份只要求申请人去该省考察后,如面谈通过,递交商业投资计划书并缴纳一定的保证金,省政府就发给申请人提名确认函,如果申请人最终不去创业,该省可以用申请人缴纳的保证金去投资自己省份的其他企业,比如马尼托巴省、爱德华王子岛省。纽芬兰省、马尼托巴省、萨斯喀彻温省都必须缴纳押金,分别为7.5万加元、10万加元、7.5万加元。爱德华王子岛省要求缴纳15万加元的创业押金及5万加元的居住保证金。

经济条件比较好的省份基本都会先发工作签证给申请人,如果申请人在该省购买或者创立一个生意,运营一段时间后,通过当地省政府的审批,获得提名,凭着提名确认函去联邦政府领取枫叶卡,主要的省有不列颠哥伦比亚省、萨斯喀彻温省、安大略省。

(1)不列颠哥伦比亚省

不列颠哥伦比亚省是旅游、购物、休闲的好地方,也有新型工业,如生物制药、新型旅游、矿业勘探、跨国金融,世界著名的滨海城市温哥华就位于该省。不列颠哥伦比亚省曾经推出创业类移民,截至2015年新政发布前，还有约4000个案子在排队。但是过去不列颠哥伦比亚省每年处理1000多一点，需要三四年才能知道能否获得提名，周期较长。2015年年底的新政策是把这批积压的申请者放进了EOI筛选池，得分高的人，优先获得处理，不再排序处理。

（2）安大略省

北美第四大城市多伦多就位于安大略省，是加拿大华人数量最多的省份，也拥有许多高校。每年接收的移民数量超过所有西部省份及所有地区的总和。安大略省提名中，海外企业安大略省投资分公司项目要求，不低于500万加元的投资，只能是该公司海外雇员移民。

（3）萨斯喀彻温省

最近几年萨斯喀彻温省经济发展迅速。2015年移民政策修改后，基本要求就是在萨斯卡通和里贾纳投资至少30万加元，或在萨斯喀彻温省其他地区投资至少20万加元购买或者成立一个生意，经营6个月后就可申请提名，审批一般不超过6个月，申请者需要去萨斯喀彻温省购买并经营企业1年。

（4）马尼托巴省

马尼托巴省虽然设立了EOI筛选池，但综合评分83分以上的客户，只需递交商业计划书，缴纳10万加元投资保证金即可获得提名。大约需要1年半的时间获得加拿大移民签证。

（5）爱德华王子岛省

虽然爱德华王子岛省是加拿大面积最小和人口最少的省，人口密度却是最高的。目前唯一无须EOI评分筛查,无须工签的加拿大的省提名移民项目。爱德华王子岛省商业移民项目审理速度快、成功率高,符合条件的申请人可以很快获得移民签证。但该省接受申请的名额每年只有240个名额,其中,给予中国家庭的名额有170个。

六、最新进展

1. 公民法的修改(Amendment to the Citizenship Act)

(1)境外居住的公民仍可保留公民身份;

(2)5年内只要住满3年即可申请,每年并不要求居住超过183天;

(3)在获得永久居住权之前的时间可以纳入申请公民居住时间之内;

(4)18~54岁的申请人需要参加公民知识测试和相应的语言测试。

2. 新移民定向就业策略(Targeted Employment Strategy for Newcomers)

2017年4月6日,加拿大联邦政府预算案中新增列了新移民定向就业策略,五年内共投入2750万加元,其主要目的是帮助新移民的外国学历和专业资质尽快得到认可。实现这个策略主要有以下三项措施:

(1)提供入境前的学历和资质认可支持;

(2)为资质考试、培训路费、技能提高等方面提供贷款;

(3)建立一个旨在帮助新移民获得加拿大工作经验的试验计划。

3. 大西洋省份移民试点(Atlantic Immigration Pilot)

大西洋省份移民试点是2016年7月启动的,主要内容包括三部分:

(1)雇主申请成为指定服务机构。

(2)指定服务机构向移民申请人提供就业机会和服务计划。

(3)申请人满足以下要求:

①满足基本语言要求;

②对于中高级技术类别工作,需要相当于加拿大高中的教育水平;对于国际学生,则需要在大西洋省份2年的大专教育水平;

③对于中高级技术类别工作,需要1年的相关工作经验;对于国际学生,则不需要工作经验;

④提供的就业机会是全日制而非季节性的;

⑤在需求评估的基础上,提交新移民和家庭的定居方案。

4. 快速通道的新亮点(2017年6月6日以后实施)(Express Entry)

(1)对拥有法语能力的申请人会给予更多的分数;

(2)对在加拿大有兄弟姐妹的申请人给予加分;

(3)对进入人才库的所有申请人都将自动进入快速通道候选池。

参考资料

加拿大联邦移民局网站	www. cic. gc. ca
魁北克省移民局	http://www. immigration - quebec. gouv. qc. ca/en/index. html
不列颠哥伦比亚省	www. welcomebc. ca/home
安大略省移民局	http://www. ontarioimmigration. ca/en/pnp/

白罗斯投资移民政策与解析

作者简介

Alexander Liessem（亚历山大·利森）先生，律师，合伙人，alexander.liessem@ bnt. eu。

Alexander Liessem 先生是一位德国律师，执业于 bnt 律师事务所（www. bnt. eu），他的法律专业领域是公司法、合同法、能源法、信息科技法、诉讼法、公共建设法。他是众多国际商业协会和法律协会的成员，包括德国白罗斯俱乐部（德国境内最古老和规模最大的国际性外籍企业家协会）的副董事长、德国白罗斯律师协会成员。bnt 律师事务所提供一站式服务，在中欧及东欧地区设有 10 个分部。

Alexander Liessem 先生是少数具备欧盟执业资格、在白罗斯永久工作的律师之一。他曾在白罗斯发表了多篇论文，是众多国际会议的重要演讲人。

（翻译：广州张晓初律师团队）

一、摘要

作为一个拥有巨大经济发展潜力的国家,白罗斯对外籍人士的吸引力越来越大。有的外籍人士打算在白罗斯设立公司或进行投资,有的外籍人士在寻找白罗斯境内公司职位时发现新的机遇和挑战。以上这两种情况的外籍人士都可能需要申领临时居民许可。

二、签证相关法规

中国公民前往白罗斯需要申请签证。签证由白罗斯大使馆的领事部门签发,签发类型包括商务、个人原因、旅游及其他。

目前一共有三种商务签证:

(1)短期签证:最长有效期 3 个月;

(2)长期签证:最长有效期 1 年,允许逗留不超过 90 天;

(3)维持商业合同的长期签证:最长有效期 3 年,允许每年逗留不超过 90 天。

持有商务签证的外籍人士不允许在白罗斯境内公司工作。白罗斯法律规定,如果一名外籍公民(如中国公民)被白罗斯境内公司雇佣,该名外籍公民须为其在白罗斯境内的劳动活动申领特别劳动许可(详见下文)。

持有白罗斯共和国有效护照的白罗斯公民和持有中华人民共

和国有效护照的公民及其子女，适用特别规定。白罗斯和中国在1993年1月11日签订的《白罗斯共和国与中华人民共和国关于商务旅游互免签证协议》允许双方国家的公民在双方国家免签出入境、过境并可逗留30天以上不超过90天。

更多签证信息，详见白罗斯共和国驻中华人民共和国大使馆官方网站：http://china.mfa.gov.by/zh/consular_issues/。

三、中国—白罗斯工业园

中国—白罗斯工业园是2014年在白罗斯共和国境内建设的特别经济区，目的是促进与中华人民共和国的贸易、经济与投资合作，吸引意在建立和发展具备国际竞争力的高新企业的国内外投资者，同时提供就业机会。

白罗斯共和国在2012年6月4日发布第253号总统法令《中国—白罗斯巨石工业园》、2012年6月30日发布第326号总统法令《中国—白罗斯巨石工业园活动》以及2011年9月18日两国签订的《白罗斯共和国和中华人民共和国关于中国—白罗斯工业园的协议》，已成为建设该工业园的法律依据。这些法律文件不但引入了工业园的管理队伍，包括政府间协调委员会（最高管理层）、中国—白罗斯工业园行政部门以及中国—白罗斯工业园合资公司（为工业园发展而设立的公司），还提供了工业园居民企业的标准。

1. 进驻该工业园的法人需满足以下条件：

（1）在白罗斯境内设立同时在该工业园内设办公室或者直接在

该工业园内设立（重组）的外商商业组织；

（2）在该工业园里实现或计划实现投资计划。

2. 投资计划须同时符合以下要求：

（1）该计划符合工业园的主要活动领域：电力、精细化工、物流、生物、机械工程及新材料、研究及高级研发；

（2）公开的投资金额不少于5000万美元（研究及高级研发领域不少于1000万美元）。

3. 工业园是特别的经济区，为工业园居民企业及投资者提供众多便利和选择：

（1）"10+10"的优惠税率，从注册成为工业园进驻公司之日起10年内免缴纳所有公司税，下一个10年内减半缴纳该公司在工业园里所有营业活动的适用税率；

（2）因实现投资计划所需而进口到白罗斯的货物（技术设备、设备零件及备用零件、原材料及材料），免缴纳关税及增值税；

（3）因在工业园内设计、建设建筑和配置设备而获取的货物（工作、服务、所有权），免缴纳增值税；

（4）工业园内的房产及地块免缴纳房产税和地税；

（5）如进口货物（原材料，材料）将进行深加工然后出口到关税联盟之外的国家，免税区制度允许该类进口货物免税（关税、增值税、消费税）；

（6）个人所得税率是固定的，仅为9%，比白罗斯规定的个人所得税率低了25%；

(7)免缴纳强制保险费；

(8)发起人免缴纳进驻公司5年内累积所得的来自总收入的股权分红所得税；

(9)工业园居民企业因使用专业技能、资格证、专利、实用新型、方法而支付给在白罗斯境内没有常设机构的外商公司的所得，仅需缴纳5%的所得税（比国家规定的税率低了3倍）；

(10)保护免受税法修改的影响；

(11)具有吸引外籍劳动力的特别程序；

(12)一站式服务。

现在工业园内正在进行很多不同领域的项目，如机械工程、电力、光学、电子工程、生物技术与制药、医药设备和材料。

特别要提到的是，这个前所未有的大项目在2015年开工，将建设连通亚欧经济联盟和欧盟的贸易物流园区。而且，这个项目将作为连接中国—白罗斯工业园以及自由经济区“喀纳斯”“凯佩达”港口的“桥梁”。该项目预计投资50亿美元。该项目计划于2017年完成。

四、申领白罗斯临时居住许可

1. 什么是临时居住许可？如何申领？

临时居留许可是一份载有被许可人在白罗斯共和国境内法定逗留期间的文件。一般有效期是1年，可以续期。如外籍人士计划在白罗斯进行商业活动,该名人士不能申请临时居留许可。如外籍人士想申请临时居留许可,可以选择成为白罗斯境内外商法律实体或代表处的主管或雇员。

2. 在白罗斯境内设立公司

为在白罗斯境内进行营业活动,必须先设立一个法律实体。在白罗斯数量最多的法律实体类型分别是:(1)股份公司(OAO——上市公司;ZAO——不公开招股公司);(2)有限责任公司(OOO);(3)国有企业。

在白罗斯最常见的法律实体是有限责任公司(OOO),因为它的组织形式和法律结构清晰且易于管理(参见下文)。

私人商业活动中最受欢迎的股份制公司是不公开招股公司。这类公司可能不会向普通公众公开募股。因此,和上市股份公司相比,购买这类公司股份的人数很有限。

国有企业对其资产和公司结构没有所有权。这类企业仅对其产品有所有权。公司所有权人是公司的发起人。

(1)有限责任公司的背景信息、设立和购买

有限责任公司法定资本以非公开股份形式发行。没有法定的最高或最低资本要求。因此,任何规模的股本都可以。转让股份有一定限制,如其他股东的优先购买权。

股东人数不多于50。

2016年1月26日,白罗斯法律进行了革命性的修改,允许设立一人有限责任公司(合资股份公司也可以)。单独自然人或单独法

律实体均可以成为公司的法定发起人。如果一个法律实体要成为新设立公司的单一股东,该法律实体须有 2 名以上股东。如果该有限责任公司是一人有限责任公司,由单一股东行使股东大会的权力。设立公司不需经过创立大会,仅需股东提交书面决议。

有限责任公司里有以下机关:

①权力机关。

②股东大会(或一人有限责任公司里的一人股东会)。

③管理机关。

④董事委员会(监事会)。

⑤执行机关

A. 社团型(管理层/董事会);

B. 独立型(董事/董事长);

C. 混合型(同时设有管理层和董事会)。

⑥审计机关:一个审计委员会或一个调查员。

有限责任公司的注册步骤里包括了注册成为统一登记的法律实体与个体商户。

(2)组建公司的步骤

①组建公司的决议

创立大会前必须达成设立公司的决议。该决议必须为书面形式,由所有发起人签署。

②准备创立大会

所有发起人需做以下设立准备,包括:

A. 确定公司名称

公司名称必须体现公司组织形式,如“有限责任公司(OOO)”。

新设立公司不能使用与已注册公司名称或商标相类似的、容易令公众产生误解的名称。仅经(政府或总统)特别批准,才能使用“白罗斯共和国”、“白罗斯”、“国家”和“白罗斯人”作为公司名称。公司名称由注册机构批准。

B. 公司注册地址

必须在公司设立文件中列明公司注册地址,文件包括租赁合同或初步租赁合同。

C. 起草公司章程

③创立大会

所有准备程序完成后,发起人须召开创立大会。创立大会的成员须签署设立决议书、批准公司章程和选举公司机关成员,包括董事长(或董事会)、监事会(非必要)和审计机关(一个审计委员会或一个调查员)。

④公司注册

白罗斯境内所有公司必须注册统一登记的法律实体与个体商户。经国家注册后,公司视为注册成立。

最后,制作公司圆章、开设公司银行账户、告知银行和税务机构关于一名董事长和一名会计的任命情况。

公司设立时间一般为 2 周至 1 个月,同时需要支付起草必要文件、翻译、公证、注册及其他第三方服务的法定费用。

(3) Taxes 税务

①Income tax 所得税

营业收入、分红及其他类似收入被视为所得税应税收入。

以下将被视为营业收入：

在白罗斯境内设有常设机构的本国公司及外商公司——销售货物（商品、服务）、产权及减去非营业支出的非营业收入所得的全部收入。

相反，销售货物（商品、服务）、产权（固定资产及无形资产除外）所得收入（亏损）和税后的生产、销售货物（商品、服务）的成本及收益有着积极性（消极性）的不同。

所得税税率是 18%（银行和保险公司——25%）。股份分红所得税税率是 12%。

所得税按季度征收，股份分红所得税按月征收。

适用简化税收制度（STS）的公司免缴纳所得税（股份分红所得税除外）。

②VAT 增值税

在白罗斯境内销售货物（商品、服务）或产权产生的营业收入及进口货物到白罗斯境内须缴纳增值税。

VAT rates：

- 一般增值税率是 20%；
- 特殊货物（商品、服务）按 0% 征收；
- 经当地政府机构批准的食物制品及儿童产品，按 10% 征收增值税。

政府定价的销售商品按9.09%及16.67%征收增值税。

③其他税务(课税、关税等)

A. 个人所得税——13%(特殊税务制度减免至9%);

B. 代缴所得税(由外商公司获得白罗斯境内收入后支付)——根据收入种类,税率分别为5%、6%、10%、12%和15%;

C. 土地税(税率根据地块位置及用途而定);

D. 生态税(因生活垃圾、排放、废水处理而缴纳的税);

E. 离岸费用(当白罗斯居民向离岸地个人/公司转账时需缴纳);

F. 印花税;

G. 消费税;

H. 国家费用;

I. 领事签证费;

J. 关税。

④(STS)简化税收制度(STS)

STS有两种,分别是含增值税的和不含增值税的。

公司仅在符合以下所有条件时,才能适用简化税收制度。

- 该公司申请适用简化税收制度当年的前1年9个月内,月均雇员人数少于100人。
- 申请适用简化税收制度当年的前1年9个月内所得的营业收入不超过10 300 000 000白罗斯卢布(大约520 000美元)。

申请适用不含增值税简化税收制度的条件更严格。申请适用不含增值税简化税收制度的必须同时满足以下两个条件：其一，该公司申请适用简化税收制度当年的前1年9个月内，月均雇员人数少于50人；其二，申请适用简化税收制度当年的前1年9个月内所得的营业收入不超过9 400 000 000白罗斯卢布（大约470 000美元）。

营业收入包括上述期间内因销售货物、服务条款、执行工作、对货币形式财产的处置所得的全部收入。

简化税收制度下，纳税人免缴纳大部分税种，尤其是利润税（18%）、房产税和土地税。一个单独税种替代了以上几个税种。但是不能免除进出口货物的关税、知识产权费用、领事签证费、离岸费、印花税、股份分红所得税、保安费用、强制社会保险支出、增值税、税务机关要求缴纳的费用。

如果申请简化税收制度的公司满足以下任意条件时，其申请将会被终止，且申请当月的下一个月份必须根据一般税务规则缴纳税务和其他费用：

A. 平均雇员人数超过100人；

B. 营业收入超过13 700 000 000白罗斯卢布（685 000美元）；

C. 该公司作出放弃简化税收制度的申请；

D. 对于正在适用不含增值税简化税收制度的公司：雇员人数已超过50人及/或当年营业收入已超过9 400 000 000白罗斯卢布（大约470 000美元）。

公司仅自日历年第一天（或公司注册当年的当天）开始适用简

化税收制度。

STS rates，简化税收制度税率：

5%——不含增值税的简化税收制度；

3%——含增值税的简化税收制度；

16%——因捐赠的货物（商品、服务）、产权、货币资产所得的营业收入。

一些公司类型不能适用简化税收制度。不适用的公司类型包括涉及网络零售或提供网络市场服务的公司；由另一公司持有的国有企业或国家持有的国有企业；另一公司持有、其他几家公司累计持有或国家及其他人持有超过25%股权的公司。

⑤避免双重征税

1995年1月17日签订的《白罗斯共和国政府和中华人民共和国关于避免双重征收收入和财产所得税的协定书》目的在于避免两国居民发生双重缴税。该协定书规定了应当缴税的情形，特别是房产税、商业利润、分红、利息、知识产权所得等。此外，该协定书根据白罗斯和中国的税务制度阐明了避免双重征税的方法。该协定书确认了非歧视原则。

3. 在白罗斯境内雇佣外籍人士

白罗斯关于外籍人士就业的法规范围如下：

- 白罗斯共和国宪法；
- 1990年7月26日劳动法令第296-3号；
- 2010年12月30日第225-3号法令关于外籍劳动力移民；

• 2012 年 2 月 17 日内阁决议第 156 号令关于适用行政程序列表；

• 2011 年 7 月 7 日国家内务局决议第 247 号关于适用发放外籍劳动力工作许可和特殊工作许可的程序。

如果外籍人士未有永久居留许可且计划在白罗斯境内工作，该人士必须申领特殊工作许可后才能在白罗斯境内从事劳务活动。

白罗斯本国雇主或其代表人将职位空缺（除非该职位为新设职位）情况告知本地就业中心。只有当白罗斯公民及永久居民都不满足该职位条件时，外籍人士才能申请该职位。

如果 14 天内无其他人应聘，外籍人士可以应聘。为雇佣外籍人士，雇主应当起草特殊工作许可申请。因为只有雇主出具特殊工作许可申请，该外籍人士才能申领特殊工作许可。接收该申请的部门是明斯克市议会内务局公民与移民主管部门或当地执行委员会的内务部门。提交申请表时，必须同时提交以下文件：

• 经翻译成其中一种白罗斯共和国官方语言（俄罗斯语或白罗斯语）的外籍人士护照复印件；

• 行政费用（申请审批）的支付证明。

计划雇佣外籍人士的雇主应当通过列明该外籍人士的学历、特别专业技能、丰富工作经验，证明该外籍人士是与就业优先的本国公民和永久居留居民相比唯一完全符合职位要求的应聘者，证明雇佣外籍人士的需要。该项行政服务费用（审批该申请）是 5 个基本单位，即 1 050 000 白罗斯卢布或 55 美元——如果该外籍人士或其雇主与白罗斯共和国之间签订了投资合同，该费用可免除。该申请自提交申请后15天内完成。如果该外籍人士或其雇主与白罗斯共和国之间签订了投资合同，审批时长为7天。在此期间内，公民和移民局会向雇主发布职位空缺情况的就业中心发咨询函，据此作出该外籍人士是否符合在白罗斯境内就业的条件。

特殊工作许可有效期是1年。

获得特殊工作许可后的下一步是，签订劳动合同1个月内，持该合同前往发放特殊工作许可的同一个机关登记。

该工作许可仅可以申请延期一次。如果该延期的许可有效期届满且该外籍人士和其雇主计划维持雇佣关系，必须重新申请特殊工作许可。延期申请程序时长是15天。申请延期，雇主必须提交特殊工作许可延期申请表并附上该外籍人士的特殊工作许可及上述所有文件。申请延期前，雇主必须将职位空缺情况通知就业中心。

如成功延期特殊工作许可，无须登记新的劳动合同。只需提交一份修改劳动合同有效期的补充协议书。签订该协议书1个月内，必须持该协议书前往发放特殊工作许可的机关登记。

特殊工作许可的延期费用是3个基本单位，即630 000白罗斯卢布或35美元。

需要注意的是，特殊工作许可仅供持有人在白罗斯境内合法工作之用。该许可持有人不具有合法居留、出入境权利。如需以上权利，持有人应当申请临时居留许可和多次往返签证。

如白罗斯本国雇主计划雇佣10个以上的外籍人士，该雇主应当申请外籍人士雇佣许可。高素质人才（须有学历、至少 5 年工作经验及不低于 1725 美元证明其高级专业能力）和持有雇主公司股份的外籍董事，不计入雇佣许可的数额范围内（但是，上述两类人士须申领特殊工作许可）。

4. 申请临时居留许可的程序

外籍人士或持有其授权书的代表人必须携带以下文件，前往申请人计划临时居住所在地的国家内务局公民和移民办公室：

（1）申请人（外籍人士）签署的临时居留许可申请表一份；

（2）经公证的外籍人士护照原件及护照复印件各一份；

（3）移民卡原件及其复印机各一份；

（4）特殊工作许可原件及其复印件各一份；

（5）劳动合同及其复印件各一份；

（6）显示特殊工作许可有效期期间临时居住地址证明一份（如租房合同）；

（7）医疗保险证明原件及复印件各一份；

（8）付款文件一份。

该行政审批程序费用是 3 个基本单位（630 000 白罗斯卢布或 35 美元）。投资者雇佣的外籍人士或投资者因实现与白罗斯共和国签订的投资合同而设立的公司所雇佣的外籍人士可免缴该费用。

公民与移民办公室审批申请表及所附文件的时长是 15 天，然后会作出是否批准临时居留许可的决定。在此期间，持有有效的短期或长期出入境签证（C 或 D）的外籍人士可以自由出入境。

5. 申请多次出入境签证的程序

因特殊工作许可和劳动合同申请多次出入境签证的外籍人士，需提交签证申请表和经申请人雇主签署的请求信。以上两份文件的审查时间是 10 天。签证申请程序须支付五个单位的基本货币（或者 105 万白罗斯卢布或者 55 美元）。如果该外籍申请人想在 5 天内完成签证审批程序，须另外支付一个单位的基本货币（21 万白罗斯卢布或 10 美元）。

临时居留许可和出入境签证的有效期与特殊工作许可的有效期相同。

6. 税务、生活费用等

公司有义务缴纳强制保险费用。强制保险费率是支付给雇员的所有费用的 35%（其中 29% 是退休保险，6% 是社会保险），其中 1% 由雇员自己支付。

所得税税率是雇员所得收入的 13%。

医疗花费由外籍人士自己负担。

7. 在白罗斯永久居住

白罗斯法律规定，持有临时居留许可且在白罗斯共和国境内连续居住 7 年以上的外籍人士，可申领永久居留许可。当然，还有一个更快获取永久居留许可的途径：在白罗斯共和国境内投资不少于 15 万欧元的外籍投资者可以在白罗斯境内永久居住。持有永久居留许可的人士可以享受与白罗斯公民同等的社会和经济权利，仅限制政治权利。

英国投资移民实务指南

作者简介

Geoffrey J. Curley,大成芝加哥律师事务所的高级律师助手。他也是伊利诺伊州理工大学(美国)—芝加哥肯特法学院的学生,正在攻读公司法和国际法方向的博士学位。他本科就读于威斯康星大学麦迪逊分校,主修汉语、东亚研究和经济学。他还取得了一份威斯康星大学麦迪逊分校商学院的结业证书。

Jenna M. Smith是大成芝加哥律师事务所的高级助理律师。Smith女士是一名既会代理公司也会代理个人的诉讼律师,主要在她经验比较集中的公司法和商法领域。Smith女士与公司执行高管密切合作,致力于为公司各种各样的项目提供法律服务以及解决正在发生的法律问题。她的客户横跨大型跨国企业和私人国内公司。

随着悠久的移民史，英国有两条投资者进入的基本路径：第一层级（投资人）移民和第一层级（企业家）移民。前者为传统投资者提供了去向英国的途径，那些寻找无须插手项目的投资者，唯一受制于投资资金的管理。企业家移民，恰恰相反，要求更多直接地参与有关资金投向的一切业务。每种途径都展示了一个相对简单和充足的进入英国的机会，相对于其他可用的移民选择，但这种独有途径的选择取决于申请人的管理偏好和满足合格要求的能力。这篇文章简要介绍了这些要求和英国内政部的各种规定。①

一、英国投资移民

大不列颠和北爱尔兰联合王国，通常被称为英国（UK），或者更简单，称作不列颠，由四个国家组成，统一在一个君主之下：英格兰、苏格兰、威尔士和北爱尔兰。尽管主要语言在四个国家当中都是英语，每个国家还是有独特的文化和自豪的民族传统。英国，作为一个整体，有着世界第五的经济实力和人类发展指数非常高的分类。由于这个原因，过去10年里，每年有大概25万人移民到英国。绝大部分移民迁入这个地域最大的城市也是首都——伦敦，但有着古朴村庄和广袤风景的英国乡下，也是一个可以被称作“家”的地方。

---

① 免责声明：以下信息仅仅是英国内政部针对商业移民所规定的一些规则和条例的设计。这些著述建立在一般信息和假设申请人从未取得过英国签证的基础之上。这个摘要应该视作一般指引，一个申请人的特殊情况可能需要额外的要求。如此，考虑到他/她的特殊情况，建议申请人联系律师。

英国的移民制度是一个可以分为五个层级的得分系统。每个层级都会要求申请人获得足够数量的分数以增加进入英国的机会。得分会有各种各样的标准,因层级不同而相异。投资人和企业家的签证都是第一层级的签证。投资人的签证要求达到75分,企业家的签证要求达到95分。下面的信息总结了投资人和企业家签证获得必备数量分数所必要的一般要求,以及一个成功的申请所需的概括性的额外指导。

二、投资人签证

作为第一层级(投资人)移民进入英国是一个相对直截了当和简单的过程。这种进入英国的途径是为那些能在英国做实质性财务投资的一掷千金的个人准备的。所有希望以第一层级(投资人)移民身份进入英国的人必须获得有效的入境许可。如果他们没有获得有效的入境许可,入境将会被拒绝。

这些各种各样的合格要求必须被满足为了获得入境许可。这些申请人必须不能落入一般被拒情况当中。一般被拒情况包括但不限于,申请人有以下事实:(1)当前被下达了驱逐令;(2)被判决有罪并且被判处4年以上的监禁刑;(3)被判决有罪并且被判处12个月以上4年以下的监禁刑,除非刑罚被执行完已超过10年;(4)被判决有罪并且被判处12个月以下的监禁刑,除非刑罚被执行完已超过5年;(5)监管当局不能提供犯罪记录证明;(6)不能提供有效的国民护照或者其他符合要求的身份证明。为了证明这些申请人未落入一般被拒情况当中,他必须提供最近的护照或者其他带有护照尺寸照片的有效身份证明,以及一份来自任何国家的犯罪记录证明,只要申请人在最近的10年里在这个国家生活了12个月以上。

而且,申请人必须有最少200万英镑可用的投资资金。这些资金必须被投入一个或多个在英国或者申请人境时在海外的受监管的金融机构。此外,这些资金必须能够在英国被自由的支配——任意处理,这些申请人必须以出于投资这些资金的目的在一家受英国监管的银行开设一个账户。申请人必须进一步提供证明文件,以证实这些投资资金的去向和可转移性。有四种被允许证实这些信息的文件:(1)受英国监管的金融机构出具的一份投资组合报告或者投资明细;(2)个人的银行结单;(3)银行函件;(4)持有股份或者信托基金份额类似的书面证明文件。在投资资金属于申请人生活伴侣的情况下,内政部要求提供确认婚姻或者伴侣关系或者其他能够证实这对夫妇一起生活了2年以上的证明,以及资金持有方出具的申请人能够支配这些资金的声明。最后,申请人必须证明自己已年满18周岁,并且投资资金是在申请人的控制之下,以及投资人取得资金的行为在英国是合法的。申请人必须能够通过书面文件证明投资资金的来源。

一旦申请人获得了入境许可,他或她就可以以第一层级(投资人)移民的身份申请"签证延期"。签证延期申请的合格要求与入境许可的一样，这里不再赘述。然而，这里有一些时间限制和财务成本需要被告知。首先，签证延期的申请时间最早是入境三个月前。每份申请的费用，不管是自己申请还是为其他人申请，是 1530 英镑，所有的申请将会在 30 天内作出回复决定，据已备案的申请情况。所有的申请人必须在入境的 3 个月内进行被要求的投资。这些投资包括政府债券、股本资本、贷款资本以及英国注册公司的股票交易。其次，作为投资人被准许签证延期的时间是 3 年，还可以再申请延期 2 年。

所有以第一层级（投资人）移民身份被准许签证延期的申请人都享有特定的权利并受到特定的限制。他们的权利几乎涵盖了所有在英国工作和学习的领域。然而，申请人仍然不能从事职业运动员或者教练职业。申请人也不能是受训医生或者牙医，除以下情况之外：(1)他或她有医学或者牙科学学士以上学历，来自具有第四层级主办执照的英国机构或者被英国认可的机构；(2)他或她最近一次待在英国是以受训医生或者牙医为生计；(3)上面这些情况在以前的签证期内都未出现。

签证申请成功的人也有机会申请无限期的签证延期——相当于永久居留权——经过一定的时间段之后。这个时间段的长短取决于在英国投资的资金量的大小。首先，如果投资者和他 200 万英镑的投资资金在英国都停留了 5 年，投资者就可以申请无限期的签证延期。如果投资者将投资资金增加至 500 万英镑，投资者和他的投资资金在英国只需要停留 3 年就可以申请无限期的签证延期。

同理，如果投资资金增加至1000万英镑，投资者和他的投资资金在英国只需要停留2年就可以申请无限期的签证延期。但上述权利有一些限制。例如，第一层级的（投资人）移民不能投资主要从事于房地产投资、管理和开发的公司。并且，持有第一层级的（投资人）移民签证的投资者不能依靠公共基金。总之，如果投资者的目的是获得英国无限期的签证延期，金钱会为他赢得时间。如果投资者的目的是尽快获得无限期的签证延期，那么投资1000万英镑是最快的选择。

尽管这些对第一层级（投资人）移民的要求有点复杂，申请过程却十分简单。内政部收到申请，发函申请人邀请其提交指纹或其他生物信息以核实身份，然后根据申请人提交的生物信息，内政部进行复审，最后作出决定。尽管上诉不再被允许，如果申请人不同意内政部作出的决定，他可以申请行政复议。所有的签证拒绝函都会告知具体如何申请行政复议。

三、企业家签证

以第一层级的（企业家）移民身份进入英国的过程，比以第一层级的（投资人）移民身份进入英国的过程要稍微复杂一点。第一层级的（企业家）移民的申请人为那些希望在英国进行创建、参与或者接管一家或多家企业。所有希望以第一层级的（企业家）移民身份进入英国的移民，首先必须获得有效的“入境许可”。如果他们没有有效的入境许可，入境将会被拒绝。

合格要求各式各样——类似于投资者签证的必要性——都必须被满足以便获得入境许可。申请人不能落入一般被拒情况当中。之前已提到，一般被拒情况包括但不限于申请人的以下事实：(1)当前被下达了驱逐令；(2)被判决有罪并且被判处4年以上的监禁刑；(3)被判决有罪并且被判处12个月以上4年以下的监禁刑，除非刑罚被执行完已超过10年；(4)被判决有罪并且被判处12个月以下的监禁刑，除非刑罚被执行完已超过5年；(5)监管当局不能提供犯罪记录证明；(6)不能提供有效的国民护照或者其他符合要求的身份证明。同样的，为了证明这些申请人未落入一般被拒情况当中，他必须提供最近的护照或者其他带有护照尺寸照片的有效身份证明，以及一份来自任何国家的犯罪记录证明，只要申请人在最近的10年里在这个国家生活了12个月以上。

申请人必须最少有20万英镑随意可用的投资资金。或者，申请人只需要5万英镑，只要这些资金的来源符合下列情况之一：(1)受金融管理局监管的注册风险投资公司；(2)在英国贸易与投资网站列明的，相当于背书的，英国创业种子基金竞赛；(3)一个或者多个英国政府部门或者苏格兰、威尔士、北爱尔兰被移交的政府部门出于创建或者拓展英国经济的目的，由该机构提供的资金。这些资金必须被一个或多个受监管的金融机构所持有，这些金融机构要么在英国，要么申请时在海外。此外，这些资金必须能够被自由的花费——可任意使用——在英国，申请人必须以对这些资金进行投资的目的在一家受英国监管的银行开设账户。而且,如果申请人未满 18 周岁,他的申请必须获得其法定监护人同意和支持。

所有第一层级的(企业家)移民很特别的一点在于他们必须附上一份商业计划,展示这些计划在英国进行的商业活动,并且论证为什么这些生意会取得成功。这份商业计划由一位入境许可官员进行评估,入境许可官员自由裁量是否接受。评估通常参考但不限于以下因素:(1)申请人已递交的证明;(2)资金来源的可行性和可信性;(3)申请人的商业计划和结合市场调查情况申请人所选商业领域的可行性和可信性;(4)申请人的教育背景和商界经验;(5)申请人的移民经历和之前在英国的活动;(6)其他相关信息。

申请人需证明其精通英语。申请企业家签证需证明其具备相当于或高于由欧洲语言框架学习欧洲委员会评定的 B1 等级的英文知识。有两种途径证明其熟练度:(1)有一份学术资格是英文教学,并且经英国学术评审中心认证等同于英国学士学位、硕士学位或者博士学位;(2)通过一场被英国国务大臣批准法人英语语言考试,在读、写、说、听四个方面取得了最低在欧洲共同语言参考标准 B1 等级的成绩。或者,申请人可以绕开这些证明熟练度的方法,如果他来自一个讲英语的国度。

一旦申请人获得了入境许可,他或她就可以以第一层级的(企业家)移民的身份申请“签证延期”。申请签证延期的合格要求与入境许可一样,这里不再赘述。然而,这里有一些时间限制和财务成本需要被告知。申请人申请签证延期的最早时间是在入境的 3 个月前。每个申请的费用，不管是为自己申请还是为其他人申请，是1204英镑左右（请注意，如果申请人是到场申请而非网上申请，费用会更便宜，并且如果申请人是来自土耳其或者马其顿，费用会在到场申请的基础上更便宜）。申请的回复决定通常会在3周内作出，根据已备案的情况而定。接下来，申请人在入境许可获得后的6个月内唯一要做的就是下列之一：(1)向女王陛下税务海关总署登记为个体经营；(2)登记一项他是主管的新业务；(3)以主管的身份登记一项现存的业务。

所有以第一层级的（企业家）移民身份获得签证延期的申请人都享有特定的权利并受到特定的限制。首先，他们可以在英国待满三年。申请成功的人有机会创建或者接手一家或多家企业。申请成功的人的另一项好处就是他们可以带家属一起去往英国。当然，有一些限制条件。首先，不得从事以下投资：(1)申请人自己的薪酬；(2)从以前的所有者那里购买一家企业，钱基本上都流向了前所有者而非企业本身；(3)投资的企业，申请人并不是自己在经营或者非主管人；(4)资金的花销并没有直接用于创建或者运营申请人自己的企业。其次，申请人不能在自己企业之外兼职。再次，不论在何种情况之下，申请人都不能被聘为职业运动员或者教练。最后，申请人不能依靠公共资金。

申请成功的人当然同样的有机会申请“无限期的签证延期”（“LLR”）——相当于永久居留权——经过特定的时间段之后。为了获得无限期签证延期的身份，申请人必须向国务大臣证明：(1)他已经创建、接手或者主管一家或多家在英国真实存在的企业;(2)他为持续经营这些企业确实投入了必要的资金;(3)他有在英国持续经营一家或多家企业的真实意愿。国务大臣的分析基于申请人提交的文件和企业经营情况的可信性。国务大臣也有权利要求更多的文件或者面试申请人。

总之,投资者有两种途径让英国成为他们的家:第一层级的(投资人)移民和第一层级的(企业家)移民。第一种选择是为那些希望从项目中抽身由其他人经营他们的投资资金的传统投资人准备的。与此相对的,第一层级的(企业家)移民则要求直接参与经营所投资的企业,不论是什么企业。相较于其他国家的投资移民政策,这两种选择都是很直接的。本文提供的所有信息都可以公开获得,并且受政府规定的影响可能随时有变。如果您对投资人或企业家移民有兴趣,建议咨询专业律师以解决您的特殊需求。

本文不是投资与移民具体个案的法律建议,且具有时限性。本文相关内容参照截至 2017 年 12 月 31 日英国国家移民相关法律法规,上述法律法规仅仅作为一般准则,对不同的申请人的具体情况,英国国家移民部门可能会有额外的要求。因此,建议申请人就本人特定情况与专业移民律师联络、取得专业指导。

法国投资移民优势与挑战

作者简介

石宛林，北京大成律师事务所高级合伙人、律师、联合国经济和社会理事会、OMECA 高级专员、中非巴西经济论坛主席、全法中法律师与法学家协会副主席。

石律师毕业于中南财经政法大学、巴黎九大国际金融、巴黎五大国际商法专业，曾在中国国家财政部和中国石化总公司从事管理工作。巴黎佩菲尔—石联合律师事务所创始合伙人，大成法国律师事务所高级合伙人、主任。该律师事务所为中国外交部推荐的首家在法维护华人权益的法国律师事务所。其 20 年法律生涯铸就的《法国 365 案例》被译成中文在欧洲各大华文媒体连载，法国、中国 CCTV、芬兰等多国媒体就其处理的中国个人和企业在欧洲的重大法律事务进行过跟踪报道、香港凤凰卫视也对其在欧洲处理的众多影响深远案例进行多次卫星直播专访。石宛林律师近年来着重研究中国企业在海外投资并购中的经验及教训，成功地帮助中国企业在海外、能源、矿产、金融、汽车、机械制造、卫星、飞机、船舶、不动产、食品以及国际知名奢侈品牌等领域完成了大量的投资、融资与并购业务。

邮箱：wanlin. shi@ dentons. cn。

按照法国颁布的《外国人入境和居留法》的规定，经许可入境的外国人，在法国期间分别享有三种居留资格。第一种是临时居留者，主要包括旅游者、留学生、经商和季节性劳动者。例如，意大利、西班牙的临时工人，一般允许居留3个月、6个月或1年等。第二种是短期居留者，主要是指签订合同的劳工移民，居留期限为3年。第三种是长期居留者，包括法国公民的家属、难民以及上述第二种中的申请者。前两种人员经过批准，可以改变自己的居留身份，成为长期居留者，也就是取得了在法国永久居留的资格。

不同的居留资格皆须取得相应的合法签证，而国际人员流动的主要签证种类是短期停留签证（最长90天）和长期停留签证（90天以上），此处将简要介绍不同签证种类的具体内容和条件。

一、短期停留签证

短期停留签证通常被称为“申根签证”，因为他的持有人可前往申根地区的26个国家。每6个月期间内，可以签发最长90日的申根签证。

本签证主要授予商务旅行人士、官方访问和私人访问人士，必须向居留所在国家的法国使领馆递交申请。打算处理法国的业务关系但实际上不在法国居住的商人，可以申请多次往返签证，有效期为1年至5年。

二、长期停留签证

由于个人原因(如家庭团聚、退休等)或职业原因(设立公司或从事受薪工作等),计划在法国停留90天以上的外国国民必须向居住地所在的法国使领馆递交长期停留签证申请。原则上,长期停留签证的有效期为三个月,在此期间,签证持有人必须前往省府办理行政待续,获得与停留理由相应的居留许可证。

一般来说,在法国从事受薪工作需要工作许可证,但持有临时居留许可证也可以找受薪工作。如果外国国民打算在法国停留90天以上,有关机构可向他们签发一份许可证,可以用于在法国居住和工作。尤其是,这一规定适用于“欧洲联盟蓝卡”、“驻外员工”及“技术与专业技能”类居留许可证,“员工”与“学生”类长期停留签证等同于居留许可证。

三、外国人在法国申请工作居留的条件和相关规定

如外国国民有在法国工作的意向,还需申请相应的工作居留。其中,外国人在法国申请工作居留的种类有如下几种:(1)领薪艺术家;(2)领薪员工;(3)临时工;(4)季节工;(5)外派员工;(6)为特定雇主完成短期工作。

无论申请何种居留,找到雇主是前提。此外,科学家(scientifique)、技术人才(compétences)、专业人才(talents)等居留证的申请有别于普通工作许可,需要在当地法国使馆办理。持有欧盟长期居留证、个人和家庭生活居留证(vie privée et familiale)及学生居留证者无须申请工作许可,但学生一年中工作时间不能超过法定工作时间的60%。

在法国拥有合法居留的申请者应向警察局或省政府提交雇主申请函(改变身份或申请临时工作许可)。此外,雇主也可直接向省劳工就业和职业培训局(DIRRECT)提出聘用外国员工申请。在国外的申请者在获得法国公司聘用后,应向法国公司所在地的省劳工就业和职业培训局提出申请。

若雇主不在法国,员工可根据情况:(1)向法国签约公司所在地的省劳工就业和职业培训局提出申请;(2)向接待他的企业所在地的省劳工就业和职业培训局提出申请;(3)向工作地点的上述机构提出申请;(4)若工作具有流动性,应向第一工作地点的机构提出申请。

省劳工就业和职业培训局在审批后,把工作合同或临时工作合同转交给当地法国移民融入局(OFII)审理。在得到批准后,由法国的使领馆向申请人颁发长期工作签证。外籍人士到法国后,应携带护照、签证和体检证明前往警察局或省政府办理工作居留证和体检。

凡注明领薪员工(salariés)、临时工(travailleurs temporaires)和发给法国人配偶的个人和家庭生活(vie privée et familiale)签证可作为居留证使用,有效期不超过一年。签证持有者无须办理居留证。

四、主要的长期签证相当于可以找受薪工作的居留许可证

对于持有相当于居留许可的长期签证(有效期为1年)的人来说,居住在法国的第一年没有必要再申请获得其他居留签证。第一年后,外国人必须申请相应的居留许可证,有以下类型的相当于居留许可证的长期签证:

(一)相当于"工作许可证"的长期签证,该长期签证是给予被在法经营的公司雇佣,并且雇佣期限超过一年的员工的签证。工作许可申请必须符合雇佣当地相关部门(DIRECCTE)的管理规定。持有这种许可证的人必须签订整体化合同。通过该合同,法国政府保护外国公民的个人权利,并为他们提供法语培训。

(二)相当于"临时工作许可证"的长期签证,该长期签证是给予那些被允许在法国工作3~12个月的雇员。这种情况尤其是针对那些被外国公司外派到法国客户的公司以协助完成某些特殊服务的员工。工作许可证的申请必须符合雇佣当地相关部门(DIRECCTE)的管理。在某些情况下,就业水平影响是否颁发工作许可证。

(三)相当于"科学研究"居留许可证的长期签证,该长期签证是给予那些在法国进行科学研究或者在法国大学任教的教师的签证。该签证的申请者必须取得由相关机构或有资质的大学颁发的托管关系协议,在协议中说明科学家的国籍以及在法国居留的目的

与时间期限。该科学家不需要取得单独的工作许可证。委托协议必须经驻申请人母国的法国大使馆盖章。

在法国居留的第一年结束后，申请者获得“科学研究”临时居留许可证，有效期为 1～4 年不等。科学家的家庭成员获得“私人与家庭生活”临时居留许可证。

（四）相当于“留学”居留许可证的长期签证，该签证颁发给在法国留学的可以证明自费留学（每月 615 欧元）的外国人，第一年的最后，要继续求学的留学生将会被颁发多年期居留许可证，有效期可长达 4 年，可以覆盖该学生剩余学期。持有“留学”居留许可证的外国人有权在法定工作日的 60% 的时间内兼职受薪工作。不需要再申请工作许可证，但是雇主必须取得学生居留地警察局出具的说明文件。

而且，拥有至少相当于硕士学位资质的学生可以在其学生居留许可证期满后申请临时居住许可证，该许可证有效期为 12 个月（不可延期）。该许可证允许持证者寻找或从事有关于他们学习内容的工作，工作薪资水平为，税前月薪至少为 SMIC 公布的国家平均最低工资的 1.5 倍。也就是说，截至 2015 年 1 月 1 日，工资为 2186.28 欧元。

该期限届满后，提供他们正在工作的证明文件还可以向警察局申请取得“雇佣”居留许可证。若该项工作相当于员工培训并且税前薪金达到 SMIC 公布的最低薪金水平的 1.5 倍时，是否发放该许可证将不会考虑就业水平情况。

（五）根据在法国从事的工作的性质与时间长短，发放的居留许可证分为以下几类：

表1　商务移民:公司董事的国际流动(非欧盟/欧洲经济区/瑞士)

身份/职位	签证和居留许可证	在法居留最长时间	资格标准	申请递交	获得工作许可的要求	陪伴的家庭成员
公司董事"特别经济贡献"	长期或短期停留签证;"特别经济贡献"类居留许可证。	永久居留许可证;10年,可以延长。	→必须运营公司,或至少持股30%; →必须投资至少1000万欧元; →必须创造或保留至少50个工作岗位。	在规划投资所在地的本地省级政府部门。	不可用。	是。 应当获得10年期居留许可证。
在法国居留的公司董事	长期停留签证+"技术与专业技能"类居留许可证。	3年,可以延长。	→必须设立或运营公司,适用某些条件(集团内部流动或创造两个就业岗位或投资至少30万欧元)。 →必须是当前被委托、受薪的公司董事。 →必须是分公司或联络办事处的代表。	初步申请:在申请人居住国家的领事馆。 状态变更:在申请人居住所在地的省级政府部门。	不适用:申请人是不属于法国劳动法规定的员工身份的公司董事。	是。 "私人和家庭生活"类居留许可证,有效期为三年(可以延长)。 配偶可以自由谋求就业。

续表

身份/职位	签证和居留许可证	在法居留最长时间	资格标准	申请递交	获得工作许可的要求	陪伴的家庭成员
居留在法国的公司董事（不得申请“技术与专业技能”类许可证）	长期停留签证+“商务活动”类居留许可证。	1年，可以延长。	→必须成立或运营一家商业公司或工业企业。 →企业家必须是被委任的公司董事（有限责任公司的董事）。 →必须是分公司或联络办事处的代表。	初步申请：在申请人居住国家的领事馆。 状态变更：在申请人居住所在地的省级政府部门。	不适用：申请人是不属于法国劳动法规定的员工身份的公司董事。	是。 已获签发“旅游”类签证。 配偶必须申请工作许可证才能谋求就业。
不在法国居留的公司董事	申根短期停留“商务旅行”签证。可以多次往返签证。	每6个月期间最长90天。	必须为公司的法定代表人。	申请人居留所在国的领事馆。	不适用：申请人是不属于法国劳动法规定的员工身份的公司董事。	否。

表 2　商务移民：熟练员工的国际流动（非欧盟/欧洲经济区/瑞士）

身份/职位	签证和居留许可证	在法居留最长时间	资格标准	申请递交	获得工作许可的要求	陪伴的家庭成员
集团内部调动的员工	长期停留签证＋“驻外员工”类居留许可证。	3 年，可以延长。	→必须属同一业务集团内的临时借调或派遣驻外。 →税前月薪至少为 SMIC（法国最低工资）的 150%。 →劳动合同的有效期至少为三个月。	在法国工作所在地的本地就业机构：就业机构签发工作许可证，并将文件送交领事馆（通过 OFII）。 领事馆：签发长期停留签证（同时归档）。 在巴黎、上塞纳和罗纳行政区进行的“一站式服务”试点，雇主将所有文件提交 OFII，OFII 作为本地就业机构、公司和大使馆之间的唯一联络点。	是： 雇主将申请文件送交本地就业机构，就业机构在十日内审核该申请。	是。 如果居留期不超过 6 个月，申请“旅游”类许可；如果居留期超过 6 个月，则申请“家庭与私人生活”类许可。

续表

身份/职位	签证和居留许可证	在法居留最长时间	资格标准	申请递交	获得工作许可的要求	陪伴的家庭成员
员工(借调期不足3个月)	短期停留签证+临时工作许可证。	最长90天。	→借调前必须为外国公司的受薪员工。 →借调的目的必须是代表该外国公司完成工作或为法国的公司提供服务。	当地就业机构:签发工作许可证。 领事馆:签发短期停留签证。	是。 雇主向当地就业机构递交申请文件。	否。
来自集团外部的员工不足3个月借调期	等同“临时工”居留许可证的长期停留签证。	取决于任务的时间长短,3至12个月,根据某些限制条件可以延长。	→借调前必须为外国公司的受薪员工。 →借调的目的必须是代表该外国公司完成工作或为法国的公司提供服务。	当地就业机构:签发工作许可证就业机构将文件送交OFII,后者将文件转交领事馆。 领事馆:签发长期停留签证。	是。 雇主向当地就业机构递交申请文件。	否。 可以申请“旅游”类签。

（六）获取签证的程序

一旦公司录取外国人作为公司员工，该公司必须通过当地相关部门（DIRECCTE）联系外国的劳动部门以启动获取签证的程序。在获取工作签证前，获取签证的程序必须符合法国具有强制力的雇佣劳动法，尤其是在工作时长，所缴纳的社会保险金额，（在缺少社会保险协议的情况下）以及获得平等的机会方面。雇主负责提交工作许可证申请表，无论其是否位于法国或其他国家。出于对效率的要求，公司应该保证在该外国人上任至少 2 个月前提交该申请。

在一些地区（Paris，Hauts de Seine，Yvelines，Rhone，Haute－Garonne，lsere，Nord，Puy de Dome）工作许可证的申请是获得“驻外员工”与“欧洲联盟蓝卡”居留许可证的前置程序，工作许可证必须被邮寄到法国移民与居民局（OFLL），然后由其转寄给当地雇佣劳动部门（DIRECCTE）。

外国人可以在法国立即工作，并且他们有 3 个月的时间提交居留许可证申请与在 OFLL 进行体检。“驻外员工”与“欧洲联盟蓝卡”居留许可证持有者不要求参加体检。雇主必须根据雇佣合同的期限与以及员工薪资水平向 OFLL 支付一定费用。

工作许可证的相关规定

申请工作许可证

工作许可证申请文件应递交给本地就业机构的外国劳工部。

审核申请文件后，本地就业机构确定是发放还是拒绝发放工作许可证。

工作许可证发放标准

决定拒绝或接受工作许可证申请时，本地就业机构根据以下标准进行评估：

→相关行业和相关地区的就业形势，考虑所提供职位特点、雇主先前通过国家就业办公室的帮助招聘求职人员的尝试；

→外国申请人资历与所提供职位匹配性；

→雇主对法国劳动和社会保障法的遵守程度；

→员工对所从事职业法规的遵守程度；

→所提供雇佣条件和报酬必须与企业其他职位(或专业)相似；

→薪水不低于法国法定最低工资(SMIC)；

→雇主为确保外国人能找到满意的住处所采取的任何措施。

就业状况

行政管理当局如果认为该行业或该区域的失业率过高,可拒发工作许可证。在就业状况不构成问题的某些情况下,集团内调动的员工(“驻外员工”)和“技术与专业技能”居留许可证以及“欧洲蓝卡”的持有人和在被官方列为招募困难地区(参见2008年1月18日部长令列出的30个地区)从事商业活动的员工,不受该地区就业形势影响。

工作许可证的申请

由雇主向用工当地劳动雇佣部门(DIRECCTE)提出申请。

需提交的文件

随工作许可证申请必须提交若干文件(见下文“详细内容”)。

审批时间

提交完整文件后,本地就业机构通常会在2个月内作出决定。

“驻外员工”与“欧洲联盟蓝卡”审批时间缩减到10天。如在这段期间内没有收到回复,视为申请被拒绝。

详细内容——为外国员工准备接收文件

雇主应向当地就业机构提交以下主要文件,证明雇主打算招聘或调动法国工作的受薪员工的工作许可证申请:

1. 招聘该员工的目的说明书,包括员工未来职位详细信息、工作职责;

2. 与其在法国从事的受薪活动相对应的相关 CERFA 表格；

3. 如雇主是公司实体（法人），需提供有效营业执照证明文件；如果雇主是自然人，则应提供有效的 K 文件，一份商人证，如无，需提供完税证明；

4. 如涉及公司间调动，需外国公司与法国公司之间关系证明；

5. 如果员工居住在海外，应提供员工护照复印件或居民身份证复印件；

6. 员工履历表或其他证明员工资历和职业经历文件；如该工作需满足特定监管条件，要提供已经很好满足这些条件的证明；

7. 如果就业形势严峻，需证明所做的从法国劳动力市场上招聘人员的尝试。

如雇主在国外，申请应包括以下文件：

证明国外雇主与员工雇佣关系，或初始劳动合同（至少已工作 6 个月时间）；

借调证明文件或在法国社会保险部门注册签字声明；

如需要，员工离职时支付补偿金签字声明；

如需要，委任某人以该雇员名义办理各类行政审批程序的委托书复印件。

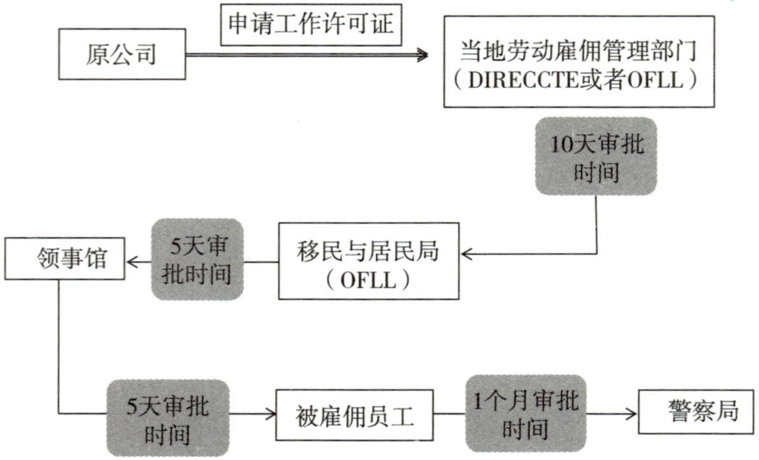

图1　详细信息——在法国被雇佣

（七）住所不在法国的雇主借调的员工（跨国借调）

任何外国公司，包括欧盟成员国都可以向法国临时调派员工，为分包合同提供服务，或独立进行运营，无须服务合同。

在借调法国工作之前、之后或期间，借调的员工仍保留与该外国公司的劳动合同。根据这一规定，借调的员工不属于客户公司的员工，客户公司也无须向其支付工资。但是，借调的员工应与客户公司的员工在同样程度内受劳动法的限制（工作时间、最低工资及工资支付方法、年假、健康和安全条件等）。海外公司（或其代表）在工作所在地的本地就业机构，开始工作许可证申请程序。欧盟、欧洲经济区以及瑞士公民不要求持有工作许可证或者签证。

如果借调期不足3个月，则除短期停留签证之外（除非已授予特别权利），还需申请临时工作许可证。如果借调期超过3个月，员工必须持有等同于居留许可证的“临时工”类长期停留签证。如果调派超过3个月，雇主必须根据员工的工资向OFII缴费。外国公司也必须向原公司作出强制性初步声明。

根据2014年7月10日颁布的法令，2015年3月30日颁布的法令增加了雇主责任，规定了任命法国的公司代表的义务，以及可以接触到提供服务的相关文件。未在法国设立办事处的外国公司必须向URSSAF登记，登记其员工并交纳社会保险金（除非通过社会保险金协议批准特别免征，且已获得借调证明）。

五、外国人在法国申请十年居留证的条件和相关规定

根据《外国人入境和居留及避难法典》（Code de l'entrée et du séjour des étrangers et du droit d'asile）第314－12条的规定，除特殊情况，十年居留证的申请人应持合法居留证，遵守法国法律，具有一定法语基础。具体来说，申请十年长期居留证需具备以下条件：（1）无居留时间限制者，包括获得政治避难者的配偶和18岁以下子女、年满18周岁的法国人子女、法国人持有长期签证的外国籍父母、曾在法国外籍军团服役的退伍军人；（2）需在法国合法生活三年以上者，包括以家庭团聚为由来法者、需要抚养法国籍子女的外籍父母、法国籍人士结婚，婚后两人未中断夫妻生活者；（3）需在法合法生活超过5年以上者，包括持访问居留证（Carte de Visiteur）者、持科学家或艺术家居留证者、持工作居留证或外派员工居留证

(Carte de Salarié en Mission)者、持有家庭和个人生活居留证者。

《外国人入境和居留及避难法典》第314－8条还规定，是否给予十年长期居留证取决于申请人的以下因素：(1)是否打算在法国长期居住；(2)是否有固定的职业(工作合同)；(3)是否有稳定体面的收入(工资单)，足以支付其基本生活开销，在一般情况下，申请者的收入(不包括家庭补贴)至少必须达到最低工资的标准；(4)是否有社会保险和个人财产；(5)是否有合乎标准的住房(租赁或购置的均可)；(6)融入法国社会的能力(法语程度、是否参与社会活动、子女就学情况、纳税金额等)。此外，申请者还应给警察局局长写一封动机信，详细阐明其在法国长期居住的意愿和条件。

此外，根据《外国人入境和居留及避难法典》第314－5－1条的规定，若外籍配偶在婚后4年内中断与法国籍配偶的共同生活，警察局可因此吊销其十年居留证，但双方育有子女者例外。配偶可以教育子女为由获得10年居留证。此外，因夫妻一方过世或申请者配偶使用家庭暴力而导致共同生活中断，行政机关不能拒绝外籍配偶的长期居留证申请。

需注意的是，持有10年居留证者若连续在国外生活3年以上，则10年居留证失效。为此，持证人应在离开法国之前事先提出延期回法的申请。

六、外国人取得法国国籍的条件和相关规定

在法国长期居留并符合下列条件的外国人，还可以申请法国国籍：(1)在法国连续居住5年以上；(2)品质良好，未受过刑事制裁；(3)懂得法语；(4)年满18岁；(5)被法国公民收养的儿童；(6)对法国有特殊贡献者；(7)法国公民的配偶；(8)外国移民在法国出生的子女。

增加法律风险提示条款：本文不是投资与移民具体个案的法律建议，且具有时限性。本文相关内容参照截至2017年12月31日法国国家移民相关法律法规，上述法律法规仅仅作为一般准则，对不同的申请人的具体情况，法国国家移民部门可能会有额外的要求。因此，建议申请人就本人特定情况与专业移民律师联络、取得专业指导。

如何投资移民德国

作者简介

赵陈芊蕙，交易律师。赵陈芊蕙是大成律师事务所慕尼黑办公室的交易律师。她主要从事公司法和商法领域的业务。赵陈芊蕙为德国和中国客户的跨境投资提供法律服务。她于2014年通过中国国家司法考试，能熟练使用中文、英语和德语。

本文简单介绍基于不同的投资活动在德国移民的流程和结果。针对该主题的适用法律在持续发展中,原因在于现行法律的定期修正案以及解释这些法律的新判例法的出现。此外,移民许可申请程序取决于申请的特定适用事实。因此,我们建议您在开始该程序时咨询专业律师。

一、简介:当前在德国的机会

作为欧洲最大、世界第四的经济体,德国对国际投资者而言是一个非常具有吸引力的地方。作为外国直接投资的目标地,德国的排名通常仅次于美国和中国。此外,德国的生活质量较高、气候宜人、生活环境安全整洁。这些因素的结合使得德国成为广受欢迎的投资移民地。

德国总人口超过 8000 万,国土面积为 357 021 平方千米,拥有众多文化和商业中心。德国为联邦共和制国家,由 16 个独立的州(Bundesländer)组成,每个州拥有自己的政府、独立的法院和宪法。此外,每个州有自己独特的特性、当地文化并设有不同的产业。例如,巴伐利亚州有众多汽车制造商和供应商、高端科技和生物科技产业、私募和主要的保险与金融公司。相对而言,柏林是政府中心,拥有快速增长的初设行业。黑森州,包括法兰克福,是德国的金融中心,拥有主要银行、金融机构和相关服务供应商。

作为一个整体,2016 年德国的国内生产总值(GDP)达到 31 340

亿欧元。① 服务业占 GDP 的三分之二。其中最重要的是经销业、健康护理、信息与通讯、金融、运输和商务服务。除了欧盟以外，德国的主要贸易伙伴位于美国和中国。除了位于德国的大型跨国公司，德国还因其中小型企业闻名（在德国称为“Mittelstand”）。这些中小型企业通常是家族或私人所有的公司，这些公司的产值占德国所有公司总收益的三分之一。这些公司常常拥有国际业务，其客户遍布全球。它们被称为“隐形冠军”，常常是一个利基产业中的顶尖制造商/服务供应商之一。因此即便不为外行所知，这些公司在其领域内享有极强的品牌效力。当这些公司的私人所有人意图退出公司时，这些公司将对外国投资者产生强烈的吸引力，因为这种情况中外国投资者可以凭借其受尊敬的品牌和已被验证的商业模式获得进入德国/欧洲市场的特殊机会。

德国位于欧洲中心，拥有进入整个欧盟市场和西欧、中欧和东欧市场的有利条件。其地理位置使得德国成为连通东欧和西欧的走廊。德国是欧盟、欧洲经济区（EEA）、世界贸易组织（WTO）和经济合作与发展组织（OECD）的成员，因此它成为全球贸易中的重要参与者。

由于这些和其他一些原因，现在有超过 1.4 万名中国人在德国生活和工作②。

---

① Https://de. statista. com/statistik/daten/studie/1251/umfrage/entwicklung - des - bruttoinlandsprodukts - seit - dem - jahr - 1991，访问日期：2017 年 7 月 3 日。

② Https://www. destatis. de/DE/Publikationen/Thematisch/Bevoelkerung/MigrationIntegration/Migrationshintergrund2010220157004. pdf? __blob = publicationFile.

二、德国移民法律体制的实施总结

外国人在德国的入境、居留和须批准的经济行为一般规定于《德国居留权法》(Aufenthaltsgesetz – AufenthG)。德国居留的申请程序根据不同国籍而有所差异。欧盟居民可以无须申请或取得另外的许可或签证即可进入并在德国永久居留。特定非欧盟国家的居民可以无须入境许可进入德国并在入境后3个月内申请居留许可。这些国家是澳洲、加拿大、以色列、日本、韩国、新西兰和美国。很遗憾,中国居民无法选择上述方式,除非另外持有以上所提及国家的国籍。

非来自上述所列国家的非欧盟居民需要首先在其所在地的德国代表处申请入境许可,如居住地国家的德国大使馆或总领馆,以进入德国领土(《德国居留权法》第31条)。逗留不超过90天(180天期间内),须申请申根签证;逗留超过90天须申请"普通居留许可"。永久居住则需要永久居留许可。

总结一下,在德国的居留权共有三种:

1. 统一申根签证(einheitliches Schengen – Visum):该签证持有者可以在欧盟逗留90天(180天期间内)。

2. 普通居留许可(Aufenthaltserlaubnis):该许可持有者可以在德国长期居住(最长3年),但并非永久居留。

3. 永久居留许可(Niederlassungserlaubnis):该许可持有者可以

在德国永久居留。

此外，想获得德国居留权的人也可以申请欧盟蓝卡或欧盟长期居留许可，这两项名目可以使持有者在欧盟所有成员国内居住和工作。

仅投资本身无法使得投资者获得德国的签证、普通居留许可或永久居留许可。因此，仅收购一个公司的股份或购买一项不动产不足以使得投资者获得在德国生活的许可。相反，想要取得德国居留权的投资者必须将自己设定为“自营业者”，并符合《德国居留权法》第21 条的其他要求。“自营业者”的要求详见下文。

不考虑获得居留授予，私人想获得在德国的居留权必须满足以下要求：

（1）申请者的生存必须有所保障，这意味着他必须已经拥有充足的收入途径或资产以资助自己；

（2）申请者的身份必须明确，包括其国籍；

（3）不存在排除申请者的任何德国国家权益；

（4）申请者的居留权不会因其他原因损害或危及德国的权益；

（5）申请者拥有有效的护照（除非有例外规定）；

（6）申请者未曾在无有效护照的情况下进入德国；

（7）申请者已提供了保证其护照申请或居留权授予所需的关键信息。

（一）统一申根签证：不超过 90 天

统一申根签证可以使申根成员国的居民自入境第一天起算 90

天内(6 个月期限内)在申根领土通过或居留。为了在一个或多个申根区域国家旅行,需要在指定大使馆或领事馆申请申根签证。申请的大致流程如下:

(1)准备签证申请:

➢填写申请表并签字。

➢收集并提交相关文件。其中包括:

—近期护照照片。

—护照和旧签证复印件。护照必须有至少两页空白页且有效期超过申请逗留期至少 3 个月。

—详细的旅行预定或线路,包括进入和离开申根国家的时间和航班号。

—旅行健康保险证明。

—拟在申根国家停留的整个期间的住宿证明材料。

—拟在申根国停留期间的生存来源证明。

(2)与德国大使馆或领事馆预约时间。

(3)提交签证申请:若申请资料完整,护照、申请表和资料将暂时由签证中心保管。在申请程序期间,无法取回护照。

(4)申请信息的录入

➢取得打印件之后,建议在签字前审核文件细节。

➢未成年人的文件(18 周岁前)应当由父母双方签字。

➢在支付签证费用后,将获得一张单据。该单据将用于收取已审阅完毕的申请。

(5)生物信息的收集

➢生物信息的收集即通过电子指纹扫描仪扫描十个指纹信息。

(6)到访原因:根据您的到访原因,可以需要关于您就到访目的提供其他资料。

➢您将拜访的德国公司所出具的邀请信和其详细地址以及您的到访日期。

➢您的顾主表明/允许您的商务出行的证明。

➢若您的公司与您将拜访的企业之间有先前的贸易关系,应当提供相关证明。

➢至少六个月的银行流水单。

➢备忘录和公司章程的原件复印件(股份公司)、贸易许可证(第一版和最新版)、所有权/合伙关系文件。

➢关于申请人在申根地区逗留期间的费用,雇主或合作公司应当在证明信或邀请信中表明其承担该费用。

(二)普通居留许可:通常最长3年

普通居留许可在一定期间内有效,可以依据特定目的申请该许可,如教育目的、雇佣或进行经济活动的目的、家庭原因和根据国际法或人权或政治原因的获得居住权。

申请居住许可,需要提供下列文件:

• 有效的护照(有效期超过在德国的逗留期至少3个月)和近期照片;

- 证明生存来源、充足居住空间、医疗保险和拘留目的的文件；
- 相关的出生和结婚证明；
- 若有需要，您可能被要求提供其他补充文件。

以下是对于因为经济活动而获得德国居住权的简要介绍。根据可申请的居住许可，主要分为三类：自营业、员工和家庭成员。

1. 自营业

德国没有专门为投资者设立特殊的签证。相反，私人若想基于其商业或投资行为移民德国则必须依据《德国居留权法》第 21 条中的“自营业”目的申请居住许可。资本投资水平仅为德国政府在决定是否授予“自营业”投资者以居住权时考量的因素之一。然而，被动投资一般而言是无效的。申请人应当正在或即将积极地开展经营。

普通居留许可最初仅限于 3 年期间。若在 3 年期间后申请人可以证明，他成功落实了计划并且可以挣到足够的收入以保障申请人及其家人的生活，则临时居留许可可以转为永久居留许可。

获得普通居留许可需要符合一些条件，最核心的条件是申请人是“自营业”。

(1)自营业的定义

对于自营业没有相关法律定义。这个概念散见于一些法规中，如《德国商法典》(Handelsgesetzbuch - HGB)第 84(1)条，其规定如下：

“若一个人基本能够自由决定自己的活动和工作时间，则他为自营业者。”

总体而言，以下属于“自营业”的概念：

- 主办人和自由职业专家；
- 合伙关系中的合伙人（Komplementär bei einer Kommanditgesellschaft，KG）；
- 合伙企业中的合伙人（Gesellschaftertätigkeit bei einer offenen Handelsgesellschaft，OHG）；
- 民法意义上合伙关系中的合伙人（Gesellschaftertätigkeit bei einer eingetragenen Gesellschaft bürgerlichen Rechts，GbR）；
- 有限责任公司中的多数股股东（Gesellschaftmitbeschränk-ter-Haftung，GmbH）；
- 有限责任公司的少数股成员，且能够通过于其他少数股成员联合的方式获得多数股以控制公司（Minderheitsgesellschafter an einer GmbH，die dadurch die Merheitgewinnen，weilsiesichzumehrerenzusammenschließen und somit die Gesellschaftbeherrschen）；
- 有限责任公司的经理人，若其同时拥有公司一定数量的股份；
- 股份公司的董事会成员（Aktiengesellschaften，AG），且其可以作为股份公司的授权机构。

上述是否符合“自营业”的定义，需要在具体情况下决定，尤其是具体事实和商业关系环境。与本指导中的其他事宜一起，该决定需要在专业律师的参与下作出，以确保在此基础上最大可能地成功提交移民申请。然而，构建"自营业"只是第一步。

(2)自营业居住申请的要求，《德国居留权法》第21(1)条

成功构建"自营业"后，还需满足《德国居留权法》第21(1)条的规定：

- 有经济利益或区域性需要；
- 该活动可能会对经济产生积极影响；
- 可以获得对外国人的人力资本或借贷以实现商业计划。

对于主办人的评估尤其着重于构成申请基础的商业计划的有效性、外国人的创业经历、资本投资水平、对雇佣和培训的效果和对创新和研究的投入。

该条的先前版本要求至少250 000欧元的投资和提供5个工位的工作。并且要求具有"极重要的"经济利益和"特别的"地域需求。立法者意图简化外国投资。因此，一般认为外国投资除了应当满足上述的投资规模和职位提供要求还应当满足这些新要求。

外事局(Ausländerbehörde)负责检验这些条件是否达到。对拟定商业地址有决定权的机构、有决定权的贸易和工业机构、公共因素专家群体的代表组织和就相关职业准入有决定权利的机构将参与检验申请。在检验中，最重要的因素是呈报商业计划。

上述制定的准则将作为"不定法律条款"(unbestimmteRechtsbegriffe)作为参考，这意味着它包含的事实特定确定是法院决定的主体。

(3)对45岁以上申请者的特别要求

随着人口老龄化,德国担忧其是否拥有充足的资源以支持其不断增加的退休人口。出于这种忧虑,德国对于想要因商业目的移民且超过45岁的申请人实行特别要求。根据第21(3)条,超过45岁的个人只有拥有"年老后充足的退休金"才可能获得居住许可。根据柏林外事局的流程提示第21(3)条(Verfahrenshinweise der Ausländerbehörde Berlin),一般认为若一个人拥有超过15.1万欧元的资产,即具有充足的退休金。

2. 员工

除了向"自营业者"授予普通居留许可,若私人被位于德国的企业雇佣,也可以递交临时居留许可申请。因此,一旦您在德国建立了公司,您可以将您的员工带来德国,只要他们符合申请要求。然而,德国移民法明确规定,允许外国雇员进入德国时需要进行政策考量,如总体劳动市场和改善失业状况的需求。地区利益也应当被考量,因此,雇员在移民德国时必须能够证明有合理理由允许其在德国居住并工作。

高技术工人可以申请特殊临时居留许可,即6个月的居留许可。拥有该许可的高技术工人可以在居留期间寻找并面试需要相应技术的职位。然而,该许可要求工人在这段期间内拥有充足的经济保障,且该短期许可不允许私人在此期间工作。

获得对员工的临时居留许可必须首先获得德国联邦就业局的同意。就业局只能就以下目的出具临时居留许可:

• 雇佣重要的“外国人”不会导致劳动市场的不利后果，尤其是对雇佣结构的不利后果；

• 该职位无法招聘到德国员工、在就业全方面拥有与德国员工同样法律地位的外国人或其他根据欧盟法律可以优先进入德国劳动市场的外国人可以获得相关职位。

外国员工获得工作许可的最佳机会在非常专业的领域或当申请人可以证明其拥有特殊的专业技能而本地员工不具有该技能。

若被授予普通居留许可，则雇员可以在德国居留最长 3 年。普通居留许可一般情况下可以延长。大多数情况下 5 年后可申请永久居留许可。

除了其他要求以外，一般而言，只能在可以出具具体雇佣意向的情况下才能申请给员工目的普通居留许。其中尤其包括由雇主提供的书面雇佣意向和/或雇佣合同。此外，一般还需要德国联邦就业局（Bundesagenturfür Arbeit）出具的同意意见。在一些特殊案例中，此同意意见非必须，例如：

• 拥有德国大学文凭的专家；

• 科研者；

• 欧盟蓝卡申请人（根据《德国居留权法》第 19a 条，德国大学或相当的德国机构的优秀的非欧盟毕业生）。

对于并未豁免德国联邦就业局同意意见的专业群体，若没有合适的欧盟公民且可以胜任职位且外国雇员的雇佣条款和条件与相当的欧盟雇员一致，则可以提供此同意意见。

3. 家庭成员

非欧盟公民的家庭成员可以申请普通居留许可，以与已获得居留权的家庭成员团聚。已获居留权的家庭成员必须能够证明其可以为申请居留的家庭成员提供足够的居住空间，且可以保障家庭成员的生存。一般而言，此流程仅适用于配偶和子女。

将亲属带来德国的步骤如下：

（1）居留许可持有者的配偶和小孩应当在其所在国家的德国大使馆或领事馆申请家属团聚居留许可。

（2）在到达德国后家庭成员必须在居留登记处和有决定权的移民机构登记。应当出示护照、出生证明和结婚证明、收入证明和纳税证明等。

（3）根据规定，配偶必须拥有基本的德语知识以申请居住许可。然而，该原则有一些例外规定。若配偶另一方为自营业者或双方在到德国前已经结婚，则申请居住的配偶无须懂德语。

一旦获得居住许可，该家庭成员也可以在德国进行经济活动或工作。

（三）居留许可：不限时间

居留许可是永久居住许可，持有者可以进行经济活动（如在德国工作）。《德国居留权法》第 9（2）条规定了一些要求，获得永久居留许可需要满足以下条件：

- 持有至少 5 年的临时居住许可；

• 申请人的生活必须有所保障，且申请人拥有满足其自身和家庭成员的居住空间；

• 申请人必须已经向法定退休金计划支付了至少 60 个月的法定或自愿的退休金，或可以提供来自保险或退休金计划或保险公司的相当收益名目证明；

• 若申请人已被雇佣，该雇佣必须是受到许可的（如申请人不能被非法地聘用）；

• 申请人必须拥有其他许可，这些许用于证明其可以永久进行经济活动；

• 要求足够的德语知识、基本的德国法律和社会体制知识。

上述要求中一些可以被放弃并因为困难而豁免。例如，若申请人由于生理或心理疾病或其他困难而不能使用德语，则他可申请免除该条件。若申请人包括同居的配偶，仅须其中一个申请人满足上述特定要求。

居住在德国超过五年的外国人一般必须申请永久居留许可，因为其临时居留许可通常将在该时间点失效。这同样适用于因为投资想要在德国居住的申请者。

应当注意的是，仅仅持有临时居留许可达五年时间，但在此期间主要居住在德国以外的国家则无法申请该许可。如何确定在此期间将赋予申请者不在德国的时间则需要适用特别条款。例如，中国投资者成功地申请了临时居住许可，并在 2 年时间内在德国落实并运营其投资，随后他回到中国 9 个月，则最终计算为其在中国 6 个月。

三、投资种类

在大多数情况下，发起外国的投资活动中最优的两个选项包括有机增长，即建立您自己的公司或您现有公司的子公司，或收购国外的公司。当然，还有其他的复杂选项，您可以与法律或税务咨询沟通。我们以下将主要讨论上述两个主要选项。

（一）建立您自己的公司

若您想建立的业务在德国有当地代表机关，则一般而言无须为建立公司获得居住许可。换言之，若您雇佣当地个人运营公司，则您不需要临时或永久的居留许可。然而，若您想要在德国现场运营公司，则您需要居住许可。

对于在构建公司阶段的大多数活动，仅需要申根商务签。该签证持有人可以在德国逗留至多90天，在此期间一般可以完成基础的设立行为（签署并公正公司章程、申请商业注册登记，申请贸易登记等）。

为了建立公司，需要申请出于自营业的居留许可。

为了成功建立公司并持续获得盈利，需要时刻注意当地法律和习俗。参考文献在许多情况下可以提供帮助并减轻制度型障碍。

从法律规定的角度，根据《德国居留权法》（AufenthG）第23条，严格的签证申请需要由外事局（Ausländerbehörde）负责［或在特定程序中由工业和贸易协会(IHK)]。

(1)商业注册

德国拥有一套特殊的公共注册体制:商业注册(Handelsregister)。该注册提供关于商人和公司的重要法律信息。这些信息是公开的,并展示了德国公司的基础信息,包括:公司的形式和名字、股东和合伙人的姓名、公司运营的管理负责人、公司的股本、股东或合伙人的责任限制、代理的任命和撤回、破产程序和公司解散的开始。

商业注册由地区法院负责,且可以在线咨询:

- www. handelsregister. de 或 www. unternehmensregister. de

根据法律规定,特定的商业需要工商注册,如有限合伙和公司。此外,进行商业运营需要注册。确定是否属于商业运营需要依据一些标准,包括使用商业会计、年度报表、资本来源和员工总数。一些小营业、民法意义上的合伙和独立的品牌办公室不属于需要商业注册的范畴。

所有商业运营者必须在开始营业前通知其营业所在地的贸易局(Gewerbe -/Ordnungsamt)。在一些领域,需要营业执照。例如,药店、不动产开发商、不动产经纪人、中间人、保险公司、饭店和银行需要特别营业执照。商业注册的复印件将自动转交给相关税务局(Finanzamt)。

此外,在德国有两个重要的商业协会,这两个商业协会都是当地的商人组织:工业和贸易协会(Industrie - und Handelskammer, IHK)和手工业协会(Handwerkskammer)。每个公司都可以成为相应协会的成员(Zwangsmitgliedschaft)。

除了一般专业组织的功能,这些协会还会为其成员提供其他服务。他们也会代表公司的利益面对州政府并且组织有利于职业发展的培训。

在相应协会中的成员身份不仅是在德国的代表,这些协会也会举行培训课程和开展游说活动。这些机构也为外事局(Ausländerbehörde)提供咨询,以在许可/申请流程中作出决定。

(2)公司的建立

在德国有许多种建立公司的形式。国际公司想要开展业务可以建立一个独立的公司,由外国公司或个人领导,或者以合伙的形式建立一个分支机构。现有公司也可以通过在德国的办事处开展业务。

合适业务公司种类的确定依据您的税务和业务对象、您的股东组成、您的责任分配策略或其他标准。

在一些情况下,投资者可以先开展无须登记的小型业务。在德国小型业务的意思是,根据特点和规模无须商业组织形式的营业行为。如何确定小型业务尤其依据营业资产、销售和营业额,以及员工的数量。这种小型业务可以由一个私人或多个私人组成的民法意义上的合伙组织运营(Gesellschaftbürgerlichen Rechts,GbR)。这种合伙关系通过简单的合同确立,无须进行商业注册。

然而,在大多数情况下,一个有组织的且注册的商业结构才是适当的。一个已注册的商业业务是个人或合伙组织。它应当以自己的名字注册于业务所在地的商事登记处(Handelsregister)或当地法院（Amtsgericht）。申请必须由授权的公证机构签字。以下是在德国建立需注册的商业业务的选项：

实体类型	特点
独资企业主（Einzelkaufmann）	无限责任； 独立企业主个人需要交纳营业税。
一般合伙（offene Handelsgesellschaft，OHG）	无限责任； 公司须交纳增值税（Umsatzsteuer）、营业税（Lohnsteuer）和贸易税（Gewerbesteuer）； 合伙人需要对收益交纳收入税。
有限合伙（Kommanditgesellschaft，KG）	至少一名合伙人承担无限责任（Komplementär）； 且有限责任合伙人中至少有一名承担不超过起股份价值的责任（Kommanditist）； 公司须交纳增值税、营业税和贸易税； 合伙人需要对收益交纳收入税。
有限责任公司（Gesellschaft mit beschränkter Haftung，GmbH）	有限责任以公司的资产为限（最低资产：25 000欧元）； 公司须交纳增值税、营业税和企业税（Körperschaftssteuer）； 合伙人需对获得的收益交纳收入税。
股份公司（Aktiengesellschaft，AG）	有限责任以公司的资产为限（最低资产：50 000欧元）； 公司须交纳增值税、营业税和企业税； 合伙人需对获得的收益交纳收入税。

增加法律风险提示条款：本文不是投资与移民具体个案的法律建议，且具有时限性。本文相关内容参照截至 2017 年 12 月 31 日德国国家移民相关法律法规，上述法律法规仅仅作为一般准则，对不

同的申请人的具体情况，德国国家移民部门可能会有额外的要求。因此，建议申请人就本人特定情况与专业移民律师联络、取得专业指导。

爱尔兰投资移民新趋势

作者简介

Jenna M. Smith 女士，大成芝加哥律师事务所高级律师。Smith 律师是公司法和民事诉讼律师，她的业务领域包括公司法和商业法。Smith 律师与企业高管紧密合作，为各类企业项目提供法律咨询服务，并解决企业运行中的各种法律问题。Smith 律师所经手的项目包括：组建公司或子公司、企业重组、公司用地的购买、谈判及开发（涉及财产调查、环境报告、政府机关以及产权公司等）、并购、商业租赁或采购、服务或供应合同的谈判及执行、企业合规及管理、企业移民以及国际商业交易等。她为客户提供的法律咨询服务包括：法律文书的写作及审阅、尽职调查、合同谈判及执行等。Smith 律师代表的客户既包括大型跨国企业，也包括美国国内私有企业。

唐晨（研究员），大成律师事务所芝加哥分所的 2016 年暑期律师助理。唐晨女士目前在位于纽约州伊萨卡市的康奈尔大学法学院攻读法律博士（J. D.）学位。在此之前，唐晨女士于 2013 年毕业于康奈尔大学研究生学院，并获得了经济及金融政策方向的公共管理硕士学位。2011 年，唐晨女士毕业于清华大学，并获得文学和理学双学士学位，主修英语语言文学和经济学专业。

（翻译：Mary）

一、摘要

爱尔兰虽为小国,但是其移民项目却为各类创业者提供了投资移民途径。爱尔兰致力于从全球各市场吸引直接境外投资,因此具有较为优越的投资移民政策,在考虑移民欧盟时,爱尔兰可作为首选。爱尔兰为传统投资者设立了《投资移民项目》(Immigrant Investor Programme),提供六种不同的投资选项,确保了投资的灵活性和可发展性。此外,爱尔兰政府一直大力推进创新企业的发展,并设立了创业计划项目(Start - Up Entrepreneur Programme),该项目向真正为国际市场制造了新产品及服务的创业者提供移民签证、贷款以及补助金。另外,对于那些想要在爱尔兰安家,同时又具有商业头脑的个人,爱尔兰政府还提供商业许可签证(Business Permission Visa),以帮助这些在爱尔兰建立自己的企业。

二、引言

爱尔兰岛坐落于英国西侧,岛上共有两个国家:一个是爱尔兰共和国;另一个则是位于爱尔兰岛东北侧的北爱尔兰,为大不列颠及北爱尔兰联合王国的一部分。①

爱尔兰共和国通常简称爱尔兰,是世界上富有的国家之一(以

---

① Https://en. wikipedia. org/wiki/Republic_of_Ireland.

人均 GDP 为标准)。因近期局势变化(英国脱离欧盟),爱尔兰可能成为欧盟成员国中唯一的英语国家。从 20 世纪起,拥有世界上最为开放的经济体的爱尔兰就非常鼓励海外直接投资。爱尔兰的亲商环境也使其在 2009 年《全球创新调查》中的海外直接投资排名中名列第一;在 2010 年《营商环境报告》中,爱尔兰获得全球最佳营商地区第七名。①

爱尔兰通过亲商的税收体系以及对研究和开发(R&D)的财务支持体系持续地吸引海外公司进驻爱尔兰。爱尔兰的税收有以下几个特点:(1) 向有经营活动的企业征收 12.5% 的企业税;(2) 企业可获得相当于其研究和开发经费的 25% 的税收抵免;(3) 购买各类知识产权权属可获得相应税收减免;(4) 控股公司在出售子公司股票时获得的资本收益可获得免税待遇;(5) 对国外分红实际不征税;(6) 税收管理系统较为稳定,并具有广阔的税收协定网络以及完善的欧盟法规;(7) 宽松的国内预扣税减免政策。

爱尔兰企业局(The Enterprise Ireland, EI)是爱尔兰政府设立的、旨在促进爱尔兰企业在国际市场中发展的政府机构。EI 同爱尔兰境内的企业进行合作,帮助这些企业在国际市场上启动、发展并且赢得出口订单,让他们成为有意向将生意迁入爱尔兰的企业的宝贵资源。

在爱尔兰,非公民入境和驻留的适用法律是《1935 年外国人法案》(Aliens Act of 1935),修订后的《1946 年外国人法令》(Aliens

---

① Start - up Entrepreneur Programme, INIS 2015 Guidelines(Pages 2 - 3).

Order of 1946)，执行欧盟《居留权指令》(Rights of Residence Directives)相关规定的法规，以及《1999 年移民法案》(Immigration Act of 1999)。根据《1999 年移民法案》，所有非欧盟（non - EEA)公民需获得爱尔兰司法和平等部部长(Minister for Justice and Equality)的许可才可在爱尔兰境内居留。如需在爱尔兰境内停留时间超过 90 天，则需向当地爱尔兰警察登记官进行注册；若需要额外停留，则需在初始停留期限到期前进行申请。申请者可以以经营企业为由申请延长停留时间，若想获得批准，同时还需满足其他特定条件。如申请者持短期访问签证，则延期申请一般不会被批准。

本文将讨论通过投资移民爱尔兰共和国的几种方式。

三、《投资移民项目》(The Immigrant Investor Programme[①])

爱尔兰司法部部长于 2012 年 3 月 13 日推出了《新爱尔兰投资移民项目》(New Irish Immigrant Investor Programme, IIP)（后在 2013 年 7 月 5 日进行了修订)，旨在通过以给予投资者居留权的方式促进对爱尔兰的生产性投资。

IIP 项目对向爱尔兰进行合格投资的非欧盟公民及其家庭成员开放。获得项目批准后，投资人及其直系亲属可获得在爱尔兰的居住权，取得多次往返签证；停留时间超过预先批准时限后可持续获

① Http://www. inis. gov. ie/en/inis/pages/new% 20programmes% 20for% 20investors% 20and% 20entrepreneurs.

得延期。因此,该项目实际上为申请者提供了同爱尔兰建立稳定持久关系的机会。

成功的项目申请者可获得 5 年的居留许可。投资伊始申请者即可获得 2 年的先期居留许可。在 2 年先期居留许可过期前,爱尔兰入籍和移民服务局(Irish Naturalization and Immigration Services, INIS)会对参与项目的投资人进行追踪审查,如若投资人仍旧能够满足项目要求,即投资未撤回,且投资人在 2 年期内做到遵纪、守法、自立,那么 INIS 将会签发额外 3 年的居留许可。

投资人需按照以下四个步骤进行申请:

(1)申请人需从规定的六种投资方式中选择一种(此时无须承诺投资资金);

(2)申请人需从评估委员会处获得投资批准;

(3)投资申请获得批准后,投资人需就选择的投资方式进行投资;

(4)资金投资到位后,申请者及指定家庭成员将获得在爱尔兰的居住许可。

投资者的申请将会由一个跨部门的独立评估委员会进行资质审查。评估委员会考虑的方面包括但不限于以下几点:(1)投资是否对爱尔兰有益;(2)投资是否能创造就业;(3)投资是否和爱尔兰社会公共利益相一致;(4)投资资金是否通过合法手段取得;(5)投资者是否直接持有投资资金(非借贷)。需要注意的是,如果投资资金是申请者通过家庭成员赠与获得,那么该家庭成员则会被要求证明资金来源，以确保以上第(4)点要求得到满足。除此以外，申请人必须拥有良好的品格——评估委员会通常会考察申请人是否有犯罪记录及严重程度。

按步骤(1)的要求，申请者需从IIP提供的6种投资方式中选择一种进行投资。这六种投资方式分别为：

(1)投资移民债券(Immigrant Investor Bonds)：购买由爱尔兰政府通过国库管理局发行的期限为5年、利率为0%的投资移民债券，最低投资金额为100万欧元。投资移民债券的相关条款和条件可从爱尔兰移民和移民服务局处获取。需要注意的是，此投资移民债券并未、并且将来也不会按美国《1933年证券法》规定向美国证券委员会进行登记，因而除某些特殊情况外，不可在美国境内进行交易。这一投资选项作为政府担保的投资，其优势在于便捷和低风险。

(2)企业投资(Enterprise Investment)：向一家或多家爱尔兰企业投资最低50万欧元，保持至少3年。目标企业可以是由投资者自己建立的新企业，也可以是已在爱尔兰注册的现有企业。目标企业必须在爱尔兰注册，且总部设在爱尔兰；投资需帮助目标企业创造或维持就业。投资需以在IIP项目下寻求爱尔兰居住权的个人的名义进行。购买上市证券并不构成IIP项目下的合格企业投资。此外，以出租为目的而投资购买商业或住宅也不符合IIP项目下的企业投资标准。投资人需持有企业投资至少3年。想要建立自己的新企业或投资爱尔兰现有企业的投资人可以选择这一投资选项。

这一选项尤其适合有自己的经营策略，并视爱尔兰为一个具有一定优势的商业选地的投资人。

（3）投资基金（Investment Funds[①]）：申请者向获得 IIP 项目批准的投资基金投资至少 50 万欧元。获批准的投资基金列表可在 INIS 官方网站获得。申请人对投资基金的投资需保持至少 3 年。经批准的投资基金需满足一些基本的条件。第一，在用 IIP 项目投资人的资金进行投资时，投资基金的投资行为需和 IIP 项目的目标相符。所有基金需投资于在爱尔兰境内注册且不在任何证券交易所上市的公司。第二，在爱尔兰开展业务的投资基金及基金经理必须受爱尔兰中央银行的监管。第三，只有拥有成功管理受监管基金记录的基金经理才可在爱尔兰境内管理基金。这一投资选项对于希望利用专业投资中介机构的服务来投资爱尔兰企业的投资人来说是最优选择。

（4）房地产投资信托（Real Estate Investment Trusts，REIT）[②]：申请人向任何在爱尔兰证券交易所交易的爱尔兰房地产投资信托（REIT）投资最低 200 万欧元。这 200 万欧元可集中在一个爱尔兰 REIT 中或分散投资于数个 REIT。REIT 指持有租赁投资物业的上市公司。REIT 作为一个在世界范围内获得认可的租赁物业投资标

---

① Http://www. inis. gov. ie/en/INIS/Immigrant% 20Investor% 20Programme% 20 – % 20Guidelines% 20for% 20Funds. pdf/Files/Immigrant% 20Investor% 20Programme% 20 – % 20Guidelines% 20for% 20Funds. pdf.

② Http://www. inis. gov. ie/en/INIS/Immigrant% 20Investor% 20Programme% 20Guidelines% 202014. pdf/Files/Immigrant% 20Investor% 20Programme% 20Guidelines% 202014. pdf.

准，在各发达经济体，包括美国、欧洲、亚洲和澳大利亚都已建立。REIT 可以为投资者提供相当于直接物业投资的税后回报的收益，同时还有分散风险的优点。通常，如通过公司直接持有物业，投资人会面临双重税收。而投资 REIT 则可以让投资人避免双重税收，因为通过 REIT 所获得的合格租赁利润可获得免征公司税的待遇。每年，REIT 企业必须将其大部分利润分配给其投资者，投资者将就所得利润缴税。同时，REIT 企业还需保持所有权多样化，任何一人或由互相关联人员组成的群体都不可控股该 REIT 企业。关于在爱尔兰境内运营 REIT 企业的相关税收条款收录在《2013 年金融法案》(Finance Act 2013)中。在申请 IIP 项目时，申请者需声明投资 REIT 的意图。必要情况下，评估委员会拥有绝对自由裁量权来限制 IIP 项目下合格的 REIT 投资数量，以避免造成可能的爱尔兰 REIT 市场扭曲。一旦申请者的 REIT 投资获得 IIP 项目批准，从购买之日起，投资者需持有该投资至少 3 年。在 3 年期内，投资者必须持有在 IIP 项目下获批的 REIT 股权，即使该股权价值已超过最初的投资金额。

三年期过后，第三年和第四年间，投资者最多可放弃在 IIP 项目下购买的 REIT 股权的 50%；若投资者在第三年和第四年间放弃了部分股权，那么第四年和第五年，投资者最多可放弃 IIP 项目下 REIT股权的 25%；自购买日起 5 年后，将不再限制投资者是否保留 REIT 股权。

投资 REIT 给投资者提供了一个低风险的物业投资模式：资金

分散在多样化的物业资产中；对 REIT 企业的债务上限要求降低了投资者的负资产风险；每年 REIT 都必须将大部分利润分配给投资者，因而给投资者提供了定期收入流。

(5)混合投资(Mixed Investment)：申请者需直接投资至少 45 万欧元在爱尔兰购买住宅物业，同时还需投资 50 万欧元购买爱尔兰投资移民债券，因而最少总投资金额为 95 万欧元。两种投资的金额不相关联。在该投资选项下，申请者及其家属需将投资购买的物业用作在爱尔兰的住宅。用作购买后租赁的住宅不符合该混合投资选项的要求。此外，在混合投资选项下，投资者需持有住宅物业和债券至少 5 年。若在这 5 年期间申请者将住宅用于出租，那么该申请者在 IIP 项目下获得的居住许可将被撤回。对于出于商业或教育目的而想要移民爱尔兰的投资者及其家属来说，该选项不失为一个好的选择。

(6)捐款(Endowment)：申请者捐赠至少 50 万欧元用于慈善事业；若 5 个或以上个人共同投资一个合格项目，则每人最少投资 40 万欧元即可。在这一选项下，慈善捐款将用于艺术、运动、健康、文化或教育领域。投资者将不会获得任何财务回报或回收初始投资金额。捐款不可替代或补充现有的由爱尔兰议会投票(爱尔兰政府)批准的资本支出。对于希望积极参与慈善事业、推动有益于公共事业的项目的发展的投资人来说，通过捐款获得 IIP 项目资格是很好的选择。同时这一选项也最为直接——捐赠完成后，申请者在 IIP 项目下就不再有其他财务义务。

在以上六种投资选项中选定一种后，申请者需进行申请以获得IIP项目批准。申请者提交的材料需要证明其净资产（最低等值200万欧元）、资产来源以及良好品行。在获得项目批准前，申请者并不需要承诺投资。在司法部长批准了申请者的IIP申请后，申请者则需要承诺投入资金。在申请者提供材料证明IIP项目下的投资完成后才可获得居住权。

在通过IIP项目获得的5年居住权期满后，投资者可以申请入籍或申请新的5年居留签证。如果申请者选择申请入籍成为爱尔兰公民，该申请者在5年期满时必须满足以下条件：

（1）年满18周岁；

（2）品行良好；

（3）提交申请前申请人必须已在爱尔兰居住过至少一整年，且在申请前的八年内，至少在爱尔兰居住了四整年，从理论上讲，在IIP项目下的投资进行了四年之后，若申请人这四年中一直居住在爱尔兰，那么申请人即可申请入籍；

（4）入籍后有意愿继续留在爱尔兰；

（5）必须做出忠于国家、忠诚于政府的宣言。

需要注意的是，IIP项目下的投资者并不必须在爱尔兰建立实际居所。IIP项目赋予合格投资者的是在爱尔兰居住的权利，使得投资者在商务和家庭需要时可以行使该权利。虽然INIS并没有关于最少居住时间的硬性限制，仍有相关条款规定IIP项目下的投资者在12个月内至少来访爱尔兰一次。

此外，投资者还需要做到自给自足。任何 IIP 项目的申请者都必须能够在不申请爱尔兰政府补助的情况下维持自己及家人的生计。申请人需要向爱尔兰政府证明他们可利用的资源超过 IIP 项目最低投资金额，这是因为爱尔兰政府担心有的投资者实际并没有足够的财务能力来满足 IIP 项目的要求，却仍旧试图申请该项目，从而在过程中无法很好地供养其家庭。因此，申请者需要准备好相关的材料以证明在投资金额之外，申请者还有其他资金来源供其家庭在爱尔兰的开支。同时，IIP 项目还要求投资者品行良好，并可以提供相关证明。例如，在提交申请时可以附带一份证明申请者没有任何前科的记录；还可以提供由申请者自己以及家人朋友撰写的证明申请者良好品行的声明。

请注意：目前 INIS 暂停了以下两种 IIP 项目投资选项的申请：（1）最低 100 万欧元的投资移民债券；（2）总额最低 95 万欧元的混合投资（50 万欧元的投资移民债券加最低 45 万欧元的住宅投资）。

四、创业计划项目（Start - Up Entrepreneur Programme）

2012 年，爱尔兰政府创建了创业计划项目（the Start - Up Entrepreneur Programme，STEP），旨在吸引非欧盟公民及他们的家人将有潜力的创业公司迁入爱尔兰以换取稳定的居留身份，以达到促进对爱尔兰的生产性投资以及吸引有活力的成功商务专业人士进入爱尔兰的目的。

STEP 项目下，有着创新商业理念的非欧盟公民最低只需提供 5 万欧元的资金。申请过程分两个阶段。

第一阶段，申请者需填写申请表格，提交详细的商业计划书，并附上所有必需的辅助材料，提交至评估委员会处审核。同时申请者还需要提供相关证据证明其至少可融资 5 万欧元，资金来源可包括：申请者的个人资源、商业贷款或爱尔兰政府部门拨款等。评估委员会在审阅申请后，可能会要求申请者额外提交材料。评估委员会只会同申请人以及申请人的法律或金融代表进行关于申请的讨论。之后，评估委员会向爱尔兰入籍及移民服务局长建议申请是否应该被批准。仅仅符合财务状况要求并不足以让申请人获得批准，申请人的商业计划书还需要具有真正的创新。一个成功的商业计划需要包含以下几个要素：（1）向国际市场引入一个新的或具有创新意义的产品或服务；（2）在爱尔兰创造至少 10 个就业机会并在公司建立后的 3～4 年销售额达到 100 万欧元；（3）由一个有经验的管理团队领导；（4）总部和管理活动均在爱尔兰境内。[①]由此看来，STEP 项目并不适用于如零售或餐饮业的中小型企业（这类企业更适合在《经营许可方案》下进行居留权申请，所有申请者还需提交由其居住国警察局出具的品格声明，居住国在这里指任何申请人在过去 10 年间居留超过 6 个月的国家。

---

① Http://www. citizensinformation. ie/en/employment/types _ of _ employment/self_employment/coming_to_set_up_a_business_in_ireland. html.

第二阶段,为成功的申请者签发居留许可。申请成功后,获得居留许可有两个条件:(1)项目所需资金已转移至由爱尔兰中央银行监管的金融机构;(2) 申请者及家人已经提交证明申请者品格良好并无犯罪记录的宣誓书(该宣誓书必须由具有在爱尔兰境内注册的律师出具)。INIS 只有在收到宣誓书后才会签发居留许可。若宣誓书存在任何不实内容,在 STEP 项目下获得的居留许可将会无效。想要通过该项目获得居留许可的申请者亲属,若超过 16 周岁,则也需要提交相同内容的宣誓书。在 STEP 项目下获得的居留工作许可时限均为 2 年。在 2 年期内,所有受益人都需要拥有私人医疗保险并可以保证自给自足(不需要政府补贴)。只要创业公司还在运营,评估委员会评估了该公司的存活能力,且申请者及受益人保持了良好品格、拥有私人医疗保并自给自足,2 年期过后申请者及受益人就可以更新并获得额外 3 年的居留许可。在 3 年期过后,申请者只需每五年更新一次居留许可。与 IIP 项目一样,STEP 项目下的投资人在满足一定条件后也可申请入籍。

五、经营许可(Business Permission)

如果申请者没有申请 STEP 项目的资格,但是他们仍旧想要在爱尔兰建立中小型企业从事如零售、餐饮和个人服务等行业,还有一个选择,就是申请经营许可。经营许可是由爱尔兰司法和平等部部长签发的、批准申请人在某固定时间内在爱尔兰建立并经营公司的书面许可。自 2016 年 3 月 16 日起，经营许可方案被暂时叫停，INIS 正对该方案及其他投资移民方案进行审查。目前还不能确定何时 INIS 会重新接受经营许可申请。

一旦该选项重新启动，申请者须知成功申请经营许可需满足以下要求：(1) 申请者需至少拥有 30 万欧元用于在爱尔兰建立企业；(2)申请者的投资最少可以为 2 个爱尔兰公民、欧盟公民或瑞士公民创造就业机会，或在已有企业中维持就业；(3)该企业必须能够增加爱尔兰的商业活力和竞争力；(4)该企业必须能够为申请人提供足够的收入以供养家庭。艺术家、作家或手艺人如能证明他们在自己的领域具有知名度且可以供养自己及家人，则不需要满足资金和创造就业的要求。

六、结语

和其他很多国家一样，爱尔兰亲商、鼓励投资的氛围由来已久。如果读者正在寻找新的投资和创业机会，我推荐您将爱尔兰作为考虑对象之一。申请者有三种不同的投资移民项目可选择，因此爱尔兰可以为申请者在这个新家的成功提供大量机会。本文中所提供的信息在 INIS(爱尔兰入籍和移民服务局)的官方网站上都可以获得；网站上还会有最新的关于各投资项目的信息，如最新的项目申请指南和暂停项目的信息。

增加法律风险提示条款：本文不是投资与移民具体个案的法律

建议，且具有时限性。本文相关内容参照截至 2017 年 12 月 31 日爱尔兰国家移民相关法律法规，上述法律法规仅仅作为一般准则，对不同的申请人的具体情况，爱尔兰国家移民部门可能会有额外的要求。因此，建议申请人就本人特定情况与专业移民律师联络、取得专业指导。

如何投资移民保加利亚

作者简介

Yordan Naydenov 既是 BOYANOV & Co. 的合伙人，又是投资并购和公司业务部的主任。他自 1994 年加入 BOYANOV & Co.，执业领域包括公司法、投资并购、境外投资和金融市场。该律师能够提供日常的法律服务，并且为大量的国外和本国公司提供法律服务。他在帮助国外投资者在保加利亚设立和经营商业以及商业重组领域积累了大量的经验。该律师是 Sofia Bar 的一员，毕业于索菲亚大学法律系。

Nikolay Kolev 博士是 BOYANOV & Co. 的高级合伙人，同时也是投资并购和公司业务团队、诉讼业务团队的一员。自 2005 年加入 BOYANOV & Co. 以来，该律师首要专业领域是公司法和商法、诉讼和 ADR、私人客户法律服务。他为企业和个人提供各方面的建议，包括商业、投资和移民方面的建议。他是索菲亚协会的会员之一。毕业于圣索菲亚大学法学院。他在保加利亚科学院的国家和法律研究所完成了他的博士学位，专业是公民和家庭法。他同时也是该研究所在公民和家庭法领域的高级助理教授。

（翻译：青岛张洪涛律师团队）

一、摘要

保加利亚的法律规定,投资移民计划中,一个外国人能够获得保加利亚公民资格和事后的投资恢复基金。投资的总金额在 50 万欧元到 300 万欧元之间。

外国人在获得保加利亚公民资格的过程中包括以下两个强制性的步骤:获得永久居住许可和在一段明确的期间之后获得保加利亚公民资格。这段明确的期间是指在外国投资者获得永久居住许可和提交国际申请之间的时间。通常,这段等待期间是指五年。在投资者有一项额外投资时,也可以享受快速通道选项 1 年等待期。

尽管投资者的家庭成员没有在保加利亚投资,但是他们也可以获得永久居住许可和保加利亚公民资格。

投资者和他们的家庭成员在申请投资计划获得保加利亚公民资格时,不需要在保加利亚居住也不需要参加保加利亚语言考试。他们也不必放弃现有的国籍。

保加利亚是欧盟的成员国之一。在获得保加利亚国籍之后,投资者和他的家人可以享受在欧盟国家之间的自由通行权。

二、内容

(一)基本信息

保加利亚法律规定了几种基于投资获得永久居住权和国籍的选择。

外国投资者和他们的家人获得没有有效期限制的永久居留权,这也是在过了确定的等待期间之后获得保加利亚国籍的首要步骤。通常,这段等待期间是五年,但是在投资者有额外投资时,法律规定了快速通道——1 年等待期。

投资者也可能获得最多为期一年的长期居住许可,有可能每年延长。只要投资者被外国人雇佣 5 年时间,长期居住许可也会变成永久居住许可。此类居住许可证也可以使投资者获得国籍,但是获得国籍的条件并不是投资。例如,这类外国人必须满足一般的取得国籍的条件,包括放弃现在的国籍和通过保加利亚语言考试。

保加利亚投资移民计划的法律体系主要由以下立法和分立法法律组成:《外国人在保加利亚共和国行为法》和它的执行规范、关于签发签证的条件和程序以及决定签证的管理体系的法规、《保加利亚国籍法》、《投资激励法》和它的执行规范、关于投资的具体形式可能适用的特殊法规。

（二）长期居住许可——投资条件

一名外国人基于下列的投资行为有权在保加利亚获得最多为期一年的长期居住许可证：

1. 在保加利亚领土范围内投资60万保加利亚币（约306 800欧元）购得不动产，或者在保加利亚的公司中，外国人拥有超过50%的股权，该公司由于投资在保加利亚境内获得与上述价值相等的不动产。上述不定产必须是全款支付到在一家保加利亚的银行开立的账户内。如果该外国人为购买不动产进行借款，未偿还的借款不能超过25%。

2. 在保加利亚经济不发达地区通过向一家外国人至少拥有50%股份的保加利亚公司出资25万保加利亚币（128 000欧元），同时由于公司的投资行为获得新的有形或者无形资产，同时公司至少雇佣了15名保加利亚公民。

现行的保加利亚法律规定禁止非欧盟的国民和在欧盟境外注册的和经营机构设在欧盟境外的外国法人获得保加利亚的土地所有权。但是，这种限制是较弱的，在保加利亚设立的每一个法人作为一个保加利亚的法人实体完全有权拥有一处土地，即使这类公司是外国人或者外国法人100%控股，包括非欧盟公民或者在欧盟境外注册的公司。

上述的限制仅仅是在土地所有权上的限制。并不存在限制外国人或者外国法人在保加利亚境内获得建筑物所有权的法律规定。

而且上述提及的在不动产上的投资可以通过外国公民在保加利亚购买房屋或者公寓直接完成。

（三）永久居留许可证的投资条件

基于下列投资，外国投资者可以在保加利亚获得无期限限制的永久居留许可证：

1. 在下列一项资产上投资 BGN 1 000 000（约 EUR 512 000）

（1）在一家公开联合股份公司进行公开交易股票；

（2）保加利亚中央政府或者各省发行的、到期日期不少于 6 个月的公债、短期国债和衍生工具；

（3）依据《私有化和后私有化控制法》规定至少有 50% 的政府或者市政府参股的公司资产的一个独立的单元；

（4）根据《私有化和后私有化控制法》设立的公司的股份；

（5）保加利亚的知识产权（专利权、实用新型、商标权、服务商标、工业品外观设计、著作权）；

（6）特许权协议。

2. 与保加利亚信贷机构（银行）签订不少于 5 年的资产管理协议，投资 BGN 1 000 000（约 EUR 512 000）。投资总额不能被保加利亚信贷机构用于证券化的借款。

3. 在一家私人公司进行 BGN 6 000 000（约 EUR 3 068 000）的股份投资。

4. 通过资本认购的方式在一家外国人至少控股 50% 的保加利

亚公司投资 BGN 500 000（约 EUR 256 000），并且由于该投资，该公司获得新的等值的有形和无形资产。同时，该公司至少雇佣了 10 名保加利亚公民。

5. 在《投资激励法》认证的公司中任职或者投资（作为 A 级投资者、B 级投资者或者执行优先投资项目的公司），该外国人是：

（1）法定代表人；

（2）依据雇佣协议从事与科研、制造、市场或者其他重大的公司活动或者与投资有必要关系的关键性和/或控制性的职位；

（3）拥有公司至少 50% 股份的股东。

外国人为了申请这一选项，每一家公司要获得依据《保加利亚投资激励法》签发的投资证书。《有关投资激励法的执行规定》规定下列 A 级、B 级和优先投资计划的投资证书的条件：

- 工业领域的投资：A 级 BGN 10 000 000（约 EUR 5 120 000）；B 级 BGN 5 000 000（约 EUR 2 560 000）。
- 服务业领域的投资：A 级 BGN 3 000 000（约 EUR 1 540 000）；B 级 BGN 1 500 000（约 EUR 770 000）。

法律风险提示条款：本文不是投资与移民具体个案的法律建议，且具有时限性。本文相关内容参照截至 2017 年 12 月 31 日保加利亚国家移民相关法律法规，上述法律法规仅仅作为一般准则，对不同的申请人的具体情况，保加利亚国家移民部门可能会有额外的要求。因此，建议申请人就本人特定情况与专业移民律师联络、取得专业指导。

卢森堡投资移民及签证概要

作者简介

Guy Harles 是 Arendt & Medernach 的联合主席及创始合伙人。他的专业领域为公司业务，他曾为多个跨国公司、国内公司及高净值人群进行跨国交易的构建、私募股权投资、公司重组、并购及收购、公司财务及私人财富管理。作为一名公司律师，Guy 在 Arendt & Medernach's 的国际发展中起到了重要作用。他对国际市场十分了解，并且对亚洲市场具有丰富经验。Guy 的国际化商业法律服务经验及其值得信赖的法律建议让他拥有了一批忠实的客户。Guy 是卢森堡及境外律师协会的一员。Guy 在 1980 年取得卢森堡律师执照，并在 2011 年至 2012 年担任卢森堡律师协会主席。Guy 1993 年取得巴黎律师执照，2009 年又取得香港律师执照。

Arendt & Medernach 是卢森堡领先的律师事务所。律所总部位于卢森堡，在全球范围内迪拜、香港、伦敦、墨西哥、纽约及巴黎均设有办公室，国际律师团队超过 285 名。该所致力于为客户的需求提供全方位法律服务，尤其是高净值客户人群。该所为国内外客户在涉及私人及上市法律服务领域提供全方位建议，具体包括基金设立、银行业务、保险业务、移民及劳动业务、私募股权、房地产、诉讼及税务业务。

（翻译：米晶晶律师）

关于取得永久居住权的可能性及后续安排的几点法律问题

卢森堡距离巴黎、柏林、布鲁塞尔或伦敦仅一个小时航程，是一个经济及政治稳定的海港（2015 年 9 月被 S&P 评为 AAA 级），是世界上最安全的国家，并享有很高的人均 GDP。卢森堡国家稳定和睦，生活文化及运动基础设施健全，居民中 46% 为外国公民，且其中超过 5000 名中国人；此外，卢森堡的税收环境很不错，能够较有保障地取得永久居留权。卢森堡的移民法案适应社会商业需求，并且表明了当地政府想要吸引外国人才及投资的强烈意向。

一、概述

移民准入及获得居住权的条件由 2008 年 8 月 29 日颁布的移民法案规定，以下简称移民法案。该法案规定了外来移民的条件及享有的权利，这里指的外来公民不包含欧盟及欧洲经济区公民，他们移民卢森堡的程序相对不那么复杂。

移民法案同时涵盖了获得短期签证及长期居住许可的程序，这取决于拟移民者的自身状态（普通雇佣员工、高质量人才、自雇人员、集团内部外派人员、为私人原因移民者、研究人员等）。对于参加某一会议或在卢森堡停留不超过 3 个月的短期签证，要求会低于那些想要获得永久居留的人。此外，移民者本身更高的技能水平或投资水平，将使得移民程序简化，因为在卢森堡，商业移民是全国优先的项目。值得一提的是，部分税务、不动产及个人优势仅在拟取得长期居留的时候发挥作用。

必须牢记的是移民法案两个关键要素。第一点是就业市场测试，该测试强迫雇主在雇佣外来雇员时，提供没有 EU 当地雇员申请该职位的证明。第二点是针对卢森堡的经济利益，应当代表并证明外来人口申请长期移民的合法性。

二、移民的几种方式

（一）初步核对清单

外国公民想要进入卢森堡并在卢森堡停留超过 3 个月，或者想要取得有偿劳动岗位的，需要申请一个有效的居住许可。在此情况下，外国公民（无论其是否有义务申请签证入境），必须在进入卢森堡领域前，申请获得短期居住许可。

申请材料将提交移民局作为申请短期签证许可所需。移民局将根据不同的签证许可类型要求申请人提供不同资料（如私人原因、高质量雇员、普通雇员、家庭团聚等签证许可类型）。

任何外国公民想要移民卢森堡的，不论是短期或长期，应当首先达到以下要求并取得居住许可：

1. 不存在基于申根协议被拒绝入境的情况；

2. 之前没有由于任何原因被卢森堡拒绝入境；

3. 不损坏公共秩序、国家安全、公众健康及卢森堡与之签署国际条约的任何国家的国际关系。

申请人应当持有：

剩余有效期至少在6个月以上的本人护照；

如情况适用，需持有申根签证（停留不超过3个月的C类签证，或停留时间较长的D类签证）；

证明预期停留卢森堡的原因或条件的相关文件；

对于停留卢森堡并返还原国家的足够财务收入证明。

申根签证由申请者的目的地国家签发，如果他想要入境多个申根国家，则由主要停留地的领事馆签发（如主要停留目的地或最长停留目的地）。如果申请者在几个不同的申根国家停留时间一样长，那么由申请者最初进入的申根国家签发。作为通用规则，签证申请者必须向申请者法定居住地的当地卢森堡领事馆递送申请材料。移民者也可以直接联系卢森堡移民当局，或委派律师做这件事。

申请者会在3个月内收到短期停留许可。如果超过3个月仍没有收到回应，则可能此次申请失败。这种情况下，申请者可以向卢森堡行政法院进行申诉。

一旦停留许可被签发，申请人必须在90天内入境卢森堡，如果申请者需要签证入境，则还需申请一个90天的签证。

如果申请者或其家庭成员携带超过10 000欧元现金通过海关，必须向海关行政部门进行申报。

一旦抵达卢森堡，申请者到达其住处后，需要填写一份声明。但是，移民局要求移民申请者在抵达前就确定住所，因此不接受酒店作为其住所。移民申请者在出具这份声明前，不得开始工作。

对此，需要申请者提供以下材料：

护照或签证（如需要）；

居留授权书；

在某些情况下，还需其他额外资料。

作为确认到达的声明，申请者会收到当地社区出具的接纳证明，以证明其合法居住事实。

不论申请多久的居留许可，以上条件均为必须条件，并凭此足以获得3个月以内的参加会议或拜访卢森堡签证。

外国公民在卢森堡工作的，不论其工作时间是否超过3个月，原则上都必须获得有效的工作签证。然而，以下情况可以除外：商务出差，拜访商业伙伴，专业课题的调研及研发，合同谈判，参加行政委员会或公司集团内部会议（外包商除外）。

中国当地相关政府部门出具的申请材料应当经过公证及大使馆认证。同时，相关文件需要以德文、法文或英文正式翻译（如财产证明）。

（二）停留超过3个月的常规申请步骤

在成功申请居住批准后并抵达卢森堡填写到达声明后，申请人从到达卢森堡并出具说明后，有3个月的时间能够在卢森堡居留，

但须提供如下文件(并以德文、法文或英文翻译):

护照及签证的公证副本;

移民局颁发居留许可的公证副本;

由当地社区出具的达到声明;

适当居所的证明(租房合同、购房合同等);

由卢森堡当地医生出具的医疗证明以证实申请者符合居留的健康要求条件;

完成的申请表;

80 欧元的税收金额转入国际银行账户 LU46 1111 2582 2814 0000 的证明;

其他根据移民局要求所需材料。

居留许可允许申请者在欧洲境内旅行而无须签证。

外国公民若能证明其连续 5 年在卢森堡境内合法居留的,可以申请长期居留,有效期为 5 年且根据需求可以延续。

(三)不同种类的移民申请步骤

1. 雇员

(1)普通雇员

外国雇员为雇主工作的,可以申请有效期为 1 年的签证,并且根据需求可以延续。但该类签证只能用于预先确定的部门及职位。只要雇员条件仍然满足的话,可以申请一个最长为 3 年的延续签证。一年之后,雇员可以从事任何领域内的工作。

如果是集团内部的人员调动，卢森堡移民当局通常要求除了在雇员当地有劳动合同外，与卢森堡的公司分支也应当签署劳动合同。

雇佣市场测试及标准须满足卢森堡适用的经济利益。

为满足雇佣市场测试，雇主应向移民局披露所有空缺岗位。并出具声明对职位进行详细描述，列举所有该职位所需执业技巧、证书、专业经验等。该声明用于就业管理部门核实潜在的求职者，并优先聘用如欧盟联邦的当地公民。

如果 ADEM 在 3 周内没有找到候选人，那么雇主可以要求 ADEM 出具一个证明，用于其自己雇佣雇员。雇主将和其想要雇佣的雇员签订劳动合同。

（2）高素质雇员

为符合这一特征，外国公民需要满足以下条件：

持有大学学历或相同级别的专业经验 5 年以上；

签订一年以上需要专业知识或专业技能的劳动合同；

年净收入至少达到卢森堡年平均净收入的 1.5 倍以上（2016 年数据为 48 864 × 1.5 = EUR 73 296），在某些政府认为人才稀缺的领域，这一数据也可能是 1.2 倍。

高素质雇员无须进行市场测试或经济利益测试。

为了申请人顺利找到合适的住所并填写相关文件，申请人会得到一张“欧洲蓝卡”，使其有权移民到卢森堡境内。这个许可有效期是两年，劳动合同的有效期如果低于 2 年的，可以在劳动合同到期前3个月申请延期，该许可能够被延期。在最初的2年，只有专业技能申请者能够进入劳动市场。而第一次延期后就没有了该限制。

为了申请欧盟绿卡，申请人应当遵循列出的步骤准备以下材料：

申请人护照的完整复印件；

申请人的出生证明；

无犯罪记录证明或声明；

简历；

大学毕业证书或专业技能的；

其他。

在申请人加入卢森堡社会保障体系前，覆盖其停留卢森堡境内的医疗健康保险。

雇主及雇员之间劳动合同复印件。

以个人观点出具的信函，解释申请人来到卢森堡的原因或动机。

居住处的证明。

2. 自雇人员和企业主

每一个外国公民，无论是居留在国外，或想要在卢森堡定居并且进行自雇活动，或想要在卢森堡定居但不想要在此工作并希望作为自雇雇员居留在卢森堡的，都需要经过以下步骤：

移民法案规定企业主和自雇人员都需要提供企业营业执照。

所需文件：

申请人完整有效的护照复印件；

申请人的出生证明；

无犯罪记录证明或宣誓书；

详细的简历；

适宜居所的证明（如房屋租赁协议）；

独立申请人申请居住许可的完整申请表（以及表格中所需的文件资料）；

以个人观点阐明申请人来到卢森堡的原因或动机；

预期从事活动的相关资质证明；

为满足所从事活动，须提供相关营业执照或其他当局确认所必要的资质文件；

所有大学文凭或专业资格证书副本；

证明足够的资源来维持和保证所从事活动的可持续性；

商业计划或财务计划；

如收购现有企业，需要最近3个财务周期的资产负债表；

如新设或收购一家公司，需要资金来源证明或必要的资金证明；

其他任何文件证明商业计划的可实行性；

对回到原属国的足够的资金证明（如最近银行账户报表）；

覆盖从国外到卢森堡以及在卢森堡境内停留期间的医疗健康保险，直到申请人加入卢森堡社会保障体系；

证明这样的自雇活动是为卢森堡创造经济利益并满足了当地

市场的需求。

3. 私人原因

私人理由只在申请人不符合其他类别时适用。

申请人需提供以下材料：

证明他可以有经济能力依靠自己生活（注意银行储蓄是不够的，申请人应提供定期收入证明）。

申请人因私人原因申请居留证，须将以下文件提交移民局（有些文件只能用法文）：

申请人完整有效的护照公证复印件；

申请人的出生证明；

无犯罪记录证明或宣誓书；

详细的个人履历；

合适住所的证明；

证明申请人公民身份状态及家庭情况的文件；

如果由雇主提交申请，需申请人对雇主的授权书；

在卢森堡停留期间全面的医疗健康保险；

证明持有足够的资源以生活在卢森堡（如租金证明书，由卢森堡金融机构出具的证书）。

4. 家庭成员

移民法案倾向于家庭团聚签证，对一些家庭而言其条件很容易满足。家庭团聚的签证等待时间取决于主申请人申请的签证类别。

申请作为家庭成员停留卢森堡，申请人和他的家庭必须遵循以下时间表的程序并提供如下所需文件给移民局：

(1)对于申请人

主申请人的居留许可,1 年以上的有效期；

主申请人需证明有足够的资源满足家庭成员的生活所需(如工资单、税单、资产收益)；

至少相当于非专业工人 12 个月以上的最低工资,证明必须覆盖提交申请前 12 个月时间；

证明主申请人自己和家庭成员在卢森堡有合适的住所(如租赁协议、产权证)；

证明主申请人和家庭成员购买的医疗健康保险(由卢森堡外国公民社保机构或私人保险公司出具的医疗保险证书)；

如委托代理人申请,还需代理人的相关情况。

(2)申请人的配偶或公开声明的伴侣

年满 18 岁或以上；

公证副本的配偶/伴侣的完整有效护照；

配偶/伴侣原属国出具的出生证明；

配偶/伴侣在原属国调取的犯罪记录证明；

婚姻或伴侣关系证明的相关文件(如结婚证、户口簿)；

从国外到卢森堡,以及在卢森堡境内停留期间的医疗健康保险,直到家庭成员加入卢森堡社会保障体系。

(3)申请人或配偶/配偶的未婚及 18 岁以下子女

孩子完整有效的护照复印件；

证明申请人与孩子之间家庭关系的文件(如孩子的出生证明,家庭户口簿);

从国外到卢森堡以及在卢森堡境内停留期间的医疗健康保险购买证明,直到家庭成员加入卢森堡社会保障体系。

在双方离婚的情况下:

如果法院判决孩子抚养权属于居住在卢森堡的一方,当另一方有孩子探望权的情况下,需要公证证明该方同意孩子居住在卢森堡。

在共同监护的情况下:

需公证文件,证明双方均同意孩子居住在卢森堡;

如果孩子出生在卢森堡,且父母合法居住在卢森堡,则该程序能够简化。

(4)其他符合家庭团聚资格的亲属

申请人或其配偶或其伴侣的直系亲属,在其原属国缺乏生活基本来源的。

18 岁(或 18 岁以上)的未婚子女,在其原属国缺乏生活基本来源的。

(5)18 岁以上的孩子

该情况不属于家庭团聚签证的接受范围。不过,18 岁以上的孩子如果被卢森堡的高等教育机构录取,可以作为学生进入卢森堡就学。

5. 研究人员

研究人员在完成常规步骤后，应申请第三国研究人员居留许可，并填写下列文件：

经公证的有效完整的护照复印件；

出生证明；

警方出具的无犯罪证明记录或宣誓书；

个人履历；

经公证的专业资格或技能证书；

研究院接受该研究人员的服务协议，以证明该研究项目被研究院的主管机构接受；

个人财力证明，需覆盖该研究人员生存及返程的费用，该证明由接纳该研究人员的研究院在签订服务协议后出具；

必要时，需要一名代理人。

6. 运动员或教练

申请人在完成常规步骤后，若要成为运动员或者指导员，应当填写运动员居留证申请书，并提供以下文件：

经公证的完整有效的护照复印件；

出生证明；

警方出具的无犯罪记录证明或宣誓书；

个人履历；

如果申请体育教练，需提供申请人的执业资格证书公证复印件；

如果申请人在经批准的卢森堡联盟或附属俱乐部签订了劳动合同,需符合卢森堡劳动法,有相应的劳动起始日期,并且月薪至少达到卢森堡社会全职工作的最低工资标准;

在卢森堡境内适用的综合医疗保险;

必要时,需要一个代理人。

三、其他

(一)损坏或丢失居留许可情况

在损坏或丢失居留许可的情况下,应向移民局提交以下文件,申请替换居留许可:

经公证的完整有效护照复印件;

报案盗窃的警方立案证明,或损坏的居留许可;

支付 80 欧元至 LU46 1111 2582 2814 0000 银行账户付款。

(二)驾照

申请人到卢森堡的一年内可以将国内驾照转换为卢森堡驾照,该程序是在法国或德国办理。

(三)公民入籍

一旦这些步骤完成后,申请人和他的家人在卢森堡定居下来,并有可能通过这种方式取得卢森堡国籍。

每个申请入籍的外国公民需凭有效的居住许可在卢森堡居住满 7 年,并年满 18 周岁,则可以申请入籍。除非他在卢森堡上学超过 7 年,否则还需成功通过卢森堡的语言测试及公民权利测试。

2017 年改革将 7 年时间缩短至 5 年,并对取得卢森堡国籍的要求进行了修改。

卢森堡大公国允许公民在某些情况下拥有双重国籍。申请入籍的文件必须用法语或德语填写。移民局将于收到材料后 8 个月内作出决定。

一些实用联系方式

Ministry of Foreign and European Affairs
Immigration Directorate – Department for Foreigners
26, route d'Arlon
Luxembourg
Postal box B. P. 752 L – 2017
Luxembourg
Phone(+352) 247 – 84040 (from 14. 00 – 16. 00)
Email: immigration. public@ mae. etat. lu

Ministry of Foreign and European Affairs Passport, Visa and Legalisation Office (MAE)
43, boulevard Roosevelt
L – 2450 – Luxembourg
Luxembourg
Phone(+352) 247 88300

(四)税务概况

正如前文所述,卢森堡的税收环境十分诱人。总税率负担是全世界最低的。此外,与亚洲各国和地区如中国、新加坡、中国香港地区、印度尼西亚、日本、韩国和马来西亚等存在税收协定。并且,这些国家和地区受益于投资保护条约,为保证国际交易,个人也没有财富税,另外,卢森堡增值税税率在欧洲最低。

在阅读以下细则前，特别关注卢森堡2017年居民税收政策（在2016年2月29日和2016年4月21日颁布）：

2015年1月1日施行的0.5%临时税将取消；

每年应税收入超过EUR 200 004的个人所得税最高税率将由40%上升至42%；

增加各项减税措施；

已婚夫妇可以选择个人缴税而非共同缴税。

1. 个人税收

（1）税负及个人所得税

定居或常居在卢森堡的公民视为纳税居民。更确切地说，如果一个公民在卢森堡居住超过连续6个月时间将被视为卢森堡纳税居民（即使时间上跨过的两个不同的财政年度或是有短时间间断）。如果一个人被认为同时是两个或以上国家的纳税居民，卢森堡和该国缔结的有关双重税收协定将决定该居民的纳税政策。

不在卢森堡纳税的居民不被视为卢森堡居民，只需缴纳在卢森堡赚取收入的所得税。相比之下，卢森堡居民对其全球收入均需缴税（可根据适用的情况进行减免）。

卢森堡居民及非卢森堡居民在卢森堡的收入应以累进计税制度缴纳按年度所得税税率（从0%至40%）。对于所得税，每个人根据他们的个人情况（家庭状况）被划分为不同税级。就业基金协会对税率进行评估[收入不超过150 000欧元（单个纳税人）或300 000欧元（夫妻共同收入征税）缴纳7%和9%以上的量]并加收9%的税负。

无论是否为卢森堡纳税居民，从卢森堡获得的收入所得均需以年度为基准（如每个阳历年份），以累进税率制度（从0%至40%）缴纳个人所得税。为了所得税的目的，个人以其自身情况（家庭状况）所属不同的缴税级别。超过的部分征收作为就业基金（比如：个人收入不超过150 000欧元或夫妻双方共同收入不超过300 000欧元征收7%所得税，超过部分征收9%所得税）。目前卢森堡的累积所得税率（包括超额部分）如表1所示：

表1 卢森堡累积所得税率（包括超额部分）

收入阶层（欧元）	基本税率（%）	实际税率（%）
0－11 265	0	0
11 265－13 173	8	8.56
13 173－15 081	10	10.70
15 081－16 989	12	12.84
16 989－18 897	14	14.98
18 897－20 805	16	17.12
20 805－22 713	18	19.26
22 713－24 621	20	21.40
24 621－26 529	22	23.54
26 529－28 437	24	25.68
28 437－30 345	26	27.82
30 345－32 253	28	29.96
32 253－34 161	30	32.10
34 161－36 069	32	34.24

续表

收入阶层(欧元)	基本税率(%)	实际税率(%)
36 069 – 37 977	34	36.38
37 977 – 39 885	36	38.52
39 885 – 41 793	38	40.66
41 793 – 100 000	39	41.73
100 000 – 150 000	40	42.80
超过 150 000/300 000	40	43.60

上面提到过,0.5%的临时税将被取消。非居民一般以累进计税制计算税率,但最低为15%。

需缴纳卢森堡所得税的仅限于以下八类收入:

贸易及商业收入;

农业及林业收入;

独立专业性服务的收入;

雇佣收入;

退休金及养老金收入;

投资收入(如利息、分红等);

租金及版权收入;

其他包括资本收益在内的收入。

各类别的收入须按具体计算规则,分别计算净收入后,合并确定总净收入。此外,还需扣除相关费用以决定年度纳税总额。在一类中所产生的亏损,可以抵扣其他类的净收入。

主要类别收入的税收政策概况如表2所示:

表2 个人所得税率

	卢森堡纳税居民	非卢森堡纳税居民
商业收入	累计所得税率。 所有的收入和产生资本收益的业务应包括在这一类别。	非居民个人在卢森堡境内设立公司或固定商业场所才适用。
雇佣收入	累计所得税率。所有来源的收入均需缴纳。	仅在卢森堡的收入来源需缴纳。
董事收入	20%的累进所得税率。日常管理活动须按累进所得税率执行。	仅在卢森堡的收入来源需按20%在特定情况下缴纳(可选)。
利息	累进所得税率。 除非由卢森堡的支付代理机构支付(预扣税10%)。	除非是在卢森堡的收入来源才需支付(无预扣税)。
分红	卢森堡企业支付的总金额中15%的预扣税,并以累进所得税税率计算。去除从符合条件的主体中收取的50%总金额。	仅卢森堡的收入来源需缴纳15%预扣税。
版税	累进所得税率计税。	仅卢森堡的收入来源需缴纳税费,无预扣税。
租金收入	累进所得税率计税,并申请特别费用。	仅卢森堡的收入来源需缴纳税费,无预扣税。
流动资产的资本收益	按累进所得税率缴纳,但超过500欧元每年的投机性收益应按全球边际税率缴纳。但投机产生的损失可抵扣上述缴纳的税费。 在资本收益持有6个月之后无须缴纳税费,除非出售方持有大量股份超过目标公司10%,将会导致有低额的税费产生(全球税率的一半,0至21.8%)。	在资本收益持有6个月后无须缴纳税费。

续表

	卢森堡纳税居民	非卢森堡纳税居民
不动产的资本收益	在收购后 2 年内卖出，将按照累进所得税率缴税。2 年后处置，则税费将相应减免。 主要居所的资本收益无须缴税。	仅卢森堡的收入来源需缴税。

(2)社会保障

工资和薪金，一般来说，社会保障包括医疗保险、养老保险和依赖保险，以保障老年人和残疾人利益。部分或额外的保险由雇主承担。该部分计算以员工的年工资总额为基础，不超过其年度社会保障上限。在卢森堡雇佣员工的外国雇主应同样遵守卢森堡社会保障体系。

自雇的个人必须登记社保体系，并以其净利润为基础缴纳社会保险，不超过年度社会保障缴纳额上限。

此外，任何不受益于强制性医疗健康保险的卢森堡居民可以要求自愿参加持续健康保险计划。

截至 2016 年 1 月 1 日，卢森堡社保情况如表 3 所示：

表 3　卢森堡社保情况表

覆盖范围	雇员部分	雇主部分	自雇
生病	2.80% 至 3.05%	2.80% 至 3.05%	6.10%
退休金	8%	8%	16%
互助保险	—	0.51% 至 3.04%	0.51% 至 3.04%
意外保险	—	1.00%	1.10%

续表

覆盖范围	雇员部分	雇主部分	自雇
工作安全保险	—	0.11%	—
依赖保险	1.4%	—	1.4%
总计	12.20%至12.45%	12.42%至25.20%	25.11%至27.64%

(3)纳税人地位

卢森堡个人所得税采用累进计税率，根据卢森堡纳税居民个人的纳税级别不同而有所不同。纳税人的纳税级别（如1级，1A级，2级）主要取决于他的婚姻状况、年龄、子女数。

就这方面而言，1级纳税人（例如，一个单身的，分居或离婚的且没有孩子的人）不能从任何调整中受益。然而，若属于1A级和2级的人，可以从调整中受益，这主要包括结婚或共同纳税或没有处于婚姻关系但有1个或1个以上孩子的个人居民。

表4　卢森堡社保情况

种类	适用税率
1	无税收调整
1A	税率取决于净纳税收入总额，低于45 060欧元的可以免除50%
2	在净收入的一半基础上申请两次

纳税义务人必须在每年3月31日之前进行年度纳税申报。申报期限可以根据纳税人的要求延长。

公司代缴所得税或无其他收入来源的雇员，只需在每年的应税薪酬超过100 000欧元时申报报税表。一般来说，用人单位必须代扣代缴工资税。

(4)价格提高

2015 年 12 月 18 日,移民法引入了“价格提高”概念,指的是公民移民至卢森堡后,大量收购特定股票(如超过目标公司的 10%)情况。该政策规定,公允市场价随着收购人移民卢森堡后提高。但这种价格提高不影响合格投资者持有该股票或可转换债期间的价格。

(5)其他税

①利润分成的税收制度

一种特殊的针对利润分成的税收制度自 2013 年 7 月 12 日起在卢森堡施行。利润分成是一种对于替代投资基金(“AIF”)管理的变量薪酬,在投资基金退出后享有所持有股份的收益。在这种制度下,由 AIF 经理雇佣的雇员或 AIF 管理公司雇佣的雇员以普通收入所得税率缴纳税费。但对于移民进入卢森堡,在法定正式入籍 5 年内,享有特殊的制度。在这种情况下,他们享有抵扣税率(全球税率的 1/4,如 10.9%)但须满足以下条件方可享受该抵扣优惠:

在 2013 年至 2018 年入籍为卢森堡公民;

在 2013 年之前不属于卢森堡纳税公民;

对所收取的利润分成不存在预先支付的情况;

利润分成必须在第一次分配给投资人后支付。

②赠与税

对于公允市场价值的物品赠与或捐赠所生产的赠与税,只有存在书面契约且在卢森堡经过公证时才需缴纳。然而,如果赠与人在进行赠与的那一年死亡,这种赠与就属于继承范围。相比之下,不动产赠与必须经过公证,因此须征收受赠人相应税费。

赠与人与受赠人的关系	适用税率
直系父母或子女	1.8%或2.4%
配偶	4.8%
兄弟或姐妹	6%
舅舅/舅妈,侄子/侄女,配偶的父母	8.4%
姑姥爷/姑姥姥,侄孙/侄孙女	9.6%
其他	14.4%

另外,不动产的捐赠同样适用1%的交易税。捐赠位于卢森堡境外的不动产可以免除赠与税,即使该不动产注册在卢森堡。

③遗产税

卢森堡不动产的遗产税只有当过世者过世时他或她最后居住在卢森堡的情况下才征收。

然而,继承不动产在国外的显然能够豁免卢森堡遗产税,即使这个财产不受其当地的税务管辖。相对地,如果过世者过世前的最后居住地不是卢森堡,那么需要就位于卢森堡的不动产缴纳过户交易税。

卢森堡未就遗产税订立双边税收协定。然而,卢森堡的遗产税税率通常比其邻近国家——法国、比利时和德国更具竞争力。

过世者与受益方的关系	适用税率
直系父母或子女	0%
配偶或登记伴侣有抚养孩子/子女	0%
配偶或登记伴侣没有子女	5%
兄弟或姐妹	6%
舅舅/舅妈,侄子/侄女,养父母/养子女	9%
姑姥爷/姑姥姥,侄孙/侄孙女,养父母及养子女的后代	10%
其他	15%

任何继承净值超过 10 000 欧元的遗产需增收 1/10 至 22/10 的税额。

2. 不动产相关税收政策

外国人在卢森堡购置财产没有限制。

对于个人自用,购买年限够长的不用缴纳增值税,另外,如果房屋位于市中心以外,适用以下制度:房屋价值 6% 的登记税,可能附加不超过 1% 的额外税收,强制公证费大约是房产价值的 1.5%。主要居住房屋购买超过 2 年,将不会征收资本收益税,并享受相应的房屋税收抵扣政策。

然而,根据房屋的位置、类型及用途适用不同的税收制度。

土地资产、建筑或其他位于卢森堡的不动产税收,是以统一价值由卢森堡地方市征收的一种变量税种。

3. 公司税

卢森堡对于中国法人实体或非法人实体向欧洲或其他国家投

资,双边税务协定具有超过 75 个条约,尤其对针对香港和中国大陆,且投资者的保护覆盖地区广泛,包括非洲。在欧洲,不论投资于哪里,卢森堡均可享受欧洲参股豁免政策。对于欧洲以外的资产回到卢森堡的情况,卢森堡政府允许其享受国内税收制度及双边税收协定,以此确保该收入是在源头缴税。直至今日,中国大陆向欧洲的投资有超过 40% 是通过卢森堡作为媒介进行的。

总部在中国的银行纷纷选择卢森堡作为投资欧洲银行、金融、投资基金、私人财富活动的战略实施(如工商银行、中国银行、招商银行、农业银行、交通银行、建设银行)。

总部设立在中国的资产管理公司也在卢森堡设立投资基金,以这种方式获得拥有欧洲护照的欧洲客户(如嘉实国际资产管理公司,CSOP 资产管理,华夏基金管理公司, 汇添富基金管理公司, 易方达基金及富高有限公司)。

(1)企业所得税

卢森堡对境内企业在全世界范围内的净收入征收年度企业所得税,但合伙企业不作为征收对象征收企业所得税。

应税利润根据 1967 年 12 月 4 日修订的所得税法计算,根据该法律,应税利润是以企业在财政年度的净值每年进行变化的。一个通用规则是,应税利润是根据卢森堡会计准则计算的会计利润为基础,除非根据别的税务目所遵守的估值规则。利润和费用应当在发生的财政年度计算,而不是实际支出的时候。CIT 有几项抵扣政策能够适用,比如符合条件的股权享受参股豁免制度以及在特定情形下的再投资收益可享受再投资优惠。

卢森堡的税法不涉及详细的资本弱化规则。然而,就转让定价而言,纳税人必须遵守 OECD 指导方和相关调整方法的正常交易原则。

2016 年 CIT 税率如下:

应税收入	税率
≤EUR15 000	20%(21.4%)
>EUR15 000	21%(22.47%)

但是,2017 年的税务改革有望将公司所得税最高从 21% 降低至 19%。

(2)Municipal Business Tax 地方营业税

卢森堡对卢森堡公司的净利润征收年度地方营业税。

MBT 的计税基础通常是 CIT 下的计税结果(有细微调整)。MBT 是由 1936 年 12 月 1 日颁布并施行的地方营业税法规定。MBT 的税率根据公司注册地及实际经营地不同而不同。

2016 年,卢森堡 MBT 的税率为 6.75%。

因此,在 2016 年,CIT 税率总计为 29.22%(企业所得税、集体税、地方政府商业税)。

(3)资产净值税

根据 1934 年 10 月 16 日施行的资产净值税收法律规定,卢森堡公司征收资产净值税。但合伙企业不属于 NWT 规定的征税企业范围。

资产净值是指根据1934年10月16日施行的资产净值税收法律规定，每年1月1日确认的企业单一价值。

单一价值的计算主要区别于企业在公允市场上的评估价值，以及相对于第三方的负债。NWT规定有几种免税情况可以适用，如持有符合条件的公司股权。如持有境外的不动产根据双方税收政策往往是能够免税的。保险公司以及为风险投资企业往往仅需缴纳最低NWT税率。

持有自有金融资产，可转换证券及现金存款累计超过公司总资产负债表90%或超过350 000欧元的公司，将最低缴纳NWT税额为3210欧元。2017年的税收改革可能将这一数字提高至4815欧元。

对于每个财政年度的1月1日确认的单一价值，其NWR税率为0.5%。2015年12月18日施行的法律规定了一项新的NWT税率减免政策，对于超过5亿欧元的部分仅征收0.05%的NWT税。

(4)预扣所得税

收入来源	税　　率
分红	分红总额的15%，除非因双边税收优惠或参股免税制度； 销售公司征收17.65%； 对卢森堡纳税居民可抵扣所得税税额。
利息	0%，除了与证券发行人的利润有关的利润分配债券及可回报债务证券，这些属于所得税纳税范畴。
版税	0%。
清算所得	0%。
董事费用	支付给卢森堡纳税居民或非纳税董事总费用的20%； 若由付款企业支付，则为25%。

(5)参股免税制度

根据参股免税制度,下列情况下可以免税

—股息、清算所得、资本收益及符合条件的持有合格子公司股权,是能够享受 CIT 和 MBT 下的免税政策;

—股息分配给符合条件的母公司是可以免除 15% 的股息预扣税;

—合格资格的子公司的股权免征 NWT。

除了国内参股免税制度,几乎所有卢森堡参与双边税收条约的情况下都给予相较国内更为优惠的政策。此外,参股豁免制度包含条款意在避免双重利益(收入豁免和费用扣除)。处置股份后导致资本亏损仍可扣减税项。

2015 年 12 月 18 日颁布并于 2016 年 1 月 1 日施行的法律在 2016 年 1 月 1 日推出了在享受国内法律规定的豁免政策时反混合和反滥用规则(GAAR)。因此,如果该项安排的主要目的违背了母公司指令的目标,而不真正考虑到所有相关的事实和情况,则可能无法享受豁免政策。

(6)公司取得卢森堡居留权

由于最初的法律人格不受影响,从会计的角度来看,外国公司资产及负债的账面价值结转至卢森堡是不太可能实现的。然而,以市场公允价值计算资产及负债的初始财政资产负债表将会在获得卢森堡居留权后被停止。

在财政资产负债表和商业资产负债表中的净资产之间的差额

将被记录为隐藏的未应税保留(或特别保留)。

为了达到税收目的,通过重估资产这种方式,只有获得卢森堡居留权后产生的利润和收入须缴纳 CIT 和 MBT 税收,后续利润和收入可能以参股豁免制度。

四、作为卢森堡纳税居民的优势总结

综上所述,卢森堡居民个人享有以下税收优惠:

存款收入及分红的征税有限额;

个人不征收财富税;

对直系后代不征收继承税;

对于持有公司股权低于 10% 以及持有公司股权超过 6 个月的不征收资产收益税;

对于人寿保险不征收资本收益及赎回价值税;

对于主要居住房屋及持有房屋所有权超过 2 年的不征收资本收益税。

拉脱维亚法律下的投资移民

作者简介

Henning Jensen 博士，德国法律师，在 2015 年加入了位于拉脱维亚首都里加的 bnt 律师事务所。bnt 律师事务所是提供全方位服务的律师事务所，在中心区域和东欧共有 10 个办公室。

Henning Jensen 博士在进入德国中型律师事务所工作之前，他曾在国际性顶级律师事务所和欧洲委员会工作。Henning 拥有汉堡大学欧洲法博士学位和吉森大学的欧洲法和国际法法律硕士学位，其资格同时被德国（汉堡）和拉脱维亚律师协会所承认。Henning 为当地和国际客户提供各种问题的支持服务。他的专业领域覆盖移民、建筑法、公共采购、日常公司法和其他国际性和欧洲的法律事务。

（翻译：广州张晓初律师团队）

一、摘要

拉脱维亚作为进入欧盟的入口和位于波罗的海沿岸的波罗的海三国中间的投资移民申根区，近年越来越受移民者欢迎。拉脱维亚在世界银行的经商便利指数排名中保持第十六位并且高于欧盟的平均年增长率。拉脱维亚是一个有吸引力的目标国，不仅是由于经商环境，它还是一个著名的旅游胜地，以里加的美丽城市和拥有广阔海岸线的大型天然旅游胜地为特点。由于季节性的温带气候，有明显的四季之分，冬天较长而且通常寒冷，而夏天则温暖而且白天非常长。

拉脱维亚是欧盟和北大西洋公约组织的成员国，以欧元为流通货币。在语言方面，拉脱维亚语是唯一的官方语言，但英语和俄语也被广泛地使用。目前，拉脱维亚正处于加入经济合作与发展组织的进程中，这被认为是拉脱维亚从前苏联国家转型为现代西方民主国家的漫长西化之路中最后的“奠基石”。

如何获得居留证是投资移民拉脱维亚最重要的问题。哪些成本是可以预期的、多久能取得居留证，如何安排今后的生活，包括税务、生活成本和维持居留证。本文的目的就是提供关于这些问题的基本信息。

我们提供的信息是经过认真准备的，但并非法律意见。每个不同的案例需经逐个评估。相关的法律会发生变更，仅为起草本文当时可适用法律。

二、在拉脱维亚取得临时居留许可

1. 临时居留许可的定义和取得

临时居留许可是一个确认个人拥有在一定的期限内居住在拉脱维亚共和国的权利的证件。通常,临时居留许可会颁发一年的居留期,某些情况下也有允许五年居留期的。这些许可证需要向公民国籍和移民事务办公室申请(Pilsonības un migrācijaslietupārvalde)①,这是在政府内政部门监管下的机构。临时居留许可的持有者可以自由地选择和变更他在拉脱维亚内的住所。此外,外国人持有有效的拉脱维亚临时居留许可的,还可以在申根区内自由地搬迁。

获得临时居留许可有相当多的方法(如颁发给留学生、配偶或为宗教、医疗目的等)。其中有三种与投资移民相关方法是让人比较感兴趣而且都较为安全的:购买房产、投资银行和投资政府债券。前两种甚至允许通过租金和利息赚取利润,虽然目前来说利润还是相对较低的。投资公司还是一种可以花费更低的成本来取得临时居留许可的方法。此外,还可以通过使用欧盟的"蓝卡"。这些方法都会在后文中进行阐述。

2. 通过购买房产取得临时居留许可

通过购买房地产去取得居留证是最受欢迎的方法,因为它是一

---

① Http://www.pmlp.gov.lv/en/home .

个相对简单的经济上的移民方式。除此之外，它还是一个十分有效的方式，因为通过这种方式去申请居留证是更容易被认可的。通过购买房地产通常能获得5年期限的居留证。然而，这需要很多的要求。购买房地产的价格至少要250 000欧元——最低额的地价不能低于80 000欧元。因此，可能需要投资几个房地产才能满足要求的门槛。还需考虑到房地产的类型，农业用地或林地都是不用来满足这种目的的。这种买卖交易需要以个人申请居留证的名义来进行。这同样适用于对交易资金的要求——必须是申请人的个人资金。不得用现金支付，只能通过银行转账。而且还一定要确定卖方是在拉脱维亚共和国注册的法人或拉脱维亚公民，如果非拉脱维亚的公民，就要是欧盟的公民或已经取得有效的拉脱维亚居留证的外国人。

第一次取得居留证要求，须上缴房地产价格5%的款项给国家财政预算。起草合同、法律援助、翻译、公证和土地注册的费用约3000欧元。

3. 通过金融投资取得临时居留许可

第三个选择是通过投资至少280 000欧元到拉脱维亚的信贷机构不少于5年——这通常也是通过这种方式取得临时居留许可的居留期限。除此之外，对于外国人第一次申请居留，还须上缴25 000欧元给国家财政预算。尽管目前的利率较低，但这种投资在经济上还是合理的。

4. 通过投资政府债券取得临时居留许可

另外一种相当高额的途径就是投资政府债券，这将能获得5年的临时居留期限。外国人必须取得票面价值至少 250 000 欧元的无息国家证券。另外,还需额外上缴 25 000 欧元给国家财政预算。因为这种投资是没有利息的,所以不允许有收益;尽管如此,它还是十分便捷和安全的。

5. 高素质专业人才取得临时居留许可

临时居留许可也可以通过蓝卡计划取得,这项计划于欧洲共同框架内的参与国家中广泛实现。其背后的目的是向那些曾选择美国、加拿大或欧洲作为其目的地的高技术专业人才打开欧洲就业市场。

这种途径仅仅向已经签订劳动合同或者有工作邀请的高学历、高技术的非欧盟公民开放。欧盟为申请人和雇主提供一个特定的对接平台①。然而,这得靠申请人为自己争取机会。如果你取得的是研究项目,则教育水平要高。此外,相关专业领域的专业任务或在工作协议确定的该行业的长度至少为 3 年。雇员的报酬至少要 1227 欧元。

6. 通过投资公司取得临时居留许可

投资一家存续的公司或设立一家新公司是一种低成本取得临时居留许可的方式。最常见的形式就是 SIA(Sabiedrībaarierobežot-uatbildību)——有限责任公司。最低股本约 3000 欧元。然而,也可以投资股份有限公司 AS(AkcijasSabiedrība)。因为在拉脱维亚的居留权是依赖于公司的,如果外国人没有控制公司,任何一种方式

① Https://www.apply.eu/Network/.

都是承载着风险的。

有两种投资方式是允许最多3名外国人取得居留许可的：一种选择是贡献至少35 000欧元到一家拉脱维亚公司的股本里。适用于以下几种类型的公司：

少于50名雇员；

年营业额或年终余额少于1000万欧元；

每个财政年度缴纳给国家财政预算和当地政府预算的税费多于40 000欧元。

另一种选择是投入更大的贡献到一家拉脱维亚公司——至少150 000欧元。这种路径要求更高的初期投资，优点是这种方式没有公司年纳税数额方面的要求。公司必须：

聘请至少50名员工；

年营业额至少为1000万欧元。

在以上两种案例中，外国人必须提供每月薪酬有1110欧元的收入证明。然而这个金额可能每4个月变化一次。

至于通过设立新公司来取得临时居留许可，以下将对创办一家有限公司（SIA）的重要步骤进行概述。

SIA是指基于合同和追求一个共同目标法人。为了能够去运行，公司要有特定的机构——股东会、董事会及总经理。SIA需要在拉脱维亚内有合法的住所。

在拉脱维亚商业注册处注册公司能确保透明度和法律确定性。

第一步，作出设立公司的决议。这项决议同时需要向商业注册处提交。第二步,开放一个临时的银行账户,初期投资总计为最低注册资本的一半,在 SIA 中最低注册资本为 2800 欧元。因此,最初需支付 1400 欧元。第三步,须起草公司章程及对股东进行公证登记。在注册资本全部实缴后,银行将出具注册资本已实缴的证明。

所有这些文件必须以拉脱维亚语版本提交到商业注册处(Uzņēmumuregistrs)。公司将进入商业注册处。发表到官方公报的费用总计为 27.03 欧元。公证费从 26 欧元到 100 欧元不等。翻译的费用通常不超过 300 欧元。登记注册本身不会花费很长的时间——加急注册的费用为 426.87 欧元,然而也是更加贵的,但仅仅需要 1 天时间。最便宜的注册费用是 142 欧元,需要 1 ~ 3 天时间。

7. 拉脱维亚移民法的当前问题

2016 年 4 月,拉脱维亚议会(Saeima)修改移民法,特别声明申请者必须支付 5000 欧元去续存临时居留许可。但在会议最后,国家总统拒绝签署该修正案,因此该修正案并未生效。因此,该修正案被返回议会。然而,目前尚不清楚,会在何种程度上修改。不管如何,根据声明,对投资者适用的居留许可的一般原则将保持稳定,即使具体的要求可能会发生变化。

此外,在任何情况下,为了避免这些潜在的款项,可以申请永久居留许可。但这将对拉脱维亚语的掌握程度有特别要求,在接下来会有所展现。

三、在拉脱维亚取得永久居留权

在取得临时居留许可后连续在拉脱维亚居住满5年，外国人就有资格取得永久居留许可。“持续”意味着外国人不能在拉脱维亚境外居连续停留超过6个月，以及总计离境时长不得超过一年。有例外情况可能会被许可。永久居留许可是有用的，因为它不再要求有任何先决条件，如政府当局不再要求外国人证明他有工作、资金充足、有医疗保险等。唯一的要求是每5年进行永久居留许可登记。然而，外国人要取得永久居留许可需要证明其对拉脱维亚语有一定的掌握程度。

测试包括两部分——笔试和口语部分。该测试由国家语言中心举办，并由其组织测试的日期和程序[①]。测试费用为14欧元。细节由内阁第733号规则规定，该规则还有英文版本[②]。

四、申请程序

外国人为取得居留许可，须先向大使馆或者拉脱维亚驻该国或第三方国家的领事馆提交申请。如果该外国人是依法停留在拉脱

① Http://www. vvc. gov. lv/.

② Http://www. vvc. gov. lv/export/sites/default/docs/LRTA/MK_Noteikumi/Cab. _Reg. _No. _733_ – _Regulations_Regarding_the_Amount_of_the_Knowledge_of_the_Official_Language. doc .

维亚——持有 Visa 签证的,或如果他有授权的代理人作为他法律上的代理人的,该授权委托书也要直接提交给拉脱维亚公民国籍和移民事务办公室。当然,仅仅提交临时居留许可申请,是不会赋予外国人在进行申请考试期间任何居留在拉脱维亚的权利。

需要与临时居留许可申请一并提交的,还有以下文件:

1. 有效的旅游证件(护照);

2. 公民国籍和移民事务办公室提供的抽样调查问卷;

3. 外国人的近期照片;

4. 拟在拉脱维亚居住的住所证明文件(租赁合同)。

根据不同的申请许可的原因,会有更多的文件需要提供。购买房地产时,需要提交以下额外的文件:

1. 购买房产的转账支付凭证;

2. 如果外国人持有房产超过一年,需提交不存在欠缴房地产税的证明;

3. 经认证的房地产顾问对该房产市场价值的评估;

4. 已支付国家费用的凭证;

5. 如果外国人在该国居留超过 12 个月,需提交由该国主管机构出具的无犯罪记录证明。

对于直接投资的(政府债权或投资拉脱维亚的银行),支付凭证也要向移民局提交。

在外国人想通过蓝卡计划取得临时居留许可的情况下,需向移民局提交劳动合同。

在提交申请之后，移民局将在30天内作出决定。决定后将在10天内颁发许可——在特殊情况下为2天内。

五、进一步的要求

除申请居留许可的依据和文件之外，还有其他额外的要求。特别是有两点值得注意：第一，外国人需要证明他具有必要的经济途径来维持其在拉脱维亚的生活。何为“必要”是由移民局作出特定判断来界定的。第二，他必须有有效的医疗保险证书，用以保证可覆盖其在拉脱维亚相关的医疗保险费用。

六、取得居留许可后的生活

取得居留许可——无论是临时的还是永久的，持有人都有向当地政府或拉脱维亚移民局申报居住地的责任。

1. 税务

尝试在税收竞争方面好好表现，拉脱维亚建立了一个相当简单和优越的税制。对个人来说，个人所得税维持在21%的税率。企业所得税的税率为15%。此外，对于公司在特别经济区域设立商店还有许多鼓励措施，即雷泽克内、里加的自由港、文茨皮尔斯的自由港以及利耶帕亚的自由港。房产税和企业所得税享有80%的退税。除此之外，对于提供给免税区的或出口的大多数商品和服务免收增值税。

根据房产的不同类型，将征税 0.2% 到 1.5% 不等。

2. 生活成本

拉脱维亚的生活成本是较为中等的，尽管在里加的生活成本比得上中欧的标准——里加是波罗的海三国中生活成本最高的，因为它是爱沙尼亚、立陶宛、拉脱维亚这三个国家中最大的城市。在其他城市以及在里加以外，花费是相当低的。与服务相关的花费是十分便宜的，但是因为当地收入普遍较低，进口商品甚至比中欧地区更贵一些。

法律风险提示条款：本文不是投资与移民具体个案的法律建议，且具有时限性。本文相关内容参照截至 2017 年 12 月 31 日拉脱维亚国家移民相关法律法规，上述法律法规仅仅作为一般准则，对不同的申请人的具体情况，拉脱维亚国家移民部门可能会有额外的要求。因此，建议申请人就本人特定情况与专业移民律师联络、取得专业指导。

爱沙尼亚

——一个人性化的投资移民市场

作者简介

Aet Bergmann,爱沙尼亚宣誓律师。自 1997 年起在爱沙尼亚执业,并于 2011 年加入 BNT,Aet Bergmann 是爱沙尼亚 BNT 办公室的负责人。

(翻译:广州张晓初律师团队)

爱沙尼亚是波罗的海国家中人口最少的国家，约 130 万；但面积约 45 000 平方公里，比周边的其他国家都大，如荷兰。荷兰每平方公里的土地上约有 408 名居民，而在爱沙尼亚，同样的面积内仅有 28 名居民。因此，爱沙尼亚有许多未开发的地区，网络覆盖亦不完全。大自然便是爱沙尼亚人民的家，在森林中寻找野莓及蘑菇对当地人们来说几乎是一种信仰（异教徒除外）。另外，日常生活中，人民享受 IT 板块的快速开发及优势所带来的成功。爱沙尼亚是欧盟（申根国家区）、经济合作与发展组织（OECD）及北大西洋公约组织（NATO）的成员国，自 2011 年 1 月 1 日起开始采用欧元作为货币。爱沙尼亚的唯一官方语言为爱沙尼亚语，但英语及俄语的普及率很高。

移民对于爱沙尼亚而言非常必需。劳动力的不断缺乏促使爱沙尼亚企业在国外招聘员工，包括高级人才以及待教育的雇员。欧盟国家之间的自由出行已经使得爱沙尼亚的移民数量上涨，但立法仍然在推动第三国移民的加入。

一、企业临时居留许可

临时居留许可是颁发给定居和生活在爱沙尼亚、符合《爱沙尼亚外国人法》条件的外国人的。外国人进入爱沙尼亚或在爱沙尼亚暂时停留将基于不同的合法依据。其中之一便是针对企业的临时居留许可。爱沙尼亚立法并没有预见外国人居住在爱沙尼亚的其他依据，例如，其他类型的投资、购置不动产或类不动产的商品。

爱沙尼亚的任何居留许可都有一个基础前提，即申请人必须具备真实停留并主要居住在爱沙尼亚的计划，而非是欧盟的其他国家或者非欧盟国家。一旦该非爱沙尼亚籍人员离开爱沙尼亚并打算不再居住在爱沙尼亚，即被认为失去了取得居留许可的权利。

商业临时居留许可的有效期限最长为5年，在许可证上应当明确从事活动的领域以及地理范围（如必要）。

除爱沙尼亚法律或国际条约另有规定外，在爱沙尼亚居住的外国人与爱沙尼亚居民享有同等的权利与自由，同时也享有国际法下所普遍认可的规范及国际惯例所赋予的权利与自由。同时，该外国人应当遵守爱沙尼亚宪法令及爱沙尼亚法律。持有企业临时居留许可的外国人必须将签发居留证所依据的事实的任何变化、履行职责的困难和不能履行时所需承担的责任的情况通知警察和边防局。

该部分包含商业临时居留许可及定居相关事宜的依据和申请流程信息。

二、设立个人有限责任公司所需的临时居留许可

1. 个人有限责任公司的背景信息及其设立与购买行为

在爱沙尼亚最受欢迎和最受推崇的公司结构是一种叫“*osaühing*”（以下简称“OÜ”、有限责任公司或公司）的个人有限责任公司。《商法典》第135条规定了OÜ。2016年3月1日，已有超

过157 000家个人有限责任公司在爱沙尼亚注册,月均增长大约1000家。

OÜ是一种承担有限责任的自治法律实体。最少股份资本是2500欧元。一间个人公司可以由一个或以上的自然人或法人设立。

个人公司的分层管理体系如下:

- 股东大会;
- 监事会(至少三名成员)——可不设;
- 董事会(至少一名成员——公司法定代表人)。

(1)设立个人有限责任公司

设立个人有限责任公司需提交发起协议(如果发起人为一人以上)或发起决议(如果发起人仅一人)。另外,需要提交详细的公司章程以及在商业注册处进行公司注册。

发起协议或发起决议需要列明:

①设立个人责任有限公司的名称、注册办公室及其地址;

②发起人的名字及居住地或注册办公室;

③拟注资股份资本;

④股份票面价值以及份额、各发起人股份份额;

⑤出资总额、出资程序、出资时间、出资地点;

⑥以非货币出资的,用于出资的物品及其估价方式;

⑦董事会成员个人信息及监事会成员个人信息(如有);

⑧代理人信息(如有)或审计人信息(如有);

⑨发起设立产生的费用及相应付款程序。

根据《爱沙尼亚商法典》第145条的规定，商业注册申请表需要具备以下信息：

①个人有限责任公司全称；

②个人有限责任公司的注册办公室及其地址；

③股本总额；

④出资前公司总资产；

⑤公司章程；

⑥董事会成员名称及其身份证号码；

⑦董事会成员代表权（如与法定权利不同）；

⑧个人有限责任公司财政年度起始日期。

公司章程至少包含以下信息：

①个人有限责任公司全称及其注册办公室；

②特定股本限额、最高股本限额或最低股本限额（不少于最高股本限额的四分之一）；

③股份出资程序；

④对于股份或股东所附带的特定权利，如果股份附带的特定权利是预设的，并且有不同类别的股份发行，则公司章程应具体说明不同类别股份代号和附属在该类别股份上的权利；

⑤以非货币出资的，用于出资的物品及其估价方式；

⑥法定准备金的形式和金额；

⑦如果对董事会成员（如有）和监事会（如有）的人数最高限额和最低限额有特别要求，需载明；董事会成员特别代表权

(如有)。

原则上,境外投资者可以在爱沙尼亚设立个人有限责任公司。所有提交的文件需翻译成爱沙尼亚文并经译者出具确认翻译正确的文书。申请表及其他文件上的签名需经公证处或类似认证机构认证。所提交的官方文件需附上备注。实践中,境外投资者在爱沙尼亚境内设立公司的过程非常繁杂。这个过程所花费的时长无异于境外投资者亲自到达爱沙尼亚公证处申请设立公司。

如果该个人有限责任公司的发起人或发起人之一是外资公司,需要提交经认证的商业注册目录原件,经爱沙尼亚翻译后并出具译者确认翻译正确的文书。该商业注册目录需载明该个人有限责任公司的代表人(一个或多个),该(按商业注册目录所载明的独立或共同)代表人需代表拟设立注册公司,亲自前往爱沙尼亚公证处。如遇不可抗力,该代表人(一个或以上)需聘请律师代表其前往爱沙尼亚公证处,并授权其代为行使公证权和认证权。

个人有限责任公司至少设一名董事会成员,任命时需经其本人同意该项任命并确认其并无不得担任董事会成员的情形(例如,被法院禁止担任董事会成员或禁止进行企业活动的人、其受到的竞业限制所属禁止范围与该个人有限责任公司的主营业务范围相同、法定或法院判决禁止其担任董事会成员)。虽然爱沙尼亚法律要求董事会整体成员需在爱沙尼亚境内注册办公室,但任何董事会成员均可以是外籍人士,并且在境外办公。如果半数以上非爱沙尼亚籍董事会成员拥有欧盟国家国籍或瑞士联邦国籍,该个人有限责任公司应当向商业注册中心提供一个爱沙尼亚境内个人地址(除该公司注册地址之外的地址),并确认该地址可用于接收企业注册相关的程序性文件及意向性声明。

(2)公司设立的支出

以下是一间资本总额为2500欧元的个人有限责任公司在设立时所花费的支出:

- 商业注册中心的设立注册费145欧元;
- 商业注册中心的设立注册快速通道费190欧元;
- 企业发起协议及注册申请表的公证费约100欧元;
- 律师费(如需)约1000欧元;
- 缴纳设立资本2500欧元。

(3)公司设立后支出:税、公司运营支出

一间实际运营的公司需要一名专业的爱沙尼亚籍记账员,负责向税务部门提交每月一次的增值税申报(每月的20日)及雇员税务申报(每月的10日)。企业通过电子系统提交税务申报及税务申报过程中与税务部门进行联系。另外,记账员负责记录入账出账发票,并根据合同打印及寄送发票。此外,会计员负责计算和支付税费、工资、带薪节日、病假,以及雇员在相关机构注册的事宜。根据需处理文件的月均数量,通常小型公司一名记账员的工资大约为每月200欧元。

记账员每年出具一份企业年度报告(通常需另付薪酬),该报告应当经股东确认无误后递交商业注册中心。如累计一定次数不提交企业年度报告或累计收到商业注册中心一定次数的警告，该公司将会被商业注册中心撤销商业注册。

除了年均营业额达到16 000欧元时需立即注册登记为增值税支付人，个人有限责任公司可以随时注册。该项注册事项由记账员负责。

每家个人有限责任公司需提供一个可供邮寄的收件地址。爱沙尼亚法律对收件地址的地点或办公室大小并无限制，该地址可以是由专门收件地址和其他相关服务（如客服电话、秘书、邮件处理、按需提供的办公区）的公司。此类服务的支出从每月20欧元（仅为邮件转递服务）至500欧元（提供全方位行政支持的工作站租金）不等。

首都塔林的办公室租金从每平方米8至10欧元（简易或老房屋）到每平方米20欧（新装修写字楼）。爱沙尼亚境内其他城市的租金可能会稍低。

爱沙尼亚境内2015年第四季度月均工资是1105欧元。最低月工资标准是430欧元。不同工作性质对应的工资收入水平有很大不同。由于通货膨胀和劳动力短缺，工资水平有望提高。根据2015年第四季度数据显示，已登记的爱沙尼亚失业率是6.2%。换句话说，爱沙尼亚就业率很高。

2. 申请居留许可关于商业活动的要求

如果一名非爱沙尼亚籍人士（1）在爱沙尼亚境内单独持有一间个人有限责任公司所有权，且（2）其已在爱沙尼亚商业注册中心完成所有权登记，且(3)其在爱沙尼亚境内的商业活动有足够资金来源支持，其临时居留许可申请可能会获批。

如果非爱沙尼亚籍人士申请商业居留许可，该申请人持有爱沙尼亚境内个人有限责任公司的股权或单独持有该个人有限责任公司所有权，以及：

- 该申请人作为股东之一，通过其控制的爱沙尼亚境内的个人有限责任公司，在爱沙尼亚境内投资65 000欧元以上；
- 该申请人作为唯一股东，通过其实际控制的位于爱沙尼亚境内的个人有限责任公司，在爱沙尼亚境内投资16 000欧元以上；

权益资本、次级债务和已登记的固定资产价值可能被视为投资。

企业设立满一年后，关于申请居留许可续期的投资要求可能会被企业销售收入(每年至少200 000欧元)或在爱沙尼亚境内缴纳的社会安全税费(在爱沙尼亚境内每月所支付的社会安全税费不少于基数为爱沙尼亚年均总收入5倍应支付的社会安全税费)所代替。

3. 提交居留许可申请表

外籍申请人需亲自前往爱沙尼亚驻外代表处，提交居留许可申请表。

申请居留许可需要采集申请人指纹信息。为采集申请人指纹信息，申请人需亲自前往各辖区公安边境保卫局的服务中心或爱沙尼亚驻外代表处。如申请人未满6周岁或距离上次为申请旅游证件、居留许可、居留权、居留许可卡而采集指纹信息不多于 2 年或自需要采集指纹信息前其指纹已永久无法被采集，即可免于采集指纹信息。

如符合以下所有条件，申请人可以在爱沙尼亚境内提交居留许可申请：

①在提交居留许可申请前至少 4 个月，申请人的个人有限责任公司已在爱沙尼亚境内完成注册。

②在提交居留许可申请前 4 个月内，申请人的个人有限责任公司已在爱沙尼亚境内进行过实际经营活动。

③申请人持有合法的免签证护照入境爱沙尼亚或持有合法签证在爱沙尼亚境内进行其个人有限责任的相关营业活动。

④需提交英文版本或爱沙尼亚文版本的商业计划书。

该非爱沙尼亚籍申请人提交工作居留许可申请时，其个人有限责任公司在爱沙尼亚境内注册设立不多于 12 个月，在政府支持或私人投资支持下已开始经营活动，并已取得来源于政府、持有金融监管局颁发的许可证的私人管理公司或公共渠道的投资或贷款。

⑤该非爱沙尼亚籍申请人已持有欧盟成员国的长期居留签证并正在申请爱沙尼亚企业临时居留许可。

⑥该非爱沙尼亚籍申请人已在爱沙尼亚境内获得应用性高等教育课程或本科证书、综合性本硕连读课程证书、研究生证书或博士证书。

4. 申请居留许可的支持文件

以下是居留许可申请的支持文件：

①完整填写并打印的申请表格；

②如申请临时居留许可的，需提交临时居留许可申请表；

③如申请临时居留许可续期的，需提交临时居留许可续期申请表；

④如申请临时居留许可或申请临时居留许可续期时，家庭成员及近亲属信息有变化，需提交最新家庭成员及近亲属信息；

⑤证明申请人在爱沙尼亚境内投资金额的证明文件以及证明申请人可控制投资金额的证明文件；

⑥商业计划书的描述文件；

⑦一张尺寸为40毫米×50毫米的彩色证件照；

⑧合法收入来源的证明文件；

⑨医疗保险合同；

⑩缴纳国家费用的证明文件。

商业计划书的描述文件需列明以下信息：

①公司全称及注册号或唯一股东的名称；

②商业方案——已策划的活动、潜在客户及供应商、发展计划、公司固定资产、流动资本、已招聘的劳动力；

③未来两个财政年度的财政预算——预计收益表、资产负债表、现金流量预测；

④董事会成员、监事会成员的简历；

⑤关于申请人对爱沙尼亚境内公司的重要性的解释信。

5. 居留许可的批准/不批准

如申请人提交的资料齐全,自机构收到居留许可申请表之日起2个月内可获知该申请是否得到批准。申请批准后,爱沙尼亚驻外代表处或申请表上所载明的服务中心将在30日内发放一张居留许可卡给监护人。驻外代表处发放居留许可卡可能花费更长时间。

申请人可能被授予企业居留许可最长有效期是5年。该居留许可应当在许可证上应当明确从事活动的领域以及地理范围(如必要)。

6. 居留许可的续期

申请人应当在现持有的居留许可有效期届满前至少2个月,亲自前往服务办公室提交居留许可续期申请。如提交该续期申请时距离上次居留许可申请及录取指纹不多于2年,申请人可以通过邮寄或通过电子邮件发送申请表。

居留许可续期申请将在不晚于现持有的临时居留许可卡有效期届满前10天作出是否批准的决定。

居留许可卡由申请表格所载明的服务中心发放。

7. 长期居留许可

符合下列情况的非欧盟居民可申请长期居留许可:

①在申请长期居留许可前,已持有爱沙尼亚临时居留许可且已在爱沙尼亚境内居住5年以上;

②持有有效的临时居留许可;

③在爱沙尼亚境内有合法生活来源;

④已加入医疗保险；

⑤符合其他要求，例如，掌握爱沙尼亚语言法规或其他同等效力法规要求的爱沙尼亚本国语言 B1 水平；

⑥申请人的定居地址已被爱沙尼亚人口注册处收录。

持有留学居留许可或公共利益居留许可的非爱沙尼亚籍人士，不允许申请长期居留许可。

8. 关于居留许可到期后滞留爱沙尼亚境内的法律规定

如持有的居留许可因有效期届满而失效，爱沙尼亚法律允许该许可持有人可以在爱沙尼亚境内该居留许可有效期届满之日起停留 90 天。

三、高级人才

一名非爱沙尼亚籍人士允许持欧盟蓝卡入境爱沙尼亚并在爱沙尼亚境内以高级人才身份工作。欧盟蓝卡是爱沙尼亚的一种工作居留许可，发放给在爱沙尼亚境内需要高级人才岗位就业的非爱沙尼亚籍人士。因此，该种工作居留许可明确要求至少 3 年的高等教育并取得高等教育证书或至少 5 年工作经验。

雇佣高级人才所需的文书认证评价标准：

• 关于担任法定职位的居留许可——对于教育与研究部门的获聘人员，根据《境外国家专业资格法的承认书》进行评估；

• 关于非法定职位或非法定专业领域的居留许可——由爱沙

尼亚境内专业机构学术认证信息中心进行评估。

申请人递交欧盟蓝卡所附的相关证明高等资格文件,需经公安边境保卫局评估。

非爱沙尼亚籍申请人递交欧盟蓝卡申请前,雇主应当与该申请人签订不少于一年的劳动合同。或由雇主提供具有法律效力且载明用工期限不少于一年的聘用高级人才意愿书,该聘用意愿书所聘用职位需写入雇主公司正式劳动合同或人事计划书。

雇主应当在欧盟蓝卡有效期内向非爱沙尼亚籍高级人才雇员支付不低于年平均基本月薪(根据爱沙尼亚统计办公室最新公布数据)1.5 倍的薪酬或根据下列情况按照 1.24 系数支付薪酬:

①以高级人才被雇佣或被雇佣为初级管理人员;

②被雇佣为自然科学或技术科学高级人才;

③被雇佣为医学服务的高级人才;

④被雇佣为教育领域的高级人才;

⑤被雇佣为商业或行政管理高级人才;

⑥被雇佣为信息科技或通讯领域的高级人才;

⑦被雇佣为法律、文化、社会领域的高级人才。

四、生活在爱沙尼亚

1. 税务

爱沙尼亚境内不需缴纳公司所得税——公司一个财政年度所

得利润和再投资所得均不需缴纳公司所得税。如果将公司利润作为股份红利发放，收到红利的股东将需缴纳其所得红利价值20%的税款。外籍居留者可能需缴纳个人所得税或者类似税种，除此之外，其在爱沙尼亚境内无其他需缴纳的税。

一般来说，个人所得说的税率是20%。个人所得通常被认为是雇员的支出，扣缴义务人是雇主。综上所述，雇主需支付税率33%的社会税务，包括个人养老金保险和雇员的健康保险。现有失业保险税率是2.4%，由雇主（0.8%）和雇员（1.6%，由雇主代扣代缴）共同支付。

2. 生活支出

一般来说，在欧盟的西欧国家中，爱沙尼亚是一个物价相对不高的国家。但是，与爱沙尼亚境内最低工资水平相比（430欧元），物价水平仍比较高。

以下有几个在爱沙尼亚首都塔林的生活支出例子，可能对计划和准备定居的投资者有所帮助：在商业中心地区的午餐餐单（包括一份饮料）是8欧元；在一间中档餐厅是20欧元；出租车每公里大约0.90欧元；公寓（一间睡房）每月租金，根据地域不同，大约250欧元至500欧元；中档公寓月均家庭基本生活支出（用电、暖气、水、垃圾处理、网络）约150欧元；娱乐活动（如电影、歌剧）支出约8欧元至25欧元；健身房月卡约60欧元。

由于个人消费需要不同，以上提供的少量数据与实际可能有偏差，仅供参考。总的来说，个人月均生活支出不少于800欧元至1000欧元。

奥地利投资移民的机遇
——关于获得永久居住权的可能性及相关法律问题

作者简介

Christian Mikosch 是 Wolf Theiss 律所的合伙人，专长于中欧、中东欧及东南欧地区的公司事务、国际商法事务以及兼并与收购。此外，他在中欧、中东欧及东南欧地区的私有化及与政府的谈判中显示了超凡的能力。他为客户提供法律意见，并对 Wolf Theiss 在中国的地区性团队进行监督。Wolf Theiss 面向中国的地区性团队由对中国市场及语言有丰富经验的律师组成。在加入 Wolf Theiss 之前，Christian 从纽约的工作中获得了宝贵的经验。除律师实务以外，他还就法律问题在多所大学进行演讲。Christian 通过了奥地利及捷克共和国两个国家的司法考试。

Lukas Pinegger 是 Wolf Theiss 公司与兼并与收购事务组的助理律师。在加入 Wolf Theiss 团队之前，Lukas 曾就职于一家为私人提供服务的税务咨询事务所。此外，Lukas 曾在私人公司积累了相当的工作经验。

Lukas Slameczka 是 Wolf Theiss 下 Christian Mikosch 合伙人领导的工作组的法律助理。在加入 Wolf Theiss 之前，Lukas 已经参与过中国多家公司的创设。

（翻译：Mary）

前言

奥地利共和国位于欧洲中部,被誉为世界上最美和最安全的国家。奥地利曾多次获得世界生活最高标准的奖项,其首都维也纳也多次被包括《世界竞争力年鉴》《2016 年度全球生活质量排名报告》在内的杂志及年度报告评为世界最宜居城市。本文将重点介绍奥地利通过初次申请取得永久居留权的可能性,以及影响取得永久居留权的最重要因素。

一、移民的方法

(一)介绍

与其他国家不同,奥地利的投资移民项目不直接向第三类国家的公民直接开放。其中,第三类国家的公民是指除欧盟国家和欧洲经济区以外的其他国家的公民。因而,第三类国家的公民取得永久居留权的方式分为两种:其一,通过满足所有的要求来取得具有限制性的身份,并在之后取得无限制的定居许可;其二,通过作出特殊贡献来取得公民身份。对于上述第一类方式而言,第三类国家公民有很多可行性选择,如最重要的投资移民。关于投资移民的事宜,将在下文进行详细剖析。

(二)移民出于个人原因且没有就业计划的情况

奥地利政府向第三类公民提供成为永久居民的机会,并附带一些要求。“居住许可——有偿性就业的除外”类别面向的对象为:申请者出于个人原因希望在奥地利生活,且没有建立雇佣关系的意愿。对于这类居住许可没有特殊的投资要求,但此类申请人仍然需要满足一些必要条件。

1. 在申请前需要满足的基本要求

- 申请人必须是有经济自立能力的人,且对自己的企业没有雇佣需求;
- 申请人有规律的个人月收入;
- 申请人在奥地利有永久性居所;
- 申请人具备基础的德语能力,应至少与 A1 等级的欧洲语言学习统一标准相当;
- 申请人每年居住在奥地利的时间不少于 183 天;
- 申请人有能力购买能够提供支出的全面性医疗保险。

2. 申请的步骤

此类申请起始于申请人向申请人本国或居住国的大使馆或领事馆提交申请材料。未申请签证但已经进入奥地利境内或已经具有有效居住权的申请人,可以将相应的申请材料直接递交给奥地利适格的居住权批准机构。在对申请进行评估之后,申请人的申请将会被送往当地的地方长官办公室或经正式授权的、申请人期望定居的地区性注册机关。“居住许可——有偿性就业的除外”的批准受限于每个区划不同的人数限额。该限额由每年1月1日生效的联邦法令所决定。在2016年,奥地利全国对“居住许可——有偿性就业的除外”一项的限额为32名,其中5名被批准获得了在首都维也纳的居留权。

3. 文件与官方的正式要求

每个申请人申请居留许可(Antrag auf Erteilungeines Aufenthalt-stitels)的材料必须以德文形式提交,其中需要述明申请人居留的目的。申请人的材料必须以原件的形式提交,之后原件将退还给申请人,申请材料的复印件将会保存在申请人的档案中。

申请材料的原件须经外交认证或公证,申请材料中的每一份文件须由法院认可的翻译人员翻译,原件和翻译件一并递交。

下述文件在任何情况下都必须经过官方认证:出生证明、结婚证明或民事伴侣证明、无犯罪证明等。在适当的情况下,离婚证明或民事伴侣关系解除证明、死亡证明也都需要经过官方认证。

4. 所有申请所需的申请材料

- 有效的护照或其他旅行文件。
- 一张符合奥地利对生物识别护照照片要求的护照照片。
- 出生证明。
- 如果适用申请者的个人情况:

○ 婚姻或民事伴侣证明;

○ 离婚证明或民事伴侣关系解除证明;

○收养证明；

○能够证明家庭关系的文件；

○死亡证明。

• 证明申请人拥有住所的法律文件（如所有权，租约或转租合同）。

• 证明申请人每月租金和（或）为住所支出的费用的文件。

• 在奥地利有效的健康保险的证明。

• 证明足够的生活来源的文件（Existenzmittel，gesicherter Lebensunterhalt），例如，在奥地利或其他国家接收退休金的证明、在奥地利或其他国家的资产证明，从奥地利境外企业获得的利润，从资产中产生的利润、存款或持有的公司股票。该生活来源的数额应不少于两倍于《奥地利综合社会保险法》（Allgemeines Sozial versicherungs gesetz，ASVG）中制定的标准值。在 2016 年，这个数额为一人 1765.56 欧元。家庭移民或伴侣移民，这个数额将有所不同。

• 申请人名下的所有贷款和欠款的文件，如官方认证的信用记录机构出具的文件中记载的相关信息。

• 申请人支出生活费用的证明。

• 由申请人原住国开具的、不超过 3 个月的无犯罪记录证明（Auszugausdem Strafregister）。

5. 有限制的有效性

此类居住许可的有效期为 1 年，并可在 1 年期满后每年进行续期。申请人需在限定居留的时间过期之前提交申请身份延长的材料。当申请人居住在奥地利满两年，且满足了一体化协议中模块 I 的要求(申请人的德语能力至少需等同于 A2 等级的欧洲语言学习统一标准)，可以被许可逗留 3 年。

当合法的申请人连续地居住在奥地利满五年，且该申请人具备不低于 B1 级别的欧洲语言学习统一标准中规定的德语能力，可以申请永久居留权。每位申请人的居留权许可将为五年期，申请人需要在过期之前续期。申请人逗留在奥地利的时间总计满 10 年以后，该申请人可以申请奥地利的公民身份(详细请见下文)。

(三)通过获得有偿工作进行移民申请

2011 年，奥地利颁布了新的移民计划，该计划由清楚的规则组成。根据奥地利国旗的颜色，将该计划命名为红—白—红卡(Red - White - Red Card，RWR Card)。该红—白—红卡是一种基于明确准则的移民方式，它面对的主要对象为个人和劳动市场。该计划的颁布旨在吸引非欧盟国家和非欧洲经济共同体国家的适格工作者进入奥地利。除此之外，申请人还可以通过这篇文章探讨的范畴之外，找到其他可行的方式，以获取居留身份。

红—白—红卡：红—白—红卡具体分为两种：一种为标准红—白—红卡，其持卡人能够享有居留权利，其雇佣关系只能与一个特定的雇主建立；另一种为高级红—白—红卡(Red - White - Red Card Plus)，其持卡人能够享有居留权，其在劳动市场的活动中将不受限制。

获准上述任何一种红—白—红卡都是在奥地利获得长期居住权的第一步。此外,红—白—红卡的申领将限定在几类特定的人群:

下述第三类国家公民将有资格申请红—白—红卡:

a)高素质工作者;

b)奥地利短缺专业人才;

c)其他类关键工作者;

d)在奥地利大学的毕业生及高等教育的毕业生;

e)关键性个体经营者。

下述第三类国家的公民有资格申请高级红—白—红卡:

• 上述红—白—红卡申请人的家庭成员;

• 已经在奥地利永久性居住的第三类国家公民的家庭成员;

• 在过去的12个月中依照相关的要求,持有红—白—红卡10个月以上(此类并不包含关键性个体经营者)。

为了取得上述任意一种类别的红—白—红卡,该申请者不但需要满足适用于全部申请者的基本要求,还需要满足对红—白—红卡申请者的特殊要求。

任何申请居留身份的申请者都需要满足下述基本要求:

• 居留身份的申请者须提供固定、定期的个人收入的证明,此类个人收入证明是指申请人足够负担生活所需,不需要诉诸当地政府社会福利的援助。此类证明可为工资单、付款证明、劳动合同、保险金证明、退休或退休金又或保险金的证明、投资本金或足够的资产证明。申请人个人月收入的数额需等同于或超过《奥地利综合社会保险法》中设定的年度标准数额。

• 申请者须提供能在奥地利覆盖全部风险的个人健康保险证明。

• 申请者须提供对其住所拥有合法权利的证明。此类证明可为租约、租用权的初步约定或所有权证明。该处住所的标准需符合当地准则中申请者家庭人数的房屋大小。

根据红—白—红卡项下类属的不同,申请者须满足不同的特殊要求。对高素质工作者、奥地利短缺专业性人才以及其他类关键性工作者的要求,根据所属的类别,对申请者的积分要求有轻微的差别。在这个积分系统的框架下,公共劳动服务处将作出对申请者的评估。下述为影响申请人积分的因素:

• 申请人的资格与技能;

• 申请人的工作经历;

• 申请人的语言能力;

• 申请人的年龄;

• 对于(a)类的高素质工作者,有对申请人在奥地利就读的考量。

附记:学生——对学生发出的居留许可中,没有不准许工作的规定;除非该学生在奥地利逗留的首要目的,即接受教育,被该学生的工作所危及。第三类国家的学生在工作上将受制于《外国人就业管理法》(the Act Governing the Employment of Foreign Nationals),

由此第三类国家的学生需要获得工作许可。申请此类工作许可,该学生的雇主需向公共就业服务处提交申请材料。这项要求同样适用于兼职工作的学生。此类工作许可只会在以下这种情况下发放,即没有任何奥地利籍工作者或已经在奥地利劳务市场注册的非奥地利籍工作者曾在公共就业服务处注册过该项职位。在实践中,汉语语言能力是非常有利的竞争条件,可以排除其他奥地利籍就业者的工作机会。然而,如果该学生每周的工作时间不超过 10 个小时,或在该学生已经完成学士学位或已经完成相关文凭课程的第一阶段的学习且每周的工作时间不超过 20 个小时,有可能不经过劳务市场的筛选,直接获得工作许可。

该学生在奥地利顺利完成学业之后,有机会将身份从学生逗留许可转换为红—白—红卡。对于完成第二阶段学习的研究生或在奥地利公立大学、应用科学大学或经过认可的私立学校攻读博士学位的学生,在满足获得居留身份基本要求的前提下,可获准在许可的逗留期间之外,以在奥地利寻找工作机会为由,将居留时间延长 6 个月。

在奥地利的研究生及高等教育学生[红—白—红卡申请者类别(d)]也有机会申领红—白—红卡。在上述延长的 6 个月期间之内,如果该类学生能够提供证据证明,有确定的雇主根据他的能力,在愿意与他建立雇佣合同的大前提下,向该学生发出了工作邀请,这种学生将被自动发放红—白—红卡,而不用经过劳动市场的筛选。在该份工作邀请中,雇主需要承诺向该学生支付与奥地利籍研究生毕业工作人员相当的薪水，即为当地最低工资。无论何种情况，在2016年最低的月收入标准至少为2187欧元，附加假期和圣诞假期的特殊报酬。对于研究生的申请，不会采用积分类系统进行评估。红—白—红卡将为该学生带来有限定期间的居住身份，并许可该学生为雇主工作。

请注意，上述政策不适用于只在奥地利获得学士学位的申请人。

已经获得红—白—红卡的、拥有研究生学历的申请者在合规的情形下，并于过去的12个月内持有红—白—红卡10个月以上，将有资格申请高级红—白—红卡。高级红—白—红卡将会向申请者开放无限制性的劳务市场。

顺利获得红—白—红卡的研究生背景的申请者的案例：

例如，一位中国籍在一所奥地利科技类学院毕业的博士生，期望在完成学业后继续留在奥地利生活，并能成功找到工作。从博士项目毕业3个月后，他找到了适合的工作。这个工作将支付他在数额上远远超过2187欧元的月薪。鉴于这位申请人满足所有的申请条件，他将有机会申请红—白—红卡。

关键性个体经营者[红—白—红卡申请者项下(e)类别]：此类申请者在红—白—红卡的申请者中占据很特殊的地位。这种特殊的类别是针对拥有高资产净值的、有意愿在奥地利进行实质性的投资，或通过其他方式来促进奥地利经济发展的个人而设计的。对于期望通过投资来获取移民身份的第三类国家的公民，通过个体经营者的身份来申请红—白—红卡是其唯一的具有可行性的操作方式。

对个体经营者的红—白—红卡申请,是唯一一种红—白—红卡项下无须对申请人进行积分系统评估的。奥地利在移民上的相关法律和规定对申请人需要作出的投资或有价值的贡献,并未给出一个确定的门槛。相应的居留机构会将此类申请人的申请材料转交给公共劳动服务处在每个州下设的办公室。根据《外国人就业管理法》第 24 条的规定,公共劳动服务办公室将会负责对该申请人有意进行的专业活动所能产生的宏观经济效益进行评估,并出具专家意见。

专家意见中将包含对该申请人的个体经营活动是否有可能产生其自我运行效益之外的其他价值的评估。对于该项评价,专家将对申请人提议的经营活动是否会构成源源不断地向奥地利境内输送资本,以及是否会为奥地利带来新的工作机会或对已有的工作职位形成保护进行评估。除此之外,专家还会对申请人在奥地利的落户是否能为奥地利带来专有技术或新型科技给出评价。公共劳动服务办公室还会对申请人公司在奥地利的落户,是否能够对一个地区形成相当大的影响力进行评估。由公共劳动服务办公室出具的专家意见将在收到申请人的材料后 3 周之内做出。在专家意见正式作出之前,公共劳动服务办公室的专门部门将首先听取该意见。

如若根据公共服务机构的审查,该申请人提议的经营活动能够对奥地利的经济产生实质性的宏观经济效益,该机构会向居留机构传达肯定性的专家意见。据此,居留机构在申请人满足基本条件的前提下，向申请人准发红—白—红卡，奥方代表会向申请人传达申请成功的结果。

进入奥地利需要获得签证的个体经营申请人，将在成功获得红—白—红卡之后，向大使馆申请 D 类居留签证（Visa D）。

发给个体经营关键性工作者的红—白—红卡有效期为 12 个月，该卡的效力是给予该持卡人一定期限的居留权，并令该持卡人实现红—白—红卡的申请中提出的经营活动。但是，获得红—白—红卡只是获准在奥地利长期居留的第一步。在获得红—白—红卡之后，申请者应放眼于下一步——无限制的居留权：

- 根据红—白—红卡赋予持卡人的权利，持卡人在奥地利居留 12 个月后，可在满足所有法律条件的情况下，申请居留许可。居留许可最初将给予持有人 12 个月的居留许可，在此期间，该持有人可享有一定期限的居住权利，并在此期间实现持有人的个体经营设想。
- 持有人的居留许可期满之后，即持有人已在奥地利居留满 2 年，持有人将被许可在奥地利继续居留 3 年。
- 持有人在奥地利生活满 5 年后，将有机会申请成为欧盟长久居民。欧盟长久居民身份将赋予持有人无限制的居留权。但是，为了获取欧盟长久居民的身份，该申请人需满足特殊条件。
- 当申请人在奥地利生活满 10 年后，将有机会申请奥地利公民身份（详见下文）。

附记——一体化协议。一体化协议的宗旨在于确保在奥地利的外国公民有相当的德语语言能力，意在让外国公民更好地参与奥地利的文化、经济和社会生活。一体化协议主要包括两个顺序性的模块：

模块一要求在奥居留的外国公民具备欧洲语言学习统一标准下的 A2 等级的德语语言能力，亦即具备较为深入的基本语言使用能力。A2 等级的德语语言能力对于红—白—红卡的持有者、高级红—白—红卡的持有者、已经获得居留许可的外国公民，以及上述三种外国公民的家庭成员是强制性的要求。然而，在此之中，红—白—红卡的持有人已被视为满足模块一的要求。

模块二要求在奥居留的外国公民具备欧洲语言学习统一标准下的 B1 等级的德语语言能力，亦即具备较为深入的自发性的语言使用能力。对于一些获得居留身份的外国公民，对于模块二的完成是没有强制性的要求的，同样，假如未能完成模块二的要求，也不会遭受任何惩罚。但是，有意获得奥地利公民身份或欧盟长久居民身份的外国公民，则需在申请上述两类身份之前达到模块二的语言能力要求。

在上文中曾提到，希望通过投资的方式，在奥地利定居和工作的具有高资产净值的个人，只能通过上述成为“个体经营的关键性工作者”的方式，获得红—白—红卡。实际上，仍有其他方式可供想通过投资的方式获得居留身份的外国公民选择。

直接投资：对于想在奥地利直接进行投资的投资者，可以选择购买奥地利的公司的股份成为大股东。选择此类投资的对象最好是有限责任公司，即 LLC。如果公司章程没有作出另外的规定，持有多数股份意味着该股东有权选任该公司的总经理。在这种情况下，该持有人可以指定自己为公司的总经理，以满足个体经营的要求。同时担任多数股份持有人和总经理的个人，在奥地利的法律下被认定为个体经营者。此外，持有奥地利的公司较少股份的投资人，如根据公司章程的约定，被指定为公司的总经理，则仍有机会满足个体经营者的要求。申请人可以在投资之前，请有经验的专家对申请人的情况进行评估，判定提出的投资方案是否能够让申请人成功获得自体经营的资格。

在奥地利注册或成立分公司：投资人可以选择的另一种投资方式就是在奥地利注册或成立一家分公司，即该投资者可以通过出资的方式在奥地利成立分公司，并成为该分公司的总经理。

如果投资者已经在中国国内拥有一家公司，他可以选择在奥地利成立一家分公司。成立分公司意味着该分公司将成为外国总公司在奥地利建立的永久性的分支机构。该分公司必须在奥地利商业注册处进行注册，并且，该公司的总经理必须在奥居住。

无论投资者选择何种方式进行投资，对于成功地以个体经营者的身份申请红—白—红卡最重要的因素在于，申请人是否能从公共劳动服务办公室得到对申请人提出的经营活动能够对奥地利的经济产生实质的宏观经济效益作出的肯定性答复。不同于上文对专家意见的范围所作的解释，奥地利最高行政法院规定：如个体经营类申请人的经营活动涉及投资的，公共劳动服务处需对申请人的投资行为，及/或该经营活动是否会直接带来新的工作机会和/或能够为在失业边缘的工作者提供保护纳入考量的范畴。根据最高行政法院的意见,奥地利当局正对奥地利经济形成额外的刺激抱有期待。专业活动能够直接对经济形成刺激效应,因此,申请者需要自己作出这类能够确实构成刺激经济效应的企业决定。

有代表性的案例

一位关键性个体经营者的红—白—红卡申请,由于公共劳动服务办公室给出了否定性的专家意见,因此被有关居留机构驳回。这个驳回的意见被上诉到奥地利法院:

该申请者是一家有限责任公司的唯一股东,同时出任该公司的总经理。该公司主要从事的业务包括汽车租赁、活动策划,同时运营大巴。然而,该公司主要的经营活动是策划并接待由中国来的游客和商务人士组成的旅游团。根据所接的订单状况,该申请者的公司在最繁忙的时候,有10名兼职雇员(相当于4名全职雇员)。该公司还与几家中国国内的旅行社合作。为了宣传奥地利的旅游文化和奥地利的繁荣工业,该申请人还在中国参加了旅游展会。申请者的公司接待旅行团的首要的目标之一,就是为了让来旅行的商业人士与奥地利的公司建立商业关系,并与奥地利的公司签署合约和订购订单。该公司的年营业额平均为150 000欧元,平均年利润值为30 000欧元。

维也纳行政法院在公共劳动服务机构两次均给出了否定性的专家意见的情形下,仍然判定申请者在奥的商业活动能为奥地利带来积极性的宏观经济效益。

红—白—红卡的申请者需要由申请人本人亲自将申请材料向

原住国或现居住国的奥地利代表机构(领事馆或大使馆)提交。如果申请人在无须签证的情况下已经进入奥地利境内,或者申请人在奥地利已经获得有效的居留身份,则此类申请人的申请材料可以直接向相关的奥地利居住机构提交。

申请人必须提交下列文件:

- 有效的旅游文件(如护照);
- 出生证明或被奥地利当局认可的类似文件;
- 近6个月内的照片(尺寸为45毫米×35毫米);
- 在当地惯常的居所证明(如上文所述);
- 健康保险的证明(如上文所述);
- 足够的生活来源证明(如上文所述)。

对于关键性个体经营者的红—白—红卡申请,除提交上述文件以满足基本性的要求之外,申请人必须提交下述文件,以便宏观经济效益的评估:

- 便于分析和评估经营活动的市场和竞争力的文件,对公司总部地点的详细描述,以及经营目标(商业计划)。
- 向奥地利境内转移投资资本的证明,以及所计划的创造工作机会和/或保留工作机会的证明。
- 从事个体经营的专业性活动的资格证明。
- 可能达成的公司协议。
- 在必要的情形下,申请者还需提交贸易许可。

申请人需要提交上述文件的原件及复印件。在提交的文件不是以德文或英文写就的情况下，相关当局有可能要求申请人提供英文或德文的翻译。有关机构最终有可能要求申请人提交上述文件的合规性版本。

(四)从永久居住到公民身份(入籍)

获得在奥的居住许可是获得奥地利公民身份的起点。已经在奥连续居住十年的申请人，在提交相关的申请后，可获准公民身份。

有意申请加入奥地利国籍的申请人，需要满足下述条件：

- 连续性地在奥境内居住满 10 年，此后在奥定居至少满 5 年；
- 没有收到对居留的禁令，也没有牵涉在任何会触发强制申请人离开奥地利或任何其他欧洲经济共同体国家的程序中，并且在过去的 12 个月内没有收到过奥地利政府发出的驱逐出境令；
- 没有任何违法行为(在奥或其他任何国家没有被定罪过，也没有牵涉于待决的刑事案件中，没有严重地违反行政法的行为)；
- 足够的生活来源证明；
- 对奥地利共和国持有积极的态度；
- 放弃原有国籍；
- 对民主制和奥地利的历史与维也纳有一定的了解(详见公民考试)；
- 相当于欧洲语言学习统一考试 B1 级别的德语语言能力证明。

子女：包括领养子女在内的奥地利公民的子女，如果年龄在 14

周岁以下，则无须证明德语语言能力，或对历史的了解，也无须提供足够的生活来源证明，也无须放弃原有国籍。在2013年8月1日以后出生的非婚生子女，且能够在出生8周以内证明父亲关系的非婚生子女，可以获得奥地利国籍。

公民考试：《奥地利公民法》对想要成为奥地利公民的外国公民需要满足的要求作出了规定。例如，对民主制度的熟知，对奥地利历史的了解，以及对主要居住地所在地的历史有所了解。年龄在14周岁以下的申请者，无须证明自己对历史的了解。在确定公民考试的日期后，申请者将会收到公民考试其他有关内容的学习材料。

申请步骤：申请人需要将申请材料提交给常居地的当地政府。申请文件的范围是比较广的，取决于申请人此前获得的居留身份的类别。一般来讲，所有对以外国语言写就的文件，申请人需提交德文的翻译件。此类翻译必须由法院指定的、经认证过的翻译人员作出。为了避免不必要的延迟，申请人最好在提交申请之前，与他人对申请的步骤进行商议。

（五）附记：通过投资而获取公民身份

根据《奥地利公民法》第10条第6款的规定，如果外国公民在奥地利作出特殊贡献，将有机会获准公民申请。请特别注意，这一条款并不被视为通过投资来进行移民的机制。申请人不对《奥地利公民法》第10条第6款从而获得公民身份拥有请求权。对于此类公民身份的批准，只由有关机构自由裁量后作出决定，并且，此类身份可在任何时间被驳回。

申请人提交申请将启动申请的过程。总体上说,申请人必须满足下述两个条件:

1. 过去在奥地利作出的非凡表现,以及可预期的在奥成就;

2. 对申请人公民身份的许可不会与奥地利的利益相冲突。

对于作出特别贡献申请公民身份的外国公民,不同于通常的入奥籍程序,申请人无须满足下列要求:

- 10 年期连续性地在奥居住;
- 足够的生活来源证明;
- 放弃之前所持有的国籍;
- 德语语言水平证明。

特殊要求:申请者可以选择多种方式以达成特殊贡献的标准。一种可选的方式为申请人直接将经济效益注入奥地利,以满足特别贡献的要求。通常而言,房地产投资、购买债券或类似的被动型投资,不能构成申请人作出的特别贡献。

2014 年,理事会采纳了一项决议,即通过了由特殊贡献获准加入奥地利国籍的指南。此后,对以经济成就获准公民身份的外国公民有了一套新的评判标准:

- 该外国公民是一家公司的拥有者,或在一家公司拥有管理权,并对该公司有很大的影响力。仅仅在管理层有一席之地不能满足这一条件。
- 该公司有很高的生产效率。

• 在奥地利人才市场，尤其是在经济发展较弱的区域，较大范围地创立并确保新的工作机会。

• 在国际社会中的认知度。

• 在商业领域能够促进双方及多方关系发展。

程序：申请人的申请材料必须向常居地的当地政府提交。在提交所需的申请材料之后，该申请将被转送给内政部长，内政部部长会将申请人的所有材料送交给外交部部长。有关部部长将支持或反对批准公民身份的理由附在申请人的档案中，以便后续审查。在此之后，奥地利联邦政府每6个月，会对所有准备妥当的申请作出决定。鉴于此类申请程序的复杂性和广泛性，申请时间无法估算，根据申请人的情况不同，所用时间上可能会有很大差异。

对于基于《奥地利公民法》第10条第6款获得公民身份的有关信息，没有由官方给出的直接数据，仅有几份对议会请求的回复可以参考。根据这些回复，30位申请人在2009年通过作出特殊贡献的方式获准公民身份，29位申请人在2011年获准公民身份。根据对有关官员的采访，在2011年递交的9份以特殊贡献为依据的申请，其中有7份被驳回。2012年和2013年，没有基于《奥地利公民法》第10条第6款的申请被批准。

申请人最好能在申请之前，寻求专业性的建议，以免在申请过程中遇到不必要的延迟。专业性的建议也可协助申请人获取关于合适的投资类别等的相关信息，也可以协助申请人在递交申请材料之前将所需材料及译本准备齐全。

二、税务

(一)个人所得税

纳税义务:在奥地利拥有住所的或有常住居所的个人,在奥地利有无限的纳税义务。从这一点来说,上述个人在世界各地的收入都会被纳入缴税的范畴。拥有住所是指该个人在奥地利拥有家庭住宅,且该住宅被视为会被其拥有者继续所有的,不仅仅作暂时之用的。如果拥有者或有权使用的人确实在该处住所居住,则该类家庭住宅将被视为被其所有者拥有。在奥的常住居所通常是指一处被私人作为家庭住所而维持超过6个月的住宅。

需要纳税的收入是指根据《个人所得税法》中囊括的所有类型的收入总额,具体包括以下七类:

1. 农业及林业所得收入。

2. 个人劳务所得收入,例如:

• 从科学活动、艺术活动、文学活动、讲授活动或教育活动中所得。

• 从事医生、律师、税务顾问、公证员、建筑师、记者或传译员等专业性职业所得。

• 从资产管理中所得(如担任设备经理、托管人所得收入;也包括作为监督董事会成员所得收入)。

• 作为主要股东所得的薪资以及其他形式的报酬。如果一个人在一个公司内所持股份的比例超过25%，则被视为主要股东。

• 如果一个合伙企业的经营活动具有独立的专业性，且每一位合伙人都执行相关的专业服务，则该合伙企业所有合伙人的收入。

3. 除从事农业或林业或专业的服务业以外，从其他商业活动中所获得的收入。

4. 从工作中所得，包括任何形式的酬劳（现金或其他形式）。该类酬劳包括作为雇员所获得的收入，也包括退休者从社会保险中所得的养老金收入，从养老基金中所得的养老金收入，或者从雇主所获得的养老金收入。

5. 除被前四类已经囊括的收入以外，个人从资本投资中所得。例如：

• 参股股份公司、有限责任公司或商业合作企业所得的红利或其他形式的派发股利。

• 作为隐名合伙人参与商业经营所得。

• 从私人基金会所分得的红利。

• 所有类型的利息。

6. 除被前五类已经囊括的收入以外，个人所得的租金、出让金以及使用费。例如：

• 通过出租房产及民法中有关房地产的关联性权利所得的收入。

• 通过出租资产聚集物而获得的收入，如出租企业所得的收入。

• 通过许可他人使用由《奥地利联邦著作权法》保护的作品而获得的收入。如许可文学作品或艺术作品等的使用权。

• 通过许可他人使用工业性物权、专利及专有技术等所获得的收入。

7. 除被前六类已经包含的收入以外，其他类由个人所得的收入。其中包括：

• 经常性收入，如确定性的年金；

• 由临时性服务所得，包括作为代理人服务所得的收入；

• 由出租动产所得的收入；

• 1 年内通过转让个人财产（如股份）所得，或 10 年内通过转让个人名下的不动产获得的收入（投机性收益）；

• 在 5 年内在境内外公司的参股达到 1%，通过售卖在该公司的私有股权所得的收入。

不归属于上述任何一种类别的收入，将不被纳入需要纳税的范畴。由此而言，通过彩票中奖、奖励、补偿性收入，只要不是以年金、出售个人财产、投机性收益以及以参股的形式所获得的，即不被纳入纳税的个人收入的范畴。

评估：税款是通过评估的程序进行征收的。纳税人应将纳税申报单在每个纳税年的下一年 4 月 30 日之前提交。如果选择以电子方式提交，则需要在每个纳税年的下一年 6 月 30 日之前提交。在特别的情况下，可以申请延期提交纳税申报单。

资本得益税：在奥居住或非在奥居住的人士，通过资本投资所获得的境内收入,属于以税率 27.5% 征收的最终预缴税(资本得益税)的范畴。纳税人可以选择申请评估程序,以申请递增性税率。

征收预缴税的项目有:

1. 如果获得的收入的债务人居住在奥地利,则纳税人需对资本投资中获得的收入缴纳预缴税,主要包括:

- 红利及其他同类型收入;
- 在银行现金存款所获得的利息;
- 作为隐名合伙人所分得的利益;
- 从私人性基金获得的分配。

对于从境外资产中所获得的红利及利息,如果代付方为奥地利籍,则该类收入也属于被征收预缴税的范畴。

2. 如果债券、证券,以及参股投资基金的发行银行或其他机构在奥地利境内,则从上述投资中获得的收入也属于纳预缴税的范畴。为了平等地对待类似形态的收入,无论该收入是源自奥地利境内还是奥地利境外,有些类型的收入是不被算作纳税人个人收入的缴税范畴的,而是以固定的 27.5% 的税率进行缴纳。因而,源于奥地利境外的资本投资的收入也同样以 27.5% 的税率来征收,就与奥地利境内的资本投资收入得到同等对待。

税率——如果个人收入没有被纳入最终预缴税的范畴,则对个人所得的征税税率如下所示:

- 年收入在 11 000 欧元及以下的,征收税率为 0% ;
- 年收入超过 11 000 欧元但低于或等于 18 000 欧元的,征收的平均税率为25%；

- 年收入超过18 000欧元但低于或等于31 000欧元的，征收的平均税率为35%；
- 年收入超过31 000欧元但低于或等于60 000欧元的，征收的平均税率为42%；
- 年收入超过60 000欧元但低于或等于90 000欧元的，征收的平均税率为48%；
- 年收入超过90 000欧元的，征收的平均税率为50%；
- 年收入超过100 000 000欧元的，在2016年至2022年，将被征收的平均税率为55%。

（二）公司所得税

缴税范畴及缴税责任：《奥地利公司税法》对基于私法组建的企业（如股份公司、有限责任公司、基金会、协会及合作机构）以及同类型的外国企业，基于公法组建的公司及其旗下业务，收入没有直接被纳入个人税务范畴的没有独立法人人格的机构及基金（如专用基金）进行规约。

在奥地利境内的公司有无限的纳税责任，这就意味着公司在奥地利境外所得也要被纳入缴税的范围。奥地利商法沿袭法律本座学说，规定在奥设立的公司，必须在奥境内有固定场所。有限的缴税义务只适用于在奥境内没有经营场所，也没有管理住所的公司。有限缴税义务意味着，该类公司只需对源于奥地利境内的收入缴纳相应税款。

应纳税所得:《公司税法》采用了《所得税法》中对“应纳税所得”的定义。除此之外,《公司税法》还沿用了《所得税法》中对非奥地利居民制定的“获得规则”。大体上说,一个合法的企业有可能会从《所得税法》中规定的全部七个类别中获得收入。但是,《公司税法》第7条第3项明确规定,财务的计算方式为复式计算法的法律实体所得收入算作一个单一类别:从商业活动中所获得的收入。

税务的免除:《公司税法》免除了一些特定的法律实体的缴税义务,如符合特定条件的慈善机构。在这个前提下,下述在奥地利境内获得的收入是不被纳入公司所得税的范畴的:

• 公司间的红利以及其他属于国家和国际性的参与免税所获得的利益分配;

• 从私人性基金获得的特定类别的收入;

• 在特定条件下,从合并和重组过程中所获得利益。

一个奥地利境内的公司通过参股,而从另外一个境内公司收得的资本利益,或两个境内公司通过合作获得的资本,是不算作缴纳公司税的范畴的。对于这个类别,是没有对最少参股份额和最少持股份额的规约的。

在下列几种情况下,属于国际性参股免税框架之下的任何参股比例在10%及以上的所收资本利益,将被免除收取公司税:

• 母公司按照《奥地利商业法》的规定,合法地保持簿记、记录(合作机构、共同保险企业或储蓄银行);或外国母公司有资格被视为公司税意义下的在奥有固定场所的公司，换言之，即为双重场所地公司；

• 该参股行为至少持续 1 年；

• 境外的子公司是按照《母子公司指南》以合法形式列为子公司；或该境外子公司等同于一个境内公司。

通过参股境外公司所获得的资本，也被免除缴纳公司税。但是，损失是不可减免的。如果纳税方选择将潜在的资本利得作为缴税的收入，则损失是可减免的。公司需在参股的那一年作出这项选择，并且这类选择是不可撤销的。根据《公司税法》的规定，采取下列方式，则可将免除税务的收入转换成信贷：

• 源于境外的收入的税率不与奥地利公司税等同的（境外税不超过 15% 的）；且

• 境外公司的主要业务着眼于，直接地或间接地从出租动产、不动产或出售参股权的交易中获得利益和收入（有印记的非劳动性收入）。

在上述境外公司税的境况下，所缴的税将被记入贷方。在境外参股免除税务的框架下，任何从参股中获得的小于 10% 的资本利得，如果满足下述条件，将会被免除税务：

• 境外子公司是按照《母子公司指南》的规定，以合法的形式被列为子公司的；

• 境外子公司是属于欧洲经济带成员国的，且该子公司与境内公司相同。并且，与该子公司所在国家，须有详细的信息交流和行政协作作为征收税款的保障。

按照《公司税法》的规定，如果符合下述集中情况，则将被视为已将可免税的收入转换为信贷：

- 该外国公司并未直接地或间接地负担与奥地利公司税等同的税负；
- 该外国公司的应当承担税率小于15%的奥地利公司税；
- 该外国公司从大幅度的免除税负中获益。在此项所说的免除税负，是指除对境内资本利得免缴税部分以外的免税。

在上述情况下，外国公司税将被记入贷方。

驻在其他欧盟成员国国家的外国公司，其股权是被永久性成立的奥地利公司所持有，则将有机会享有免除参股税的权利。

计算应纳税所得的方式：公司的盈利需通过净资产比较法进行计算。公司的盈利是为公司初始净资产与年末净资产之差，受到出资和退资的影响所造成的差额。

减免：原则上，根据《所得税法》的概念，用于经营活动所作出的花销是可以减免的。根据《公司税法》的特别规定，在参股免税的情况下，如果利息支出是与取得该参股权的债务融资相关联，则该利息支出是可以减免的。至于给付监事会或管理委员会的酬金，只有全额的一半是可以减免的，也是存在特别开支这一项的，但是只有以下几项与公司相关联：

- 与个人相同的年金及永久性开支；
- 特别捐款可以减免，减免的数额不超过10%的前一年的收入

(在与损失抵消之后的);

• 结转亏损。

收税:总体上说,税是通过评估程序进行征收的。提交报税单的期限与个人报税的期限一致。

与资本利得税相同,《所得税法》规定无论获得方是个人还是公司,从资本投资获得的收入都需进行纳税。公司的不同之处在于,在大多数情况下,税都不是最终性的,因此填写纳税申报单的时候要包含从资本投资中获得收益的内容。除个人从资本投资中收取的利益不用缴纳预扣所得税以外,对以下几项收入也不用缴纳预扣所得税:

• 境内公司通过参股股份公司、有限责任公司,或通过商业所获得的红利、利息及其他形式的收益,如果参股的份额在25%以上的;

• 通过在银行的现金存款获得的利息,其他通过银行交易产生的债权。以及当(i)获益方能够证明从债券中的获利是为从境内或境外获得的经营性收入,且受益人具有适格的权力;或者当(ii)债券及利息券存在银行,从债券中获得的收益;

• 从投资基金、房地产投资基金或私人基金中获得的特定的投资收益。

如果满足下述几个条件,则母子公司指令红利,也不用缴纳预扣所得税:

• 母公司是以合法形式列在指令中的;

• 母公司直接拥有子公司至少 10% 以上的股权；

• 连续性持股至少 1 年。

在满足下述条件时，已经缴纳的预扣所得税可以由税务部门退还给纳税方：

• 母公司所在地是欧盟成员国，或与奥地利建立大量信息交流并与奥地利达成行政协助缴税的欧洲经济共同体成员国；

• 预扣所得税有机会不被记入母公司所在国。

税率及最低税额：公司税是 25% 的固定税率。特定的从私人基金获得的投资收入将以更低的税率来征收，这个中间税将记入受益人的税额之中。对于股份公司，年最低税额为 3500 欧元；对于有限责任公司，年最低税额为 1750 欧元或为 500 欧元（取决于该有限责任公司在注册时是以 35 000 欧元的资本作标准注册，还是仅以 10 000欧元的资本作特许注册）。最低额度的税是提前进行缴纳，并且可以抵消未来的公司税。预先扣缴税可以冲抵公司税，超出的部分会退还给纳税方。

集团纳税：几个法律上独立的公司同属于一个集团，它们在纳税的语境下，被视为一个单一的纳税人，所有的得和失都在集团内部作出偿还。集团纳税制度适用于境内公司和境外公司。对境外公司的适用条件为，该境外公司所在国与奥地利建立了全面的行政协助关系。从这个意义上来说，这个境外公司的涵盖范围包括所有欧盟成员国，与奥地利在双重征税方面达成全面信息披露的国家，以及与奥地利订立了税务信息交流的国家。对于集团形式的关键性条款及要素有以下几个：

• 母公司为境内公司；或境外母公司有固定的营业场所，且在奥地利进行了商业登记，所参股的份额是可以追溯到该公司的。

• 可以建立“多于一个母公司”的集团。因而，在集团上游的几个公司参股超过 50%。在这种情况下，最主要的持股方持股不低于 40%，其他的母公司，每个公司持股必须不低于 15%。

• 同属于一个集团的公司可以为境内公司，可以为境外公司。只有第一级的外国子公司可以成为集团的成员。

• 集团需以直接或间接持有超过 50% 股本，且拥有多数投票权的形式构成金融一体化。上述持股的形式必须在一个会计年度间保持。

• 集团的母公司以及集团所有的成员的资产负债表日期必须为一致的。

• 需向有关税务机关提起集团纳税申请。

• 这种集团的组成形式必须持续至少 3 年期。如果集团在建立后的三年内解体，则以集团的形式享有的税收效应将自始无效。

建构集团纳税机制的主要法律后果：

• 参与这个机制可以将境内集团成员的 100% 的利润和亏损归于母公司，即使母公司的参股份额并未达到 100%。

• 对于境外的集团成员，只有亏损会按照参股比例归到母公司。境外的集团成员的利润将不会被划归到母公司。

• 如果在境外的亏损可能会抵消下一年度的境外利润，或者境外的集团成员选择退出这个集团，则将会对税务进行再征收。

- 鉴于集团母公司直接吸纳并利用其集团子公司的亏损，因此对参股的核销将在集团内部采取税收中性的模式。

（三）避免双重征税

奥地利已经在免除双重征税的方面，达成了超过 80 份协定，其中包括一份与中国在 1992 年 11 月 1 日达成的协定。双重征税协定对法律场所所在国的纳税者给出了定义，并且对达成协议的两国各自的收入所能享有的税务上的权利（免除或信贷）进行了规定。

奥地利有关双重征税的协定，大体上承袭了《经济合作与发展组织关于避免双重征税的协定范本》。在奥地利双重征税条约中，包含下述几个重点：

- 对利息、知识产权使用费及公司间的红利不征税；
- 申请免税的方法；
- 申请《经济合作与发展组织关于避免双重征税的协定范本注释》作出解释。

三、在奥地利生活

（一）房地产

取得：根据《外国公民土地取得法》，有意获得地产、建设权或个人地役权（如居住权）的外国公民，需要获得批准，使得上述交易有效。购买房地产需要缴纳房地产交易税。大体上来说，税率通常为评估基准的3.5%，而评估基准通常为该房地产的购买价格。对于没有对价的房地产转让和家庭成员之间的房地产转让等，都有免除税务的权利。除此之外，在进行土地登记的时候，还需缴纳1.1%的税。

土地税：境内房地产将被征收土地税，土地税是资本税的一种。如果该地产被用于税收优惠性目的（例如，为了公共利益，为了宗教性目的，为了慈善性目的，或出于互惠的初衷服务于大使馆），且该房地产为特定的法律实体（如政治上的下分机构、地方性机构、教堂、体育俱乐部、其他国家）所有，则该类房地产将被免除土地税。土地税的征收机关是社区共同体。在社区共同体实现他们全部的收税权的情况下，土地税的税额为0.8%的标准税值，标准税值由联邦税务局确定。在每一季度收取地产税的额度超过75欧元的时候，则要求土地所有者进行一次年度性支付，支付的数额为估值。

租住：对于租约，官方没有进行任何限制。但是，房主经常会要求租户提供足够的资金或收入证明。在订立租约的时候，需要向财政机构支付一笔费用。这笔费用是估价的1%，此估价是由租金和租期时长而定。依照基本的居住需求，这笔强制性费用最高是3年期租约的1%。

（二）社会保障

奥地利的社会保障系统具有强制保险的特性，即保险是由法律设立的，由此便阻止了人们出于高风险的考量投保保险公司。保险的损害分摊有确定的比例,并且有最高额,因此保险不是靠个体风险来决定的。

当个人开始进行有报酬的个体经营,或者建立有报酬的雇佣关系之后,保险即刻就开始附加。受保人的近亲属也会享有不自缴保费的保险。

社会保险制度覆盖以下费用:预防、疾病、无工作能力/残疾、怀孕、失业、老年、负责生活来源的人死亡、生者的抚恤金、护理和社会需求。

社会保险的典型特性主要有:

- 资金的来源为与收入相关联的保险金和国家的支持;
- 一致性原则:高收入者通过交纳更高的社会保险费,来帮助低收入者存取社会保险费;
- 保障性原则:保险是获得保险金的前提条件,保险金是与收入相关联的。

保险主体:疾病保险(预防、疾病、怀孕、护理)是由疾病保险资金管控,事故保险是由“综合事故保险机构”管控,失业保险是由“就业服务处”管控,养老保险是由“养老金保险办公室”进行管控。

疾病保险资金是以省为单位区域性建立的,因此特定的疾病保险责任附加在工作所在地的。个体经营者、农民、铁路工作者、矿工及公务员的社会保险机构是与他们的工作地相连的。

所有的保险均下放到省级单位,且在有些情况下,进一步下放到区级代理机构;全部由奥地利社会保险机构协会作出集中的控制。

注册:作为已经与雇主订立了带有条款的劳动合同的雇员,即自动加入社会保险。雇主应负责向保险机构为雇员注册。每个月的保险费从雇员的净薪金/净工资中进行扣除。自愿加入社会保险的人,如个体经营者,需要自行交纳保险费,并需向有关适格的保险机构进行注册。

保险费:社会保险费需由雇主和雇员共同支付(例外:事故保险只由雇主进行支付)。

在2016年,各项保险适用于下列比例:

• 疾病保险:体力劳动者、白领工作者、自由工作者及新进的个体经营者保险比例为7.65%;

• 事故保险:体力工作者、白领工作者及自由工作者比例为1.3%;

• 失业保险:体力工作者、白领工作者及自由工作者比例为6%;

• 养老保险:体力工作者、白领工作者及自由工作者比例为22.8%,新进的个体经营者比例为18.5%。

除此之外,雇员及自由工作者需要支付0.5%的净收入作为缴纳给劳动议院的费用,1.0%的净收入作为促进房屋建造税(自由工作者无须支付房屋建造税)。

在适用的情况下,雇员还需要交纳工会费,以及向宗教团体支付费用(如教堂税)。交纳方式是直接从工资中扣除。

（三）与机动车有关的事项

驾照：在奥地利居住的第三类国家公民，如果已经持有一个有效的驾驶证，需要在第一次定居的6个月内将已有的驾驶证转为奥地利驾照。因此，在奥地利居住6个月后，原来持有的驾驶证将自动失效。

如果在原来持有的驾驶证中没有关于准驾类别英文或德文信息，外国公民最好同时带有一个国际驾驶证，以备道路检查。国际驾驶证及翻译件都可以在当地的驾驶协会获得，申请费用一般比较低。

第三类国家申请转换驾驶证的公民，需要年满18周岁，且已经通过驾驶考试。为了通过驾驶考试，该外国公民需要有一辆车，并且缴纳考试费。

从这一点上来说，对于第三类国家公民，只有持有有效的驾驶证，才能更换为奥地利驾驶证。如果原有的驾驶证已经过期，外国公民需要向签发驾驶证的国家申请，使原有驾照重新生效，且重新生效的有效期需要涵盖该外国公民在奥地利定居后的一段时间。

申请人需向有关机构（维也纳车辆驾驶部门，地方性的州立警察机构）提交更换驾驶证的申请。申请人同时需要提交护照、外国驾驶证、一张护照照片、医疗评估以及翻译件。申请人有可能需要提交材料。对于更换驾驶证的申请，申请人在2016年需要交纳60.50欧元。

购车:在奥地利买车程序并不复杂,且没有任何限额。车主需要根据法律规定,为汽车办理保险,并且获得车辆许可。购车税与保险税一同交纳,且购车税的数额根据车辆的发动机功率决定。如果选择购买新车,车主还需交纳一次性的标准购置税。在奥地利使用高速公路需要缴纳通行费。车主可以选择购买10日通行费和2月通行费,或者在拥有汽车纳税票证的情形下,车主可以选择购买年计通行费。

西班牙投资移民

——超具性价比的移民市场

作者简介

Iskra Panteva，伊思科拉·潘特律师，芝加哥洛约拉大学法学院法律博士，伊利诺伊州执牌律师，于 2014 年加入大成芝加哥律师事务所。潘特律师主要负责 EB5 投资移民签证，公司、团体和个人商务签证，其中包括 H－1B，L1－A，L1－B，E1，E2，O－1，O－2 签证，PERM 劳工纸，以及家庭移民，包括申请绿卡，入籍，为美国永久居民的配偶以及其他家庭成员申请移民到美国。潘特律师精通英语、保加利亚语、俄语、塞尔维亚—克罗地亚和马其顿语。

（翻译：高洁律师）

一、摘要

本文简要介绍了西班牙出台黄金签证计划的立法史,以及与该计划出台相关的地区整体经济史。本文描述了获得“黄金签证”的主要投资工具、获得签证的手续及利益、获得签证所需的条件、立法背后的目的以及获得签证后在西班牙的税务问题。

二、立法史

西班牙政府于2013年颁布了期待已久的《投资者居留法》,又被普遍称为“黄金签证法”。政府迫切需要温和推进不景气的不动产业,一直在研究投资者签证。受爱尔兰和葡萄牙等欧盟成员国类似法律的启发,西班牙于2013年9月27日颁布了《企业家法》。该法在各项措施中首次引进了适用于非欧盟投资者的居留签证和许可。其后,政府于2015年通过了2015年第25号法令对现行法律进行了若干修改。

三、企业家和不动产投资者法

自2013年9月27日,为支持企业家和国际化,2013年第14号法律第61条至第67条引进了非欧盟投资者获得西班牙居留权的条件。该法律明确区分了居留签证和居留许可。

根据新法律,非欧盟投资者有资格获得梦寐以求的“黄金签证”,非欧盟国民可通过投资西班牙不动产(以及其他资产)获得合格的居留许可,并在满足特定条件时最终获得西班牙永久居留权。

(一)签证目的

与其他欧洲国家相同,黄金签证的持有人不仅享有在西班牙工作和居住的权利,还可在生活水平较高的其他欧盟国家生活和居住。因此,此类签证受到非欧盟国家,尤其是中国和俄罗斯投资者的热烈欢迎。获得此类签证后享有的福利不胜枚举。西班牙整体生活质量较高,气候宜人、物产丰富,医疗保健系统完善,教育质量高但成本较低,申请程序简单快捷。因此,黄金签证深受外籍投资者欢迎。

此外,西班牙投资优势明显。在经历经济崩溃和房地产市场下滑后,西班牙经济一直饱受其害。西班牙是继德国、法国和意大利之后欧元区的第四大经济体。西班牙危机的主要原因是不动产泡沫以及随之而来的不可持续增长的 GDP。蓬勃发展的不动产投资和建筑业带来了税收的激增,直到 2007 年,政府在开支大量增加的情况下仍可保持政府盈余。西班牙政府为支持经济的飞速发展,放宽对金融业的监管,银行因此得以违规操作,隐藏损失和收益波动,误导监管机构、分析师和投资者,从而助长西班牙不动产泡沫。危机对西班牙造成了毁灭性后果,经济大幅衰退,失业率急剧上升,主要公司破产。近年来,政府为了改善经济,解决房地产市场、银行危机和失业等关键问题采取了多项措施,其中就包括设计关于外籍投资者的新规定,主要目的在于支持经济发展。因此,政府通过此项措施引导外籍投资者投资房地产市场、开办新事业、投资债券来获得黄金签证。此类签证的出台反映了西班牙政府的主要经济问题。

(二)签证类型

西班牙的投资签证通常分为四类:投资者签证、企业家签证、高素质专业人士签证和外籍人士签证。因此,除符合特定签证的条件之外,黄金签证的持有人还需符合若干要求,包括无犯罪记录、保险范围和充足的经济来源等通用规则。

对于投资者签证,投资者需对不动产、债券或西班牙公司投资50万欧元至200万欧元不等,并在西班牙建立符合普遍利益的商业项目(包括创造就业机会、在地区内具有相应社会经济影响、科学技术创新)。经投资者正式委派管理公共利益项目的代表也可获得此类签证,但该项目应满足上述条件之一。

企业家签证是为已经或即将开始创业活动的外籍人士设计的。创业活动被定义为对西班牙有特别经济利益的创新活动,且应获得西班牙政府出具的对该项目持肯定意见的报告作为证据。政府将考虑创造就业机会以及以下因素:①申请人的专业履历、培训、工作经验和参与项目;②商业计划以及项目描述、特定项目或服务、市场分析和融资;③对西班牙经济的附加价值,以及对投资机会的革新。

公司在西班牙聘用的高级专业员工可申请高素质专业人士签证。作为雇主的公司应具备一定规模或从事战略产业。另外,员工如持有知名大学或商学院的本科或研究生学位,仍然有资格获得该类签证。

最后,外籍人士签证适用于在西班牙或国外设立的公司或企业集团的员工因工作或职业关系需转移到西班牙的情况。员工需满足额外要求,如学位和最少3年的工作经验,以及与公司或企业集团的关系持续至少3个月。

(三)条件

申请投资者签证或许可的申请人需遵守“非营利性居留许可”的以下一般要求(第62条):①非欧盟国家国民(第61条);②投资者申请人需达到法定年龄(18岁及以上);③投资者不得在西班牙境内或前五年内在其居住地有犯罪记录;④尚未不定期停留在西班牙;⑤可投保私立或公共医疗保险;⑥在西班牙有足够的经济来源养活自己及家人,此条对于具有社会经济特征有资格获得黄金签证的人不是问题;⑦支付有关的申请费。

1. 签证续期的条件

投资第一年后,只要投资额维持在50万欧元,投资者可申请在西班牙居住两年,其后可再续期两年,期满可续期。为申请续期,投资者必须证明在过去12个月中至少前往西班牙一次。两年居留期的续期次数没有限制。在保持上述投资门槛的前提下,在此期间可以买卖房产。对在西班牙居住的最低时间没有强制性规定，投资者可继续作为西班牙境外的税务居民，同时享有西班牙居留权和在欧盟无限制旅行和停留的自由。

西班牙外交部负责受理和授予居留权，在申请提交后 20 个工作日内作出答复。如在此期限内没有答复，则视为接受申请。申请的正式答复可能需要 6 个月时间，但理论上如果 20 日内没有答复，则视为接受申请。

2. 税收

对于一年内在西班牙居住超过 183 日的投资者，只对其全球收入征税。对于非居民个人，对其来源于本国的收入征收 24.75% 的所得税，如租金收入。收入应减去支出。资本利得税（CGT）适用于出售财产所获利润。CGT 起始税率为 24%，收益超过 50 000 欧元税率上升至 27%。可申请部分税收减免。年度财产税应向地方政府缴纳，一套公寓每年需缴纳 200 欧元至 400 欧元不等的财产税。

3. 程序

程序相对简单。投资者将通过两个步骤：第一步是提供签证，第二步是给予授权。需要提供的初步文件是申请表、申请费、有效护照、医疗证明、警方报告、健康保险和收入证明。另外，申请人需要提供其外籍身份证号码。如果申请人没有外籍身份证号码，其需在提交申请前申请一个号码。此外，可能还需根据投资种类提交某些特别资料。第一步所需的所有文件将在外籍人士住所地的西班牙领馆提交处理。在第二步中，申请人或其授权代表应向劳动与社会保障部（位于马德里的西班牙大公司局）申请授权。第一步发放签证通常需要 10 日，处理授权最多需要 20 日。

针对不同投资类型应提交特定的证明资料。在西班牙投资不动产的外籍人士，需要购买净值 50 万欧元的房产（不含税费）。如果单处房产价值在 50 万欧元以下，可投资多处房产。任何类型的不动产均可，包括住宅、办公楼、酒店等。最后，如房产价值超过 100 万欧元，可由多名自然人申请签证。在签证阶段，投资者需出具不动产登记证和不动产销售契据，证明投资者已进行实际投资。在授权阶段，为证明投资者维持投资，不动产登记证日期不应超过申请提交前 90 日。

另外，倾向于在西班牙银行存入 100 万欧元存款或购买在西班牙证券交易所登记或未登记公司股票的投资者，需提供一套不同的证明。在签证阶段，投资者需要证明他们已经进行投资。如投资西班牙证券交易所上市的公司，投资者需要提供金融中介机构的证书。如投资未在证券交易所上市的西班牙公司，投资者需要出具外国投资注册处（经济和竞争力部）的投资声明。如投资西班牙银行存款，需提供金融机构出具的证明申请人是银行存款的唯一所有权人的证明。

在授权阶段，为证明投资者维持投资，需满足某些额外要求。如果投资者已经投资了上市公司，需提供金融中介机构出具的证明，显示其维持了至少 100 万欧元的平均投资，且该证明的日期不得超过申请提交前 30 日。如投资未在西班牙证券交易机构登记的非上市公司，则需要提供公证处出具的显示投资者维持投资的证明，且该证明的日期不得超过申请提交前30日。最后，如果投资西班牙银行存款，投资者需要提供金融机构出具的投资者维持或扩充了存款金额的证明，且该证明的日期不得超过申请提交前30日。

对于选择投资净值超过200万欧元西班牙国债（不含税费）的投资者，需满足不同的要求。在签证阶段，其需要提供金融机构或西班牙银行出具的申请人维持或扩充了投资的证明，且该证明的日期不得超过申请提交前30日。

对于希望在西班牙投资商业项目的投资者，项目本身需被认定为具有特定公共利益。此类项目需满足某些条件，或者能够创造就业，且在就业机会所在地区具备显著的社会经济效益，或者对科学技术革新有显著贡献。证明此类投资的特定文件是由位于申请人所在国的西班牙商业经济署出具的对该项目持肯定意见的报告。因此，在提交签证申请之前，投资者应向其住所地与西班牙领馆位于同一区域的西班牙商业经济署申请该报告。投资者需要同时提交商业计划书以及投资者的专业履历，待开展的商业活动，科学或技术革新（如适用）、创造的就业职位：数量、特点及所需资质，项目拟开展的地域，投资总额和投资来源（股权、融资等）。对该项目持肯定意见的报告出具后，投资者即可申请签证和后续授权。

想在西班牙从事商业活动的外籍人士应当致力于对西班牙有特别经济利益的创新活动。此处有两个选项。如果企业家在国外，其应当从西班牙领事馆申请企业家签证，以便入境并在西班牙停留最多一年。在一年中，企业家应当对在西班牙开展商业活动作出安排。第一步完成后，第二步是在西班牙申请企业家居留和工作授权，有效期为两年。如企业家已在西班牙合法停留，其可直接在西班牙申请企业家授权。

获得移民签证和授权的程序相对直接。西班牙政府在经济和竞争力部贸易国务秘书下设立了一个国有公司，ICEX – Spain Trade & Investment，以便协助投资者和企业家获得签证。ICEX 可以对外国公司或个人在移民事务方面提供支持，如就如何快速便捷地获得居留许可或居留和工作许可提供建议。其还可以就如何设立子公司、分支机构、并购公司等方面向外国投资者提供咨询，或者为已经在西班牙运营的外国公司提供服务，解答关于工作和居留许可方面的法律问题。最后，ICEX 还可以作为公司的机构联系人，与程序中涉及的多个西班牙机构进行联系，包括境外西班牙使领馆、西班牙劳动与社会保障部、外交部、区域移民署等。

4. 更加复杂的情形

投资者居留签证与居留许可的区别如下：

除第 62 条所列适用于两种类型的共同一般性要求外，申请人必须符合第 63 条（投资者居留签证）和第 66 条（投资者居留许可）规定的要求。这部法律对两种许可进行了区分：居留签证（第 63 条）：在满足下述条件后（见下文）投资者即可获得在西班牙居留一年的资格。居留许可（第 66 条）：然而，如果投资者希望停留更长的时间,其必须另外满足居留许可的要求。居留许可赋予投资者在西班牙居住两年的权利,且在仍然满足要求(第 67 条)时续期。这项许可可在提交申请后 20 日内获得。在审批机关未予以答复的情况下,此项许可可依据行政沉默规则(Administrative Silence Rule)授予。通过此种方法可最终获得西班牙公民身份。

在两种情况下,均需要在居留签证或许可的有效期内维持相应投资。西班牙有权机关可对此进行例行检查。

(1)投资者居留签证

根据第 63.2 条的规定,可通过投资以下任何一类资产而获得居留签证:

a)投资至少 200 万欧元的西班牙国债。

b)投资至少 100 万欧元的西班牙上市公司或非上市公司的股份。

c)在西班牙银行存入至少 100 万欧元的存款。

d)在西班牙境内购买折合每名申请人 50 万欧元的不动产。

e)满足以下三项条件中至少一项的"重要"商业投资:

i)因该项投资直接创造了有意义的就业机会;

ii)在商业活动所在区域内产生了重大的社会经济效益;

iii)技术或科学影响。

法律规定投资者既可以是自然人也可以是法人。法人不必注册在西班牙银行认可的某一避税天堂国家。自然人必须能够证明其拥有公司的实际控制权。此处解读为,除了有权利任免董事会绝对多数的成员之外，投资者还能够直接或间接地控制绝对多数的投票权。

(2)投资者居留许可

要获得居留许可需满足以下条件(第66条)：

a)符合第63条的规定(详见前文)；

b)持有效的投资者居留签证或者居留签证逾期未超过90日；

c)在签证有效期内至少曾前往西班牙一次(必须能够提供证明依据)；

d)在法律规定的最短法定期限内为维持第63.2条a)款中所做投资提供法律支持，根据不同情形依法提供不同的法律文件作为证明；

e)到目前为止一直遵守社会保险和税务相关的义务。

外籍人士可以就50万欧元的西班牙不动产投资申请按揭，但是仅限于对50万欧元以上的部分。法律仅要求第一笔50万欧元无产权负担，即资产门槛必须是无限制的。超出部分如有需要可以通过按揭贷款融资。重要的是理解第一笔50万欧元必须是无按揭的。因此，在没有任何国内外借款人协助的情况下，一名投资者需具有筹备这笔资金的财务手段。

外籍人士通常需要在西班牙停留至少6个月才具备居留资格。然而，这部新法律特别针对一般居住在其他地方的富有人士。这部法律有目的地豁免了这项要求，仅要求潜在投资者在签证有效期内至少前往西班牙一次(且能够提供证据证明)。因此，居留6个月对黄金签证的申请人来说并不是必需的。事实上，申请人可在离开本国六个月以上的情况下仍然具有资格。然而，如果你以成为西班牙公民为目标，虽然无须在西班牙持续停留 6 个月，但你的主要商业利益应位于西班牙境内。未在西班牙持续停留 6 个月以上不会对(5 年以后)获得永久居留权造成不利影响。

法律并不排除申请永久居留权的既存途径。已有的许可和程序仍然有效。这部法律是为非欧盟投资者量身定制的，从根本上省去了繁文缛节。

外国投资者不能溯及已投的现金。这部法律在西班牙官方法律公报(B. O. E)公布后的第二天生效，即 2013 年 9 月 28 日。任何在此之前的投资不适用 2013 年第 14 号法律。

法律特别要求每一位申请人都要进行投资。然而，夫妻一方及其 18 岁以下的子女可视为同一申请(第 62.4 条)。

税款并不包含在房产的价值中。如果外籍人士购买了一处价值 46 万欧元的新房产，加上 10% 的 IVA，合计为 50.6 万欧元，增值税(4.6 万欧元)不算入 50 万欧元的门槛。因此这位申请人会因未达到投资门槛而被拒绝。

西班牙居留许可的持有人进入欧洲申根地区将不需要签证，自首次入境起，每半年可在申根地区内自由来往最多 3 个月(90 天)时间。但请注意，欧盟所有国家并不都是申根协议的缔约国，英国和爱尔兰共和国一直未加入。

结论

西班牙广为人知的经济不景气现象为懂行的投资者提供了独一无二的投资机会,满足投资者从当下非理性的底价中谋利的风险偏好。

西班牙的房地产市场已经在2013年出现明显好转。政府一直在忙于审批Troika提议的必要法律修正案,以帮助经济从衰退走向复苏。外国资本引领惊人的全盘股票反弹,将西班牙的蓝筹股推向以前的高点,已成为复苏的一项证明。

在实体经济中,在接下来的几年内,外国资本从西班牙低廉的房地产市场获利的同时,将会适时刺激房地产市场的复苏。虽然不会向股票反弹那么壮观,可能需要更长时间,但终将实现。

签证或许可证将在适当的时候到来。专家建议,在承诺投资西班牙之前,首先需要知名专家或公司的合格咨询。

不用说,因居留目的投资西班牙的核心应该还是资产本身,签证或许可都是随之而来的。专业人士建议,在着手投资西班牙之前,首先需向知名专家或公司获取可靠的咨询意见。

火爆的投资移民市场——新西兰

作者简介

胡弘，新西兰鸿鹄律师楼的首席主任律师，该律师事务所成立于2003年，是新西兰最大的华人全资拥有的律师楼。在奥克兰市中心、北岸区、麦努卡区分别拥有三家分行，并在首都惠灵顿和南岛基督城设有联络部，是目前在新西兰亚裔独自拥有律师分部及亚裔律师最多的律师楼。

胡弘1995年从武汉移民到新西兰；1997年于新西兰梅西大学国际商业管理硕士毕业；2000年在新西兰怀卡托大学法学学士毕业；2001年获得新西兰职业大律师和澳大利亚最高法庭大律师资格；2003年创办鸿鹄律师楼，2006年被新西兰湖北商业总会推选为首任会长；2008年随新西兰总理在中南海与时任中国总理温家宝签署中新自由贸易协定；2010年经新西兰三大国际公证律师委员会一致推荐，同时经新西兰法律工会及高等法庭确认后，再经过英国国际公证大律师委员会批复，胡弘律师成为第一位也是唯一的荣获国际公证律师资格的来自中国大陆的律师；2014年成为湖北省对外友协海外理事；2016年成为湖北省及武汉市政协海外列席代表。

在国家主席习近平即将访问奥克兰期间，胡弘律师被中国总领馆聘用为对突发事件予以法律支持的现场律师，是中国驻奥克兰总领馆及众多中资机构的法律顾问。

一、新西兰历史地理概况

（一）新西兰历史

新西兰乃世上的热门移民国家之一。土著移民在西元 500 年至 1300 年抵达，成为新西兰的原住民毛利人。首批已知到此的欧洲人是奉荷兰东印度公司之命而来的荷兰人亚伯·塔斯曼（Abel Janszoon Tasman）所带领的船队，在 1642 年抵达“南北岛”西岸。当时他们不知两岛是分开的，故整体命名为 Staaten Landt（州地）。其后再依照他们在现今印尼巴塔维亚的基地名称改为 Nieuw Zealand。该基地原先命名是依照荷兰本土的西兰省。

1769 年，库克船长（James Cook）开始仔细研究新西兰，先后三次到访南太平洋和新西兰，并为新西兰绘制地图。其最初的地图，把斯图尔特岛当作一个半岛，把班克斯半岛当作一个岛屿。库克的地图致使欧洲捕鲸船扩增在此地海域的活动，新西兰最终成为欧洲的殖民地。

《怀唐伊条约》（Treaty of Waitangi）于 1840 年签订后，新西兰成为英国殖民地。但该条约有英文与毛利文两个版本，英国皇室代表签了英文版，毛利人签了毛利文版。毛利文版承诺给毛利人“tino rangatiratanga”，这个词语在毛利文意为“独立自治”，英文版却翻译成“首领位置”，双方对其文意及解读不同。这个词语和其他一些问题至今仍为新西兰政府与毛利人间的芥蒂。比如，《海床和前滩的所有权》归属问题。

1905 年,新西兰北岛发生白人与毛利人的北部战争。

1907 年,新西兰决定成为英国的自治领地,而非加入澳大利亚联邦。

1947 年,新西兰独立。

1997 年,新西兰是第一个就中国加入世界贸易组织同中国结束双边谈判的国家。

2004 年,新西兰是第一个承认中国完全市场经济地位的国家。

2008 年,新西兰是第一个与中国签署自由贸易协定的发达国家。

2015 年,新西兰是第一个成为亚洲基础设施投资银行意向创始国的发达国家。

(二)新西兰地理

新西兰由两大岛屿和数个小岛所组成,地理位置接近水半球的中心。气候变化多样,既有寒冷且降水多的地区,也有较为干旱的地区,一些地区属亚热带气候。因新西兰具有多彩的地形特征,众多电视节目和电影选择新西兰作为摄影地,如魔戒三部曲系列。新西兰是太平洋岛国,四面环海,在西北和澳大利亚隔海相望,在北部和汤加及斐济隔海相望。最大的两个岛屿是北岛和南岛。

(三)自然地理

新西兰位于大洋洲,是地处南太平洋的岛国,地理坐标位置是

41°S174°E / 41°S 174°E / -41；174。新西兰国土面积268 680平方公里（包括安蒂波德斯群岛、奥克兰群岛、邦蒂群岛、坎贝尔岛、查塔姆群岛和克马德克群岛）。新西兰的面积比意大利和日本要小，但略大于英国。

新西兰是海洋大国，海岸线长度达15 134km。新西兰宣称其专属经济区面积超过400万平方公里，居世界第7位，是其土地面积的15倍。

南岛是新西兰面积最大的岛屿，居住了新西兰四分之一的人口。南阿尔卑斯山脉纵贯南岛，最高峰是库克山，海拔3754米，也是新西兰的最高峰。南岛有18座海拔高度超过3000米的山峰。南岛的东部地区有坎特伯雷平原。西海岸则以其崎岖不平的海岸线而闻名，有相当多的天然森林。福克斯冰川和法兰士·约瑟夫冰川也相当有名。

北岛的山峰比南岛要少，并且大多都是火山。北岛的最高峰是卢阿佩胡山，海拔高度2797米，是座活火山。陶波湖位于北岛的近乎中心的位置，是新西兰面积最大的湖泊。陶波湖位于一座破火山口内，因70 000年前的一次大型火山喷发而诞生。

1. 地质

新西兰横跨了两个板块。太平洋板块和印度—澳洲板块相互碰撞，产生了北岛的陶波火山带。新西兰也利用地热能建设了地热发电厂。一些火山也是有名的观光景区，如罗托路亚的间歇泉。

两个板块的相互碰撞使新西兰成为多地震的国家，但毁灭性地震并不多见。地震使南阿尔卑斯山脉逐渐隆起，人们也在这里利用高低差进行水力发电。新西兰每年的地震次数超过 14 000 次。一些地震的震级会超过 7 级。

新西兰还有一些喀斯特地形地区，其中规模最大的是塔卡卡山及附近地区。其中一些喀斯特地形是知名的旅游景区，如怀托摩萤火虫洞和普纳凯基。

2. 行政区划

新西兰全国分为 16 个大区，其中南岛有七个区，北岛有九个区。查塔姆群岛并不属于任何大区。克马德克群岛和新西兰亚南极群岛只有一些新西兰政府自然保护部门的职员居住。

3. 气候

新西兰的气候介于温带和寒带之间。南岛的平均气温大约在 8 摄氏度，北岛的平均气温大约在 16 摄氏度。1 月和 2 月是最热的月份，7 月是最冷的月份。除了奥塔哥中部地区之外，新西兰的温差并不大，但有时天气会在短时间内迅速变化。北岛地区的气候接近亚热带地区，夏季最高气温可达 24 ~ 28 摄氏度，奥塔哥中部的最高气温常达到 30 ~ 34 摄氏度。新西兰的低洼地区年降水量可达 600 毫米至 1600 毫米。南岛的西海岸地区降水最多，而南岛东海岸地区、坎特伯雷平原和奥塔哥中部地区降水最少（年降水量约 350 毫米）。克莱斯特彻奇是新西兰最干旱的城市，年降水量约有 640 毫米。汉密尔顿是新西兰降水量最多的城市，年降水量达 1325 毫米，之后是奥克兰。南岛西南部的一些地区年降水量在 5000 毫米至 8000 毫米之间，一些山谷的降水量达到 15 000 毫米，是世界上降水量最多的地区之一。

新西兰的紫外线指数很高，特别是在北岛。这和该国空气污染较少且日照时间较长有关。新西兰大多数地区年均日照时间都超过2000小时。

影响新西兰气候的因素主要有三个，分别是纬度、盛行西风；海洋环境；山脉，特别是南阿尔卑斯山脉。

4. 土地利用

新西兰的主要自然资源有煤炭、黄金、水力资源、铁矿、石灰石、天然气和木材等。

耕地：5.54%；长期作物：6.92%；其他：87.54%。

灌溉地：2850平方千米(2003)。

5. 自然灾害

新西兰地震较多，但大多引起的灾害并不严重。新西兰平均每年有3000次地震，多数地震规模不超过里氏3级。地震也会引发海啸。在北岛地区中部，火山活动也十分常见。一些地区在夏季会有山火。奥塔哥地区和坎特伯雷平原时有干旱。而新西兰最多的自然灾害则是洪水，多数地区会受到冬季洪水的影响；丘陵地区的降水较低地为多，系由于水汽受地形影响向上抬升而凝结降水所形成地形雨，山区溪流注入主要河流时，常会有河流水位急剧上升的现象，甚至溢出河道而淹没周边农田。

6. 对跖点

新西兰接近水半球的中心，特别是邦蒂群岛和安蒂波德斯群岛。新西兰的对跖点主要是在欧洲的伊比利亚半岛。南岛的南部地区对应加利西亚和葡萄牙北部。北岛的大部分地区则对应西班牙的中部和南部。自瓦拉多利德起,经过马德里、托莱多,至科尔多瓦(正好是汉密尔顿的对跖点)。查塔姆群岛的对跖点则位于法国城市蒙彼利埃的北部。①

二、新西兰文化教育

1. The University of Auckland 奥克兰大学

世界著名大学,始建于1883年,是一所研究型大学,它的研究成果和研究工作占全国70%以上,擅长专业领域如下:

建筑学 Architecture,公共计划 Public Planning,工程学 Engineering,医药学 Medicine,眼科 Optometry,美术 Fine Arts,法律 Law。

2. Auckland University of Technology 奥克兰理工大学

建于1895年,原名为奥克兰理工学院,于2000年被新西兰政府正式批准为大学,从而成为新西兰八所公立大学之一。校区位于奥克兰市北部海滨的阿克兰格。擅长专业领域如下:健康研究 Health Studies,旅游学 Tourism,通信学 Communications,工程学 Engineering,酒店管理 Hotel Management。

3. Lincoln University 林肯大学

成立于1887年,坐落在新西兰南岛最大的城市——基督城。

---

① 参考维基百科。

从创立之初，林肯大学主要教授研究实用农业土地科学，通过近 130 年的发展，林肯大学以农业土地科学为中心，逐步发展成多学科，时间与研究并重的综合性大学。擅长专用领域如下：农业园艺 Agriculture & Horticulture，自然资源管理 Natural Resource Management。

4. The University of Canterbury 坎特伯雷大学

坐落在新西兰南岛最大的城市基督城。坎特伯雷大学是一所国际认可的大学，在教学或科研方面与国际密切接轨，在优异的学术水平方面享有盛誉。擅长专业领域如下：林业 Forestry，工程学 Engineering，美术 Fine Arts，新闻传媒 Journalism。

5. The University of Otago 奥塔哥大学

成立于 1869 年，位于但尼丁市中心，是新西兰第一所大学，也是新西兰唯一能够提供牙医学、人类营养学、药学、体育、理疗学及测量学等专业的综合性大学，擅长专业领域如下：法律 Law，牙医 Dentistry，物理学 Physical Education，医药学 Medicine，物理疗法 Physiotherapy，药剂学 Pharmacy。

6. The University of Waikato 怀卡托大学

成立于 1964 年，是新西兰政府资助的 8 所公立大学之一，以毛利文化和太平洋发展学院为主，同时也是世界上毛利和太平洋文化学术研究的中心。怀卡托的主校园位于新西兰最大的内陆城市哈密尔顿 Hamilton 和陶朗阿 Tauranga 地区。大学擅长专业领域如下：毛利文化 Maori Studies，法律 Law。

7. Victoria University 维多利亚大学

创立于1899年,为庆祝维多利亚女王陛下六十寿辰而设立,以研究为基础,向学生提供高质量教育,该大学位于惠灵顿市内,因此,为学子们提供了良好的政经学习环境,并有机会将其所学在此充分发挥与发展。大学擅长专业领域如下:建筑学 Architecture,犯罪学 Criminology,社会服务 Social Work,设计 Design,公共管理 Public Administration,法律 Law。

8. Massey University 梅西大学

于1927年在北帕默斯顿成立,起初成立时是一所农业大学。90多年来,学校在教学和科研方面取得很高成就。大学擅长专业领域如下:

航空研究 Aviation,兽医学 Veterinary Science,商业管理 Business Studies,设计 Design,食品工艺 Food Technology,农业园艺 Agriculture & Horticulture。

三、新西兰福利政策

概括来说,新西兰的福利政策是非常系统完善的。从整体上说,新西兰的福利确实照顾到几乎全部新西兰人的福祉。

(一)绝大部分福利都是针对新西兰公民和持有永久居民身份(PR)两年以上的人

1. 免费公立医疗,到家庭医生看普通病症收门诊费,但六岁以下儿童无论公立还是私立医疗均由国家负责所有费用(包括药费)。贫困者看家庭医生减收门诊费,每种药最多只收3元,多余费用由国家负责。16岁以下孩子享受免费牙医治疗。所有公共医院治病一律免费,医院的手术设备由国家无偿提供。在私人医院(私人妇女医院包括在内)或由私人医生治病的费用,可按统一标准报销一部分,余下的由病人自行承担。注册药剂师根据医生药方列出的所有药品一律免费提供给病人,国家给予补偿。

2. 生育免费,从怀孕到生产的所有费用由国家负责,政府鼓励生育,除一次性($1500)奖励一笔金钱外,每生一个孩子由政府每周补贴养育费直至18周岁。18周岁以上的孩子可以独立生活,享受青年人津贴。

3. 免费中、小学教育,国立大学只需交象征性的低学费,定居两年后可以享受学生津贴,其金额需根据学生家庭人数、住房费用等补贴,足够全家生活开销。(每10周学习,2周放假)

4. 定居两年享受失业救济金等新西兰公民享受的所有福利。

5. 定居10年满65岁以上可以享受政府养老金。

6. 成为新西兰公民后到125个欧美发达国家免签证,自动得到澳大利亚定居权、工作权,享受除失业救济外的所有澳大利亚公民应享受的福利,可以到英国工作,退休后可以到英国、荷兰、比利时等国居住(退休金由新西兰政府支付)。

（二）各种津贴

1. 家庭津贴（FAMILY BENEFIT）

任何有 PR 者的子女，每位每周都可获得 6 新西兰元的津贴，申请者必须在到达新西兰 6 个月内，提出申请，而计算的日期是从到达之日算起，申请时必须提供小孩出生证明和住所等资料，一般而言，这项津贴的给付持续到小孩 15 岁，18 岁以后的残障者则需申请其他种类的救济，子女津贴将不再适用，通常这项津贴多半给付小孩的母亲，但是如果小孩不是由亲生母亲抚养，那么这项津贴将付给照顾小孩的监护人，有时候子女津贴可以一次给付，而不需每周去领，譬如你可以多买房子作理由要求一次领取，免去每周请领的麻烦。

2. 家庭支助（FAMILY SUPPORT）

对于所得低于某一数字的家庭，政府给予减税的补助，这就是清寒减免，它适用于单亲或双亲的家庭，详情可向最近的新西兰国税局询问（INLAND REVENUE DEPARTMENT）。

3. 孤儿补助金（ORPHANS BENEFIT）

这项补助金付给照顾孤儿的监护人直到孤儿 16 岁，但是如果孤儿 16 岁却仍在学，或身体残障，那么这项给付延长到孤儿 18 岁那年的年底。

4. 家务津贴（DOMESTIC PURPOSE BENEFIT）

一个 16 岁或 16 岁以上的新西兰人，如果必须在家或在医院照顾病人，而这个病人必须是其丈夫或太太，即可申请此项津贴。

5. 重残津贴(INVALIDS BENEFIT)

一个完全失明,或永久失去工作能力的人,可以定期获得一笔收入以维持其生活。

6. 卧病津贴(SICKNESS BENEFIT)

一个由于受伤或生病达数周以上的人,可以因为无法工作而申请此津贴,但是他必须提出医师证明,证明他的病实在太严重以致无法上班或工作。

7. 失业救济金(UNEMPOYMENT BENFIT)

一个16岁或以上的人,如果能证明他真的无法工作,就可申请此项救济,但他必须愿意工作,也必须一直在找工作,同时必须在劳工局做就业登记,并和劳工局保持联系,方能享受这种福利。

但是有下列情形者,则不能获得失业救济金。

(1)未满十六岁。(2)罢工者。(3)结婚,但另一半有工作者。(4)住院。(5)入监。(6)正获取意外赔偿金者。(7)只愿意做半天工者。

8. 国家养老金(NATIONAL SUPERANNUATIO)

养老金的给付必须年满60岁,同时最后10年中必须有7年生活在新西兰,每6个月养老金根据物价指数调整,申请者在到达60岁的头6个月内,必须提出申请。

9. 遗孀津贴(WIDOWS BENEFIT)

对于丈夫过世而有小孩要抚养的妇人,政府给予此项津贴,在某种情况下,寡妇没有小孩也可获得此项津贴。详情请查询社会福利部(DEPARTMENT O SOCIAL WELFARE)。

10. 救急津贴(EMERGENCY BENEFIT)

如果你都不符合以上申请条件,在紧急状态下,你可以申请救急津贴,详情请查询福利部。

11. 死亡给付(EMERGENCY BENEFIT)

通常给付到死亡后的第四个礼拜,也可以一次给付,这项给付要视申请收入多寡而定,给付详情也较为复杂。

12. 意外医疗给付(THE ACCIDENT COMPENSATION SYSTEM)

新西兰的"意外赔偿局"(ACCIDENT COMPENSATION CORPRATION,ACC),对在新西兰的任何人,包含外来旅客,在任何时候,任何地点,对任何严重伤害,任何职业病害,提供无条件复健和赔偿,详情如下:

(1)治疗期间可领原薪80%的薪金。(2)领取合理的医药费和复健费用。(3)领取合理的照顾费用。(4)领取因终身残废或疤痕、痛苦等赔偿。(5)如重伤死亡,家人可领取死亡给付。(6)领取合理丧葬费用(在新西兰下葬)。(7)得到为新工作所需的训练。(8)如衣物、牙齿、受损亦可获赔偿。(9)领取因医疗而引起的交通费用。

如果在上班时间,或去上班的路上,或下班回家的路上受伤,那么雇主要负担部分赔偿,ACC理赔的步骤非常简单,只要携带医生开的诊断书,到任何邻近ACC(意外赔偿局)办公室,填一份意外理赔表(NOTIFICATION OF ACCIDENT ANDCLAIM FORM)即可。

13. 住所津贴(ACCOMODATION BENEFIT)

住所津贴,是政府对于必须负担高租金,伙食,抵押贷款,房子保险,房子修理的家庭,制定的补助办法。

14. 特殊住所津贴(ACCOMMODATION BENEFITSPECIAL)

对于无法得到其他福利,但又必须负担高租金的家庭的补助。

四、投资移民政策

新西兰投资移民的宗旨是吸引资金促进活跃经济发展。

(一)INVESTOR PLUS (INVESTOR 1 CATEGORY)第一类投资移民的申请要求

第一类投资移民的优势:

投资移民无须在新西兰工作可以充分享受休闲生活。

投资移民无须等待得到新西兰绿卡。

在新西兰投资是非常安全和轻松的投资选择。

新西兰政治环境稳定,对中国外交友好。

您的配偶及孩子也包括在投资移民申请中。

英文要求几乎没有。

所有申请人在满足品行,体检要求的同时,还要满足以下条件:

主申请人需要提供至少1000万纽币的资金/资产,此资金/资产需要是:

- 主申请人或与其配偶及/或未成年子女所拥有。
- 是合法所得。
- 资金/资产需要通过正规的银行系统转移。

在申请被新西兰移民局原则批准（APPROVED IN PRINCIPLE）后，申请人需要提供证据来证明此至少1000万纽币的资金/资产已经进入NZ成为可接受的资金（ACCEPTABLE INVERSTMENTS）。

在申请被纽西兰移民局原则批准后，此可接受资金/资产（APPROVED IN PRINCIPLE）需要在NZ放3年的时间，主申请人需要在此三年的后两年每年在NZ至少居住44天。

（二）INVESTOR（INVESTOR 2 CATEGORY）第二类移民申请要求

所有申请人在满足品行、体检要求的同时，还要满足以下条件：

1. 主申请人年龄要在65岁或以下；

2. 主申请人需要提供至少150万纽币的投资资金及至少100万纽币的安家资金，此资金/资产需要是：

- 被主申请人或与其配偶及/或未成年子女所拥有；
- 不是抵押，借贷出的资金/资产；
- 是合法所得；
- 资金/资产需要通过正规的银行系统转移。

在申请被纽西兰移民局原则批准（APPROVED IN PRINCIPLE）

后，申请人需要提供证据来证明此至少150万纽币的投资资金/资产已经进入NZ成为可接受的资金（ACCEPTABLE INVERSTMENTS）。

在申请被新西兰移民局原则批准后，此可接受资金/资产（APPROVED IN PRINCIPLE）需要在NZ放4年的时间，主申请人需要在此四年的后三年每年在NZ至少居住146天。

并且，如果申请人是通过了IELTS 3分，在达到NZ后需要再完成20个小时的英文培训。

3. 英文能力的要求：

• 对于主申请人需要提供至少IELTS 3分或其他英文能力的证据；

对于所有年龄在16岁或以上的申请人需要提供IELTS 3分或英文能力的证据，通过交纳英文培训费过关。

（三）申请程序及材料清单

1. INVESTOR PLUS（INVESTOR 1 CATEGORY）

申请人需要提供：

（1）投资移民申请表；

（2）护照照片2张/人；

（3）护照的复印件；

（4）出生公证书；

（5）最近指定医院的体检报告；

(6)无犯罪公证书及无犯罪证明信;

(7)如配偶包括在申请内,请提供双方至少12个月的真实稳定共同生活证据;

(8)提供资金/资产的证据,如现金、股票及其他证卷、房产、生意等;

(9)提供赚取此资金/资产的合法证据,如工资和分红、生意利润及红利、房产、其他的投资、遗产、赠款等。

2. INVESTOR (INVESTOR 2 CATEGORY)

INVESTOR 申请材料

申请 INVESTOR 需要经过两个步骤:

(1)递交 EOI 申请,向 NZ 移民局提交与申请相关的信息;

(2)在 EOI 被选取后,移民局将向申请人发放邀请信,申请人需要在邀请信签发4个月内递交所有相关文件。

此类别每年移民配额为300个,实行择优选用。申请人需要具备至少3年的经商经验,至少 IELTS 3 分,至少150万纽币的投资资金(请参照评分细则)。

申请人需要将完成的 EOI 申请寄至:

Business Migrant Branch

Immigration New Zealand

PO Box 3705

Wellington, New Zealand

在 INVESTOR 申请的 EOI 被移民局选取并获得邀请信后的3

个月，申请人需要提供：

（1）申请表（INZ 1164）；

（2）护照照片2张/人；

（3）护照的复印件；

（4）出生公证书；

（5）体检证明；

（6）无犯罪公证书及无犯罪证明信；

（7）英文能力的证据，如IELTS 3分；

（8）如配偶包括在申请内，请提供双方至少12个月的真实稳定共同生活证据；

（9）提供资金/资产的证据，如现金、股票及其他证券、房产、生意等；

（10）提供赚取此资金/资产的证据，如工资和分红、生意利润及红利、房产、其他的投资、遗产、赠款等。

3. 新西兰投资类别移民一览表

	Investor Category 2 (Investor)（二类投资）	Investor Category 1 (Investor Plus)（一类投资）	Entrepreneur Work & Residence Visas（创业移民）	Parent Retirement Category（父母类别移民）	Temporary Retirement（短期退休计划签证）
Good health（健康要求）	Required（需要）	Required（需要）	Required（需要）	Required（需要）	Required（需要）

续表

	Investor Category 2 (Investor) (二类投资)	Investor Category 1 (Investor Plus) (一类投资)	Entrepreneur Work & Residence Visas (创业移民)	Parent Retirement Category (父母类别移民)	Temporary Retirement (短期退休计划签证)
Good character (品行要求)	Required (需要)	Required (需要)	Required (需要)	Required (需要)	Required (需要)
Investment funds (投资金额)	NZ $ 1.5 millions for 4 years (150 万 4 年投资)	Minimum of NZ $ 10 millions for 3 years (1000 万 3 年投资)	Minimum of NZ $ 100 000 – can be waived (最少 10 万或申请减免)	Minimum of NZ $ 1 million(最少 100 万)	NZ $ 750 000 (75 万)
Settlement funds (安居金额)	NZ $ 1.0 million (100 万)	No requirement (没有要求)	Sufficient Maintenance Funds for the first three years (前 3 年足够金额)	NZ $ 500 000 (50 万)	NZ $ 500 000 (50 万)
Maximum age (最大年龄)	65 (65 岁)	No requirement (没有要求)	No requirement (没有要求)	No requirement (没有要求)	Must be 66 years or older (必须超过 66 岁)
Minimal-English language (最低英文要求)	IELTS level 3(雅思 3 分)	No requirement(没有要求)	IELTS level4(雅思 3 分)	No requirement(没有要求)	No requirement (没有要求)

续表

	Investor Category 2 (Investor) (二类投资)	Investor Category 1 (Investor Plus) (一类投资)	Entrepreneur Work & Residence Visas (创业移民)	Parent Retirement Category (父母类别移民)	Temporary Retirement (短期退休计划签证)
Minimum time to be spent in NZ(在新西兰最少每年所住时间)	146 days each year (146 天)	44 days each year (44 天)	No requirement - but you have to be self employed in New Zealand on a full - time basis for 2 years to qualify for an Entrepreneur Residence Visa. (没有要求,但是你必须自雇全职工作 2 年)	No requirement (没有要求)	No requirement (没有要求)
Business Experience (商业经验)	Required (需要)	No requirement (没有要求)	Required (需要)	No requirement (没有要求)	No requirement (没有要求)
Business Plan (商业计划)	No requirement (没有要求)	No requirement (没有要求)	Required (需要)	No requirement (没有要求)	No requirement (没有要求)

（四）投资移民常见问题

1. 可接受的投资项目有如下特点：

具有商业回报性；

非个人应用性；

以纽币形式投资在新西兰，且以合法（新西兰）形式投资在商业机构或管理基金中，且对新西兰经济建设贡献。

项目类别：

政府或本地权威债券；

于 NZDX 交易的新西兰企业债券；

评级在 BBB 以上的新西兰公司债券，或其他国际评级债券（如标普等）；

新西兰注册银行的债券。

其中，买地建房额外要求如下：如果客户选择投资住家房地产，具体要求要咨询移民局或认可的律师意见。通常来说，住家房地产投资必须全新开发项目，这个不包括重新装修或加建的住家房屋投资。投资人及家属不能住在该投资房屋内，这样住房投资是鼓励纯商业投资并产生回报为目的。

2. 移民局每年给投资移民多少名额？

对于 Investor 1 Category 移民局没有任何名额限制；对于 Investor 2 Category 移民局每年发放 300 个名额。

3. 在 Investor 2 Category 政策对于经商经验的要求?

是指至少拥有25%股份的亲自经营的企业拥有者或经营年营业额达到NZ100万或至少5名员工企业的经营者。

4. 资金达到NZ后被认可的投资方式是什么?

以下投资方式将被移民局认可:

购买指定的政府公债或做房地产开发也被认可(投资不可作为个人消费)。

5. 申请在被原则批准后,申请人需要怎么做?

在申请被原则批准后申请人有12个月的时间转移资金(如有特殊情况可延至24个月);主申请人可先被批准一个12个月的工作签证(如有特殊情况可延至24个月),配偶可被批准同期的旅游签证,孩子可被获批旅游签证或学生签证。

资金在限定时间内通过移民局规定渠道到达主申请人NZ账户后,主申请人及其直系亲属(配偶及未成年子女)将获批NZ永久居留(NZPR)。

在主申请人时间到期,满足居住时间及资金投资要求的情况下,将获批NZ永久回头签证。

6. 中国投资移民转款问题

受外汇管制政策缩紧的影响,新西兰投资移民AIP后(原则性批准后)的转款问题成为中国申请人的最大困扰。新西兰移民局近日公布官方建议,有中国境内的两个投资公司成为“有可能”的合乎中新两国投资与移民相关法规的选择。包括:

Harvest Wealth Management (Beijing) (嘉实基金);

Guosen Securities Co. Limited (Shenzhen) (国信证券)。

移民局同时强调,此次推荐是基于过去成功的投资移民案例中的信息,仅为各投资移民申请人的参考,并无任何投资产品的指定,也无任何投资转款批准的保证。任何转款申请的审批将以中国国家外汇管理局的决议为准。

有意使用两个公司产品的申请人需直接与该公司相关负责人联系,并同时建议在决议之前考虑是否符合个人投资愿景。新西兰投资移民政策要求申请人在获得原则性批准后,自行操作完成符合移民政策的外汇转款,此间移民政策的解读与支持应且只应来自新西兰移民局认可的移民顾问以及新西兰移民局接待中心。

(五)新西兰最新投资移民政策

1. 投资移民由原来三类,现已改为两类:

主要条件	第一类	第二类
最大年龄限制	没有要求	小于或者等于 65 岁
经商经验	没有要求	至少 3 年
投资费用	1000 万纽币投资 3 年	150 万纽币投资 4 年
安家费	没有要求	100 万纽币(没有转来新西兰的要求)
主申请人的英语要求	没有要求	雅思 3.0 分或以上(会简单英语)

续表

主要条件	第一类	第二类
家庭成员的英语要求	没有要求	同主申请人一样或者预交英语学费
最少逗留在新西兰的时间	在3年的总投资时间内,后两年中的每一年都要住满44天	在4年的总投资时间内,后3年中的每一年都要住满146天
健康要求	申请人要符合健康要求	申请人要符合健康要求

第二类投资每年限300个指标，第一类不限。

新西兰投资移民政策的最大优点是只要主申请人在新西兰居住一定期限,其他家庭成员自动取得身份。公务繁忙的企业家可以由太太做主申请人,稳拿身份,以后再来养老。加拿大和澳洲都不允许这样。

2. 投资移民政策细则

(1)年龄

投资二类的主申请人在申请时年龄必须不得超过65岁。投资一类没有限制。

投资二类的主申请人的年龄得分如下：

年龄	分数	年龄	分数
60 – 65	0	42	18
59	1	41	19
58	2	40	20
57	3	39	21
56	4	38	22
55	5	37	23
54	6	36	24
53	7	35	25
52	8	34	26
51	9	33	27
50	10	32	28
49	11	31	29
48	12	30	30
47	13	29	31
46	14	28	32
45	15	27	33
44	16	26	34
43	17	25 或以下	35

(2)经商经验

主申请人必须有至少 3 年的被认可的经商经验。

经商经验的分数如下：

经商经验	分数
3	9
4	12
5	15
6	18
7	21
8	24
9	27
10 +	30

经商经验的时间长度是以全职工作每周至少30个小时基础上确定的。兼职工作获得经商经验的经历可按比例计算。例如，工作8年每周15小时积累的经商经验，便等同于4年每周30个小时工作时间经商经验。

每个星期只按30个小时计算，即使主申请人在任何一个星期工作超过30小时。

(3)主申请人经商经验证明

①作为证明主申请人经商经验的文件必须注明申请人的职位和职责；

②主申请人经商经验的证明包括但不局限于以下文件的正本或核证副本，以供移民官作出决定；

③商业移民专家可能还会需要其他能够实现申请的额外的文件，证明和信息；

④临时工作经验的证明需要在上表中列出,但必须显示实际的每周工时。

(4)英语语言能力

主申请人的英语能力必须要达到雅思总分3分的成绩。

英语语言能力的得分如下:

雅思考试分总分	分数
3	1
4	4
5 +	10

(六)新西兰二类投资移民申请程序

初步评估:申请新西兰投资移民的客人,可以向移民局或移民律师初步沟通表达兴趣,并提供简单的背景介绍,他们会提供一个投资移民申请表请申请人详细提供个人资料。包括三个方面:英语、经商经验和合法资产来源。

准备EOI信息:申请人递交EOI之前,需要确定如何申报经商经验,指定何种投资资产以及安家费,并需要完成雅思考试或者能够申请豁免雅思证书。在EOI当中,申请人还需要提供全面的个人信息包括婚姻状况、家庭成员名单等,但是这个阶段不需要提供具体的文件。

递交EOI:EOI是Express of Interest的缩写,意即表达申请投资移民的愿望,由移民局进行初步筛选,向够分数的申请人提出邀请。移民局每2周进行一次EOI筛选，最低要求为20分，筛选之后大约1个月，移民局发出邀请信。筛选不上的申请人，留在EOI池里6个月，过期作废。

正式申请：移民局发出邀请信之后，申请人需要在4个月之内递交申请，否则作废。申请人需要1~2个月的时间准备全套申请材料，最迟要在3个月之内按照我们的要求备齐所有的材料寄到新西兰。所有资料原则上都需要正本或公证件，并附有英文翻译，整理组织以后再递交到在首都惠灵顿的商业移民局审理。

移民局审理：移民局受理正式申请之后，开始调查核实申请人的背景，评估健康状况等，一般从递交到批准是2~12个月。

原则批准：够条件的申请，由移民官提出批准建议移民局发出原则批准信，获得原则批准信的申请人，可以持工作签证进入新西兰安排投资和生活事项，子女可以先获得学生签证免费读书。

最后工作：原则批准之后，申请人需要在12个月之内变现资产（特殊情况可以再申请延期6个月），通过银行体系转到新西兰，完成指定金额的投资。新西兰政府对投资方向没有严格的要求（除了不能购买住宅以及存银行拿利息），所有投资收益都归申请人所有（需要申报所得税）。完成投资后，将所有文件交到移民局，大约2个月批出有条件的Resident Visa相当于美国的绿卡。完成投资后，4年投资期内，第一年没有居住要求，后三年主申请人每年至少在新西兰居住146天。第二年末需要提交投资状况证明，换取后两年的“回头签证”。包括在申请当中的其他家庭成员没有在新西兰居住的要求。投资满4年,向移民局递交无条件居留权申请,获无条件永久居留权,即"永久回头签证"。

回头签证:申请人完成4年投资获得新西兰永久居留权以后,投资款可以自由支配,不再有居住限制,可以随时出入境,不影响福利,也不需要缴纳社会养老保险金。在新西兰居住满1年,有选举投票权,入籍后有被选举权。

(七)投资二类政策细则

1. 基本要求

在新西兰投资150万纽币共四年,英语方面要求有说英语背景或雅思平均分数3分,年龄不能超过65岁,而且需要有3年的经商经验。4年投资期中后三年在新西兰居住时间每年不少于146天。

这种类别将以预申请的形式来选取,其中包括年龄分,工作经验分,投资金额的加分(投资金额越多分数越多)。成功通过预选的申请人才能够获得邀请信,投递申请。

2. 年龄

- 投资二类的主申请人在申请时年龄不得超过65岁。

投资二类的主申请人的年龄得分如下:

年龄	分数	年龄	分数
60－65	0	42	18
59	1	41	19
58	2	40	20

续表

年龄	分数	年龄	分数
57	3	39	21
56	4	38	22
55	5	37	23
54	6	36	24
53	7	35	25
52	8	34	26
51	9	33	27
50	10	32	28
49	11	31	29
48	12	30	30
47	13	29	31
46	14	28	32
45	15	27	33
44	16	26	34
43	17	25 或以下	35

3. 经商经验

主申请人必须有至少 3 年的被认可的经商经验。

经商经验的分数如下：

经商经验	分数
3	9
4	12

续表

经商经验	分数
5	15
6	18
7	21
8	24
9	27
10 +	30

经商经验的时间长度是以全职工作每周至少30个小时基础上确定的。兼职工作获得经商经验的经历可按比例计算。例如,工作6年每周15个小时积累的经商经验,便等同于3年每周30个小时工作时间经商经验。

每个星期只按30个小时计算,即使主申请人在任何一个星期工作超过30个小时。

主申请人经商经验证明:

(1)作为证明主申请人经商经验的文件必须要注明申请人的职位和职责。

(2)主申请人经商经验的证明包括,但不局限于以下文件的正本或公证件,以移民官作出决定:

①商业注册登记;

②公司财务报表;

③公司纳税申报表和纳税记录;

④股权证明或公司所有权证明;

⑤工作规范；

⑥工作评估；

⑦个人纳税申报；

⑧任命书；

⑨工作证明；

⑩战略规划文件；

⑪用雇主公司信笺打印的证明，注明职业和就职的日期，并提供雇主的联系地址和电话。

(3)移民官可能还会需要其他能够满足申请要求的额外的文件，证明和信息。

(4)非全职工作经验的证明需要在上表中列出，但必须注明实际的每周工作时间。

4. 英语语言能力

主申请人的英语能力必须要达到雅思平均3分的成绩。

英语语言能力的得分如下：

雅思考试分总分	分数
3	1
4	4
5 +	10

5. 投资资金

(1)主申请人在新西兰的投资资金最低限度必须为150万纽币。

(2)加分按主申请人计划投资在新西兰的投资总额来计算。

(3)主申请人必须:

①主申请人指定与他们希望在新西兰投资的总量等值的资金或财产;

②证明指定的资金或财产的所有权;

③证明指定的资金或财产是由合法途径取得的。

(4)资金投资必须要按符合新西兰可以接受的投资方式。

投资资金的得分如下:

投资总量(百万纽币)	分数	投资总量(百万纽币)	分数
1.5	10	5.75	95
1.75	15	6	100
2	20	6.25	105
2.25	25	6.5	110
2.75	35	6.75	115
3	40	7	120
3.25	45	7.25	125
3.5	50	7.5	130
3.75	55	7.75	135
4	60	8	140
4.25	65	8.25	145
4.5	70	8.5	150
4.75	75	8.75	155
5	80	9	160
5.25	85	9.25	165
5.5	90	9.5	170

6. 申请程序

(1)申请人通过自我评估,确定达到递交 Expression of Interest 的要求。

(2)申请人向移民局提交 Expression of Interest 申请,申请人需要提交 Expression of Interest Form – Investor Category 2 表格。

(3)移民局评估 Expression of Interest,发出移民邀请(Invitation to apply)。

(4)在申请人收到邀请后,进入正式申请程序,申请人在此阶段需要根据要求提交护照、体检、资金证明等一系列文件。

(5)移民局对申请人的申请进行评估。申请经过评审可以达到移民局的要求,同时品行及体检也达到要求,移民局会批准申请人有条件限制(第 49 条)的居留签证。

(6)在申请人获批有限制居留签证 2 年和 4 年后,移民局分别复审申请人的投资情况,如果申请人满足移民局规定的条件,就会最终获批取消条件限制的永久居留签证;否则申请人签证将被吊销。

7. 指定的资金和/或资产

(1)完全由主申请人或由主申请人和配偶共同拥有。主申请人及配偶必须已经共同居住了 12 个月或更久,并维持一个真实稳定的同居关系;也可由主申请人和在居留申请列入的未成年子女共同拥有。

(2)如果指定的资金和/或资产是由主申请人和另外一个人(除

了他们的配偶或未成年子女)共同持有,主申请人只能指定提供所有权证据的部分资金和/或资产的价值。

(3)主申请人指定的资金和/或资产是他们合法取得的,包括根据当地法律已无条件赠送给他们的资金和/或资产。如主申请人指定的资金和/或资产属于获赠,移民官必须确认这些资金和或资产由原赠与者合法获得或挣取。

指定的资金和/或资产必须可以自行支配(无抵押);

指定的资金和/或资产必须不能是借来的;

已经在新西兰持有的资金:申请时在新西兰所持有的资金,可列入投资资金,然而,在申请获得原则上批准之前的投资期,不能被算入4年的投资期限中;

在新西兰持有的资金必须原先通过银行系统由合法获得的国别转移到新西兰,或是在新西兰合法挣得或取得的资金。

8. 安家资金

投资二类的主申请人必须证明在新西兰的4年投资期间他们有能力维持自己和在居留申请中包括的配偶,和/或未成年子女在新西兰的日常生活。安家资金的相关要求:主申请人必须证明他们拥有除指定的投资资金以外的至少100万纽币。安家资金的所有权:完全由主申请人或由主申请人和在居留申请中包括的配偶所有,只要移民官确信主申请人及配偶已经共同居住了12个月或更久,并维持一个真实稳定的同居关系;也可由主申请人和在居留申请列入的未成年子女共同拥有。如果指定的资金和/或资产是由主申请人和另外一个人(除了他们的配偶或未成年子女)共同持有,主申请人只能指定提供所有权证据的部分资金和/或资产的价值。

安家资金的证明:

安家资金的证明包括,但不局限于:

(1)在新西兰的银行账户的资金和/或;

(2)境外银行开设的资金账户的资金和/或;

(3)其他可接受的净资产的证明(无论是在新西兰境内或境外)。

可以接受的投资的定义:

可以接受的投资,是指投资能够在一般情况下获得商业利润;及不是用于申请人个人支出;并且按纽币形式投资在新西兰以及投资在合法的,并且符合新西兰有关法律的企业或管理基金以及有潜力可能促进新西兰经济并且投入以下任何一个或多个的领域:由新西兰政府或地方当局发行的债券,或在新西兰的债券市场(NZDX)交易的新西兰公司发行的债券,或新西兰公司发行至少为 BBB 或同等级别由国际公认的信用评级机构发行的债券(如标普);或新西兰公司的股权(包括上市或私人包括管理基金)(注:此政策认可转换债券是一种股权投资);新西兰银行的债券;或新西兰银行的股权;或房地产开发(2011 年7 月25 日新政策);或金融公司的债券;或风险投资(2014 年3 月24 日新政策)。

注:所有投资款由申请人自己掌控,但是不能存入定息存款金融机构(如银行或财务公司)。

9. 原则批准和资金转移

(1)目的和意图

该政策是针对指定的投资资金和/或资产，以及其转移到新西兰的方式，以确保：指定资金和/或资产的合法性及合法拥有权。

通过有结构及规定的程序将投资资金直接转移，来保证投资在新西兰的资金的合法性和合法所有权。

(2)原则上批准

如经过评估的主申请人满足以下的要求：

a. 投资者一类条件，或

b. 投资者二类条件。

将被通知他们的申请已经原则上被批准。一旦提供可接受的证据证明指定的资金已经按照有关政策的规定转移和投资到新西兰之并且证明投资者2类年龄满16岁或以上的任何申请人，已经符合英语要求，移民局将签发附带有2009年移民法第49条的居留签证给申请人。指定投资资金的转移，当他们的申请原则上被批准后，主申请人须将指定的投资资金转移到新西兰。这些资金必须：

①被最初指定的资金，或从这些在居留申请中最初指定的资产中出售后获得的资金；

②转移到新西兰和随后以可接受的方式投资到新西兰的投资资金，必须来源于从居留申请中指定资金；

③投资资金必须通过银行体系，从主申请人（或与付申请人联名）的银行户口直接转移到新西兰本人的银行户口。

注:通过香港或其他境外的银行转款是无效的,除非你的钱是在当地赚到的。我公司可以帮助申请人直接转款到新西兰,并满足移民政策的要求。

(3)投资资金到新西兰的时限

①主申请人必须从原则批准信中的日期起在12个月内,满足对已指定的资金进行转移和投资的要求(申请后可最多再延长6个月)。

②如果主申请人没有提出可以接受的证据,证明指定的资金已经在原则上批准之日起12个月内(最多为18个月,如果延期获准的话)转移或投资,居留申请必须拒批。

③如果主申请人想请求延长指定的投资资金的转移和投资到新西兰时限,必须自原则上批准信中的日期起在12个月内与新西兰移民局商业移民分局联系。

(4)投资期限什么时候开始

①如果投资已经满足了投资的要求,所要求的投资期限的开始日期自原则批准信上的日期算起。

②如果投资在原则上被批准后进行,所要求投资期限的开始日期自投资要求得到满足的日期算起。

③投资期的开始日期会在批准信中向成功的主申请人指明,并告知在其居留签证和/或许可证上相关要求 。

(5)主申请人的投资证明

主申请人必须提交下列资料,作为已经进行投资的证明文件:

投资人的全名；以新西兰元投入的投资额；投资日期；投资类型（在拥有公司的股份或债券的情况下，必须列出一些所投资公司的名称，以及购买股份或债券的数目）；投资的书面证明文件。

附带移民法第49（1）条的居留签证或许可证的相关要求在移民法（Immigration Act 2009）第49（1）条下签证持有人需要满足的下列要求：

投资者二类主申请人保留四年的合格投资。申请人都必须在投资期内，在新西兰逗留最低要求的时间；在投资期内，主申请人地址有任何的改变都必须通知就近新西兰移民局的分支机构；投资者二类下的主申请人在英语能力（雅思3分）上只获得1分者，在新西兰4年投资期内，就必须在新西兰公认的学校或在1989年教育法规定的高校中完成至少20课时的英语学习；在投资期满2年时，主申请人提出证明，证明他们：

还在新西兰保留被认可的投资；

满足要求的在新西兰最低居住时间期限；

投资期限届满3个月内，向新西兰移民局提交相关证明，证实已满足了以上条件的要求。

第49（1）条规定：在新西兰停留时间的最短期限；

在各类别投资移民政策下的主申请人必须在所需的投资期内至少逗留最低的时间期限。该时间的期限是：

投资一类：12%每年（每年44天）；

投资二类：40%每年（每年146天）。

投资期内的投资转移：

在投资期内，投资资金可以从一个投资转到另一个投资，假如

①在投资期内的任何时候，投资资金以纽币的形式留在新西兰；

②在投资期内投资资金仍在继续，以满足投资的所有其他规定。

立陶宛投资移民法律问题指引

作者简介

Monika Rudyte,2011 年加入 bnt 律师事务所维尔纽斯团队,硕士毕业于维尔纽斯大学的法学专业,至今在律所从事律师工作已经近五年。她为当地或国际客户提供商业及管理咨询,她的专业领域方向覆盖移民、商业运作、雇佣员工、公司日常法律、个人隐私保护以及其他国际化或欧盟监管事宜。

(翻译:广州张晓初律师团队)

近期，移民立陶宛越来越受非欧盟国家居民的欢迎，因其提供了一个相对低价、方便和快捷进入欧盟的通道，新移民可在欧盟国家之间自由行动并利用欧盟国家提供的各种设施。其主要吸引点在于商业。因此，进入欧盟最受欢迎且最可靠的方式就是基于设立公司或采购目的而持有立陶宛居留许可。现在，立陶宛移民政策开始集中吸引高端人才和高教育背景的劳动力。这意味着具有一定专业技能的外国人有意在立陶宛务工的，在申请居留许可的时候将更受政策的青睐。

一、取得立陶宛临时居留许可

（一）何为临时居留许可以及如何申请？

临时居民许可（以下简称临居证）是确认外国人在一定时期内居住在立陶宛的权利文件。临时居民许可通常期限为 1 年。① 但是，实际的有效期限取决于颁发的是何种临居证。临居证允许外国人自有选择并变更住所地。甚至，持有有效临居证的外国人在立陶宛可以在申根地区自有行动，因为持有临居证就不需要办理签证了。下文会提供更多关于临居证的申请程序及其他事项的信息。

---

① Paragraph 14, Article 2 of Law on Legal Status of Foreigners of the Republic of Lithuania No. IX - 2206 as of 29 April 2004.

（二）在设立 UAB（公司）基础上的临居证

在立陶宛，最受欢迎及最推荐的公司设立方式就是 UAB 形式（以下简称 UAB、私人公司、公司）。UAB 是承担有限责任的、法定资本（最低额度至少为 2500 欧元）①分为股权的法律实体。立陶宛或者其他欧盟或非欧盟国家的个人和/或法律实体都可成为私人公司的股东。持有至少一股的人都可被认定为股东。

私人公司的股权也可能全都由一人持有。所以单一外国实体或者外国人可能成为私人公司的单一股东。股东人数最多为 250 人。②

私人公司的等级治理结构如下：

股东大会：股东大会在每个 UAB 里面是强制性且最重要的组织架构。股东大会对 UAB 的基本事项负责任，影响其进一步的发展和存续。股东大会负担起确认年度财务声明、利润分配以及采纳公司重组、清算决策等责任③。

监事会：监事会并不是公司的必设机构，可能由股东会形成。

---

① Paragraph 4, Article 2 of Law on Companies of the Republic of Lithuania No. VIII – 1835 as of 13 July 2000.

② Paragraph 4, Article 2 of Law on Companies of the Republic of Lithuania No. VIII – 1835 as of 13 July 2000.

③ Article 20 of Law on Companies of the Republic of Lithuania No. VIII – 1835 as of 13 July 2000.

监事会的人数范围为 3 ~ 15①。监事会的首要功能就是控制 UAB 的运作,监督公司的管理层并为他们提供相应的推荐②。

董事会:董事会也不是强制性必设的机构。也可能由监事会或者股东大会形成,如果监事会没有形成董事会,则应由股东大会形成。董事会最低人数为 3 人。其功能大部分与公司的发展和商业战略有关。董事会负责决策是否开设分支机构,是否获取资产以及其他相似的重要战略性决策③。

总经理:总经理是每个公司的强制性必设的职位,负责公司的日常管理事务。总经理的职责包括:雇佣或解雇劳动人员,在第三方涉及的场合中作为公司授权的代表,以及其他多项公司日常活动④。

每个 UAB 都必须在立陶宛法律实体登记处登记。登记包括若干步骤,其中关键点如下:为取得股权而出资;执行公司的发起设立文件(包括公证书);安排其他要求的文件和行为;在法律实体登记处登记。

立陶宛移民法对公司涉及的特定商业领域并没有要求。因此,

---

① Paragraphs 2 and 3 of Article 31 of Law on Companies of the Republic of Lithuania No. VIII - 1835 as of 13 July 2000.

② Article 32 of Law on Companies of the Republic of Lithuania No. VIII - 1835 as of 13 July 2000.

③ Article 34 of Law on Companies of the Republic of Lithuania No. VIII - 1835 as of 13 July 2000.

④ Article 37 of Law on Companies of the Republic of Lithuania No. VIII - 1835 as of 13 July 2000.

想通过取得临居证并设立公司的外国人可以自由选择未来公司经营涉及的商业领域和活动。

(1)设立的时间线

设立 UAB 通常需要 2～3 周的时间,前提是发起人①以正确形式及时提供了所有要求的信息和文件,以及②为设立公司及时签好所有的文件。根据以往经验,如果发起人是欧盟之外的自然人或法人,设立程序会需要更多的额外时间。因此,为了避免设立公司的延迟,一般建议外国人或者非欧盟公司收购已经设立好的立陶宛公司,而非设立一个新公司。

(2)费用:设立公司的费用以及由 UAB 缴纳的税费

在设立 UAB 相关的法律文件费用之外,还需要 300～500 欧元的公证费、登记费和其他第三方服务费用。股权对应的资金必须在设立过程中全款支付。在设立的成本之外,还需要开设一个立陶宛的银行账户,以及准备好一个注册登记的地址和会计业务的合同。这也产生了公司其他额外持续的费用。

公司设立之后,还必须去国家税务监察和国家社会保险基金会登记。这也意味着可能登记成为增值税纳税人。

立陶宛私人公司需要支付的主要税费如下:

(1)企业所得税

立陶宛的标准企业所得税率是 15%①。优势就是立陶宛法律

① Article 5 of Law on Corporate Income Tax No. IX－675 as of 20 December 2001.

规定了特定情况下特定公司的可税利润可以适当调低税率。比如,投资资金达到至少1 000 000欧元的自由经济区(FEZ)企业在6个税务期间内无须支付企业所得税,如果第一个税务期间应当达到该投资金额,便可以在接下来的10个税务期间享受50%的企业所得税减免。这项减免措施仅适用于在相关的税务期间内,不少于75%的收入来自制造、处理、加工及储存货物,或其他相关活动的自有经济区企业。只有提供确认投资金额的审计报告的符合条件的企业才能享受此减免措施①。

另外一项税务减免适用于所谓"社会企业",比如,如果企业雇佣特定的社会群体人员(如长期失业人员、退休人员等),企业可以被认定为社会企业。如果符合以下所有的条件,公司可以适用0%的所得税率:

①在税务期间内,不少于40%受雇员工来自特定的社会群体;

②在税务期间内,企业不进行不被支持的活动清单内的活动(如生产酒精或者烟草产品等),或者在税务期间内,从该类活动中产生的收入不少于企业收入的20%;

③直至税务期间的最后一天,企业都持有社会企业地位的证明②。

另外,如果企业雇佣了一定数量的残疾员工,也可以在一定程

① Article 58 Law on Corporate Income Tax No. IX - 675 as of 20 December 2001.

② Article 5 Law on Corporate Income Tax No. IX - 675 as of 20 December 2001.

度上减少其计税收入,比如,员工中有超过50%的残疾人员可使企业减少几乎100%的税率,40%~50%的残疾员工比例能减少75%的税率,30%~40%减少50%税率等。这项豁免仅适用于50%以上的收入来自生产的企业①。

如果企业决定为员工创造一个新的工作场所并雇佣残疾员工,也可以适用劳动力交换补助金。该补助金可以用于以下任一情况:采购残疾员工所需的新设备;员工培训和额外的职业资格课程;企业前提:重组并能让残疾员工适应。能领取补助金的企业必须是在36个月内新建造了用于残疾员工的工作场所的企业;否则,应退还部分补助金。补助金的最高金额不超过40个月的最低工资——目前这个金额为14 000欧元。另外,企业还须以自有资金投入(25%到35%)。

企业所得税率的减少同样适用于小企业。当一个公司的平均员工人数不超过10人并且公司的收入不超过300 000欧元,且公司股东并没有控制其他的企业时,企业所得税率为5%②。

有趣的是,立陶宛税法不仅旨在支持小型商业及社会责任型公司,同样支持具有重大科学和文化影响力并有相应重大投资项目的企业。比如,在计算企业所得税时,涉及科学研究及实验性发展的可以以科研活动产生的费用三次抵扣税费。

---

① Article 58 Law on Corporate Income Tax No. IX – 675 as of 20 December 2001.

② Article 5 of Law on Corporate Income Tax No. IX – 675 as of 20 December 2001.

另一个例子是企业所得税减免可适用于资助电影达到特定文化容量并产生了一定产出效果的公司。在计算企业所得税时，2014年1月到2018年12月31日给立陶宛电影制片方配置资金，如果受赞助电影部分或者全部达到要求可以享受赞助资金75%部分作为赞助方收入的税款抵扣。这些公司也可以以资金全额来降低其企业所得税，但可税利润也只能降低75%。适用这些减税措施的企业需要持有特殊的投资资质①。

另一种降低企业所得税的方法就是实施投资计划。投资计划需要投资用于产生新的、额外的产品或提供新服务的固定资产，或者提升生产（或者服务供应）能力，或已有程序的部分/实质改变，或是有国际发明专利保护的新技术的引进②。实施投资计划的公司可以减少可税利润，减免的范围大致是取得符合条件资产所产生的实际费用。如果该资产对于公司的投资计划是必需的，可税利润可能达到50%的减免，当然还需满足以下条件：该资产是可以归类于特定类别的资产（如厂房及设备、架构或矿井的安装、软件等）以及该资产最初使用及生产时间不早于2年之前。

企业所得税返还申请必须提交，缴纳时间是在下一个税务期间的6月1日之前。税务局许可之后，企业可以以税务期间替代日历年。在这种情况下，税费返还申请必须提交，税费缴纳时间是在下

---

① Article 17[1] of Law on Corporate Income Tax No. IX – 675 as of 20 December 2001.

② Article 46[1] of Law on Corporate Income Tax No. IX – 675 as of 20 December 2001.

一个税务期间的第六个月的第一天之前。在立陶宛，企业也须提前支付税款。

(2)增值税

立陶宛的标准增值税标准为21%①，适用于大部分货物和服务。与企业所得税相似，在特定情况下可以适用增值税抵扣。举几个例子，9%的减税幅度适用于书本、报纸、杂志以及其他印制材料，居民房屋供暖、供热水设备，公共交通服务，酒店住宿等。5%的税率适用于医药用品(按照国家医疗保险预算案部分或全部的赔偿规定)以及技术设备以及残疾人修补部位。0%的税率适用于欧盟国家的货物及服务出口，社区内货物供应，国际交通运输服务，船舶或航空器相关的供应等②。

取决于税收供应，增值税返还申请应当每月或半年申请一次。

(3)代扣所得税

代扣所得税适用于股息红利、特许费及利息。如果股息红利是支付给立陶宛之外的外国公司，适用15%的标准税率。如果资金接收人在过去连续12个月持有的股权低于10%(如果接收人/付款人在黑名单区域则不适用)不需要适用代扣所得税③。在立陶宛产生的、由外国公司取得的特许费适用的代扣所得税方面，适用15%的

---

① Paragraph 32 of Article 2 of Law on Value Added Tax No. IX – 751 as of 5 March 2002.

② Article 19 of Law on Value Added Tax No. IX – 751 as of 5 March 2002.

③ Article 5 of Law on Corporate Income Tax No. IX – 675 as of 20 December 2001 .

标准税率。如果特许费支付给合格的相关方,如欧盟税务居民,则不适用代扣所得税。对于利息来说,标准税率也是不同的:如果在立陶宛产生的利息但由外国公司接收,适用10%的税率。如果利息从立陶宛支付出去但接收的外国公司是来自与立陶宛有DTT协议的欧洲经济区域国家,则不需要代扣所得税①。

代扣所得税返还的申请必须在每个产生收入的月份的下个月15日付税日之前提交。股息红利的扣缴税款可以在下个月的10日付款。

二、员工社会和医疗保险的贡献

在立陶宛雇员和雇主都要缴纳社会和医疗保险。

(一)雇主缴纳的部分由以下组成

1. 养老金社会保险:23.3%
2. 疾病和生育社会保险:3.4%
3. 失业社会保险:1.1%
4. 医疗保险:3%
5. 职业
6. 职业事故和职业疾病的供款:0.18%~1.8%

---

① Article 5 of Law on Corporate Income Tax No. IX - 675 as of 20 December 2001 .

总计:30.98%~32.6%①

(二)雇员缴纳的比例如下

1. 退休金和社会保险:3%
2. 疾病和生育保险:—
3. 失业社会保险:—
4. 医疗保险:6%
5. 职业事故和职业疾病的供款:—

总计:9%②

另外,雇员还应当支付15%的个人所得税③。

三、为设立公司申请临时居民许可的要求

在设立或者收购一个UAB之后,外国居民可能需要申请立陶宛的临时居民许可。在2014年11月1日之前,外国人取得许可只需要注册一个最低注册资金为2500欧元的公司并成为其所有人即可。这些最低的资金要求以及对公司的经济活动零要求为立陶宛的空壳公司开了绿灯。许多外国人一开始在立陶宛设立公司并不

① Article 3 of Law on Confirmation of Index for the year 2010 of State Social Insurance Fund Budget No. XI-538 as of 9 December 2009.

② Article 3 of Law on Confirmation of Index for the year 2010 of State Social Insurance Fund Budget No. XI-538 as of 9 December 2009.

③ Article 6 of Law on Personal Income Tax of Republic of Lithuania No. IX-1007 as of 2 July 2002.

是为了真正用于经营，而是为了获得临时居住许可并以此获得进入欧盟的通道。因此，在 2014 年 11 月 1 日之后，为了遏制空壳公司①，立陶宛采用了更严厉的立法；明确了外国人在立陶宛共和国的法律地位。在这个时间之后，UAB 的股本、在立陶宛的经营活动和外国股东的股权都要达到一定的标准的投资者方能以设立公司为由取得临时居住许可证。现行规定下提供了如下选择：

注意：为了使外国人基于设立公司持有居住许可，还需要满足以下申请设立 UAB 的要求：

（1）外国人申请居民许可之前，UAB 要在立陶宛有至少 6 个月时间的经营活动；

（2）该 UAB 的权益资本要求至少要达到28 000 欧元，并且一半以上是由该外国人投资的；

（3）该 UAB 至少雇用 3 个立陶宛公民或者持有立陶宛永久居民许可的外国人②。

外国人也可以不是目标 UAB 的所有人/共同所有人，但必须是董事长或者监事会、董事会成员。

---

① According to Paragraph 6 of Article 2 of the Law on Legal Status of Foreigners of the Republic of Lithuania, a fictitious company is defined as a private legal person registered with the Lithuanian Register of Legal Entities which was found or purchased not to engage in business activities as described in the founding documents of that legal person but for the purpose of getting a residence permit for a foreigner who is a shareholder, general manager, member of the board or supervisory board of that legal person.

② Lit 1) Paragraph 1 of Article 45 of Law on Legal Status of Foreigners of the Republic of Lithuania No. IX – 2206 as of 29 April 2004.

如果外国人被任命为 UAB 的董事长或者监事会、董事会成员，上述要求也同样适用①。

如果外国人是 UAB 的单一股东或者持有公司面值至少三分之一股本的股东，才可以申请临时居住许可。另外，外国人还需被任命为董事长，或者作为监事会的成员或董事会的成员。

基于设立公司的临时居民许可一般有效期为 1 年，甚至可以经无数次延长有效期。如果外国人希望申请 3 年期临时居住许可，则投资于公司的权益股本必须达到 260 000 欧元的价值。并至少雇佣 5 个立陶宛公民或者立陶宛永久居民②。

四、当局采取更严厉的手段限制空壳公司

前述的标准是对想要通过设立公司取得临时居民许可的外国人的正式要求。立陶宛移民局目标是限制那种仅为了立陶宛临居证而设立公司的行为。因此，在审核临居证申请的时候，移民局会检查要设立或收购的企业是不是空壳公司。实践证明立陶宛当局是非常严格的。如果他们发现该企业是虚假设立的，申请人不仅要

① Lit 2) Paragraph 1 of Article 45 of Law on Legal Status of Foreigners of the Republic of Lithuania No. IX – 2206 as of 29 April 2004.

② Paragraphs 2 and 3 of Article 45 of Law on Legal Status of Foreigners of the Republic of Lithuania No. IX – 2206 as of 29 April 2004.

承担失去立陶宛临居证的风险①,还有可能失去在一定时间内取得进入所有申根地区的机会。如果外国人因为欺诈设立/收购了立陶宛公司,移民局将禁止其在五年内②进入立陶宛,这也将导致移民局对其进入申根信息系统③中采取预警措施。因此,若移民局的决定成立并生效,采取上述做法的外国人可能不仅被禁止进入立陶宛也可能被禁止进入申根地区。

在移民局核查公司是否为空壳公司的时候,会考虑公司及该申请立陶宛临居证的外国人的活动以及涉及的其他方面。移民局将问询该外国人以核查他了解公司的名称、住址、注册资金、经营活动等与公司有关的数据,还可能核查该外国人是否有足够的资金或必要的资质以参与到相关的商业活动中。移民局还可能进一步核查公司的经营地址,通常是检查商业协议,检查公司是否交税以及采取其他证明公司的确在立陶宛实际经营的措施④。如果该测试得出

---

① According to Lit. 2) Paragraph 1 of Article 35 of Law on Legal Status of Foreigners of the Republic of Lithuania a Foreigner is not granted a temporary residence permit if he provides false information or there is a reasonable ground to think that a company is established fictitiously.

② Paragraph 1 of Article 133 of the Law on Legal Status of Foreigners of the Republic of Lithuania No. IX – 2206 as of 29 April 2004.

③ Paragraph 1 of Article 24 of REGULATION (EC) No 1987/2006 OF THE EUROPEAN PARLIAMENT AND OF THE COUNCIL of 20 December 2006 on the establishment, operation and use of the second generation Schengen Information System (SIS II).

④ Section 3 of Ministerial Order No. 1V – 329 on Procedural rules to obtain, amend and cancel a temporary residence permit as well as to assess whether a marriage, registered partnership, adoption or company are of convenience.

公司并未展开实际经济和商业活动的结论，移民局将禁止该外国人进入立陶宛。正如上文所述，这个决定赋予移民局同样禁止该外国人进入申根地区的权力。实践证明，立陶宛移民局对大多数不受立陶宛欢迎的外国人采取非常严厉的措施，这些不受欢迎的人也将被禁止进入所有申根国家。一旦移民局决定在申根信息系统内启动预警，想要再消除该记录将是极度困难的。例如，在一个行政案例①中被告（一个因设立空壳公司而被拒绝授予居民许可的外国人，同时也被禁止进入立陶宛及申根地区）称，他在欧洲其他国家有许多公司，如果被禁止进入所有申根国家，对他的商业发展来说是非常不合理而且不公平的。然而，其理由依然无法说服移民局及国家法院取消在申根信息系统中的预警。②

总之，移民局将特别关注那些仅将立陶宛作为进入申根区域的情况。因此，想要通过在立陶宛设立公司而取得临居证的外国人，建议考虑一下移民局的实际做法并确保不仅能符合正式的要求并且目标公司也应当在立陶宛开展实际商业活动。

五、高度专业特质

外国人移民至立陶宛的另一种途径就是作为高端特殊人才入

---

① Decision of Vilnius Regional Administrative Court in administrative case No. el - 11592 - 580/2015 as of 24 November 2015.

② Decision of Vilnius Regional Administrative Court in administrative case No. el - 11592 - 580/2015 as of 24 November 2015.

境工作。接受具有高度专业技巧的工作的外国人将获得临居证(也被称为"蓝卡")。根据立陶宛的法律,高级专业资格意味着由高等教育认证的学位或者与高学历相当的至少5年的专业经验,后者对于特定专业或者雇主的雇佣合同中细分部门的专业来说十分必要①。

立陶宛一直缺乏高等人才,在2014年11月1日之前由于冗长且缺乏弹性又复杂的移民程序,外国高端人才难以进入立陶宛。要求雇主要在劳工介绍所宣布有职位空缺,然后实质审核是否立陶宛的劳动力市场确实缺乏该外国专家。然而,在2014年11月1日之后,外国人在立陶宛共和国的法律地位法修正案生效之后,简化了高端外国人才取得临居证的程序。如果满足以下条件,作为高端人才进入立陶宛工作的外国人将获得临居证("蓝卡"):

1. 雇主雇佣了该外国人至少1年并支付每月不低于立陶宛统计部门公告的平均工资2倍的薪水(目前是不低于1514欧元)②;

2. 立陶宛劳工介绍所出具该外国人的工作符合立陶宛劳动法的决定,除了在该外国人的月薪不低于3倍立陶宛统计部门最新公告的平均工资,才无须出此决定(目前不低于2271欧元③);

3. 外国人提交了证明其高等教育/专业资格——学位证书(如

① Paragraph 3 of Article 2 of Law on Legal Status of Foreigners of the Republic of Lithuania No. IX – 2206 as of 29 April 2004.

② Http://www. sodra. lt/lt/situacijos/statistika/pagrindiniai – socialiniai – rodikliai.

③ Http://www. sodra. lt/lt/situacijos/statistika/pagrindiniai – socialiniai – rodikliai.

果某专业受立陶宛规定①,学位若是在国外取得的还应该通过立陶宛高等教育质量评估中心承认)②。

考虑到上述要求,建议支付外国专家不低于立陶宛平均工资3倍的薪水。通过这种途径雇主可以避免立陶宛劳工介绍所的要求,以此缩短申请程序至1个月左右。另外,考虑到蓝卡持有人对国家财政的贡献以及对国家经济的积极影响,立陶宛国会现在正考虑取消学位认证的要求,前提是该外国人的工资是立陶宛平均工资的2倍。另外,还将考虑增加电子通道以提交申请文件。这不仅是为了精简申请程序至3周时间,也是为了吸引更多外国人才来到立陶宛。

有意作为高级专家在立陶宛工作的外国人将取得3年有效的临居证,与通常只有1年有效的临居证比起来,这已经是相当长的期间。如果外国专家的劳动合同时间短于3年,临居证的期间将为合同有效期间再加上3个月③。

六、申请程序

外国人为取得临居证应当提交一份固定的表格以及相应配套

---

① Examples of regulated professions: architects, attorneys - at - law, civil engineers.

② Article 44[1] of Law on legal Status of Foreigners of the Republic of Lithuania No. IX - 2206 as of 29 April 2004.

③ Article 44[1] of Law on legal Status of Foreigners of the Republic of Lithuania No. IX - 2206 as of 29 April 2004.

文件至立陶宛外交和领事馆的邮箱。如果外国人合法居住在立陶宛(如取得了签证)或者他有委托的律师代为处理文件,文件也可以提交至该外国人打算定居的当地的立陶宛移民服务机构。临居证在申请期间,外国人不能住在立陶宛(没有有效签证的情况下)。

申请临居证还需提供以下文件[①]:

1. 有效旅行证件(护照)。

2. 个人提交的情况下,准备有效签证(向移民服务机构申请的时候)或者有效签名的委托书(如果文件是由委托的代理人提交的)。

3. 一张照片(40 mm×60 mm),应与申请人的年龄匹配。

4. 能证明取得临居证的理由

(1)基于设立公司申请的临居证:①收购或兼并公司的文件以及公司章程;②确认公司在申请临居证的时间点之前不短于6个月时间内具有实际经营活动的文件(如商业计划、确认有经济商业活动的协议、确认公司银行账号信息的复印件、年度企业所得税退税单、公司住所的租赁合同);③确认公司至少有3个全职员工的文件(或者至少5个,如果该外国人是申请3年期临居证)以及这些员工作为立陶宛公民或者立陶宛居民(如劳动合同);④公司资本金不低于28 000欧元的验资文件(如公司内部财务声明,如资产负债表或

---

① According to Ministerial Order No. 1V－329 as of 12 October 2005 on Procedural rules to obtain, amend and cancel a temporary residence permit as well as to assess whether a marriage, registered partnership, adoption or company are of convenience.

者资本变动声明)，其中不低于 14 000 欧元(或者少于 260 000 欧元，在申请3年临居证的情况下)是由申请临居证的外国人投资的；⑤确认外国人是该公司的总经理，或者监事会的成员，或者是公司不少于三分之一的资本金的投资人。

(2)基于高端专业工作的申请：①来自雇主的一封信(提供的信息包括该外国人的姓名、国籍、出生日期以及出生地点，留在立陶宛的目的和期限，打算定居的地方以及收入来源)以及为期至少 1 年的劳动合同下雇佣外国人的承诺；以及②证明外国人具有高度专业资格的文件(如大学学位、有相当权威性的学术认定机构对外国学历资格的认定决定)。

5. 证明申请人具有足够的资金实力或者有足以支撑在立陶宛生活的日常收入的文件(如银行流水或者劳动合同)。目前，认定足够在立陶宛生活的水准是每月 350 欧元①。

6. 证明在立陶宛有居住地的文件。要求外国人在立陶宛要有生活的地方，且空间不得少于 7 平方米。该物业应当是租赁或者所有的。因此，外国人申请的时候必须提交所有权证明或者租赁合同。

7. 由相应的外国政府主管部门出具的该外国人抵达立陶宛之

---

① Order of Minister of Social Security and Labour of the Republic of Lithuania No. A1 – 22 as of 29 January 2007 on the Establishment of an Amount of Subsistence Funds Which May be Considered to be Sufficient to Subsist on in the Republic of Lithuania for an Alien Requesting to Issue a Residence Permit in the Republic of Lithuania and sufficient to stay in the Republic of Lithuania.

前的最后居住地的文件确认其之前未有犯罪记录。如果其有犯罪记录,该文件须阐述犯罪的细节(时间、罪名、所处刑罚)。提示:这份文件必须是由主管部门不早于外国人申请临居证的4个月内出具的。

8. 证明外国人有医疗保险的文件。

9. 外国人到访和停留其他国家的清单。这张清单必须包括该外国人申请立陶宛临居证前到访以及(或者)生活过的所有国家。这张清单也必须包括到访以及(或者)生活的国家的时间。在无法写明准确的到访时间或者存在若干访问的情况下,应写明大概的期间。

以上的所有文件都必须被翻译为立陶宛语。必要的情况下(如犯罪记录的证明文件),文件需要附加旁注。申请临居证的外国人须支付86欧元的费用,加急的费用为172欧元。如果所有的文件和费用都已办理妥当,临居证的申请时间可在提交至领事馆或移民局2个月内颁发。基于来立陶宛工作的申请要求更高的专业资格且薪水将不低于立陶宛平均工资的3倍(以立陶宛统计局最后统计的为准),申请应当在1个月内处理完毕(加急的为2周)。

七、取得临居证之后的生活:在立陶宛的生活成本

一般来说,与欧盟的西欧国家相比,立陶宛并非一个高生活成本的国家。但是,同立陶宛最低工资350欧元相比,物价仍然是相当高的。

以下是生活在立陶宛首都维尔纽斯的一些大概成本，数据的取得源于公开网站的信息以及市场调查，或许对规划和准备在立陶宛定居有一定的帮助：在不算昂贵的餐厅里一餐大概5欧元，中等价位的餐厅大概15欧元；本地交通运输的单程票大概1欧元，计程车1公里大概0.7欧元；单床公寓的月租250欧元到500欧元，位置不同价格不同。中型公寓的其他费用（供电、供热、供水、垃圾处理、网络）大概每月140欧元。休闲活动，比如去剧院或电影院7~25欧元，健身房大概每个月60欧元①。

这仅是若干案例，很大程度上取决于个人需求，案例无法提供极度精确的信息。然而，对于平均生活水平来说，每月的花费不少于750~800欧元。

八、立陶宛永久居民

若外国人过去5年已经在立陶宛不间断地以临时居民的身份生活，便获得了申请永居许可的资格②。停留在立陶宛的期间内应当没有被连续6个月在国外停留期间打断，且这5年内应当累计不能在国外停留超过10个月。永居证对于处理政府的行政文件很有

---

① Based on publicly accessible internet pages: http://www.numbeo.com/cost-of-living/city_result.jsp? country=Lithuania&city=Vilnius; http://www.vdu.lt/en/studies/useful-information/cost-of-living/.

② Lit 8) Paragraph 1 of Article 53 of Law on Legal Status of Foreigners of the Republic of Lithuania No. IX-2206 as of 29 April 2004.

帮助。永居证确认了可以无条件地居住在立陶宛的权利。一旦颁发了永居证,政府便不再要求外国人要证明其有工作、有足够的资金、健康保险等。注意,永居证只有在申请人通过了立陶宛语的国家考试以及立陶宛宪法基本原则的考试之后才能颁发。

外国人在向移民局提交永居证申请的时候应当缴纳 43 欧元,以及其他相应的文件。如果以上的要求全部准备到位的话,永居证的申请大概在提交后的 4 个月内可以颁发。

九、结论

本章的信息提供了立法者真正关注的移民和税务板块的事项,制订该政策的真正目的是吸引有社会责任、创新型外国商业以及优秀的外国人才。在立陶宛运营一个具有社会责任或者对立陶宛的制造业、科学或者文化产生附属价值的公司,相关立法及政策不仅能够使公司的所有人及管理简化移民程序,还能够保证国家在税务和财政补贴层面的支持。另外,国家立法者在争取外国投资的时候似乎最终关注的目标是人。结果就是,高端外国专家的移民手续越来越简单,行政负担越来越少。这也刺激了另一个渠道,即外国商业逐渐被在公司活动中扮演重要角色的立陶宛专家所吸引。

走进塞浦路斯投资移民世界

作者简介

Kypros Chrysostomides 博士是塞浦路斯国际商会仲裁院的成员之一，曾在雅典大学学习法律、在卢森堡法学院从事比较法研究，获波恩大学法学博士学位。他熟悉希腊语、英语、法语、德语。他在波恩大学被任命为国际私法研究的助理员。他在英国继续自己的课业，之后在法国的斯特拉斯堡欧洲人权委员会有一段四年的工作经历。

在尼科西亚成立有自己的个人法律公司（1981 年至 2003 年），随后被指派为政府发言人（2003 年至 2006 年）。2006 年，他被选举为塞浦路斯议会成员，他的任期直到 2008 年 2 月——他被任命为塞浦路斯共和国司法和公共秩序部部长——才终告结束。

Chrysostomides 博士也积极投身于塞浦路斯的学术界、文化及社会领域。同时，他也是国内外各种组织的成员之一，其中包括国际法协会和希腊国际法学会。Chrysostomides 博士著作等身，擅长以全球视野深入分析塞浦路斯人权、政治生活等问题。他出版的书籍包括《塞浦路斯商业与税收法专题》等。

（翻译：张小玮律师）

一、国籍

(一)法律背景

内阁定下了一定的财产标准和条件,在满足条件的情况下外国投资者将通过“快速渠道”的程序以非常途径受到归化,2014 年3 月19 日内阁决定原文摘录如下:

塞浦路斯内投资者例外归化方案

基于 2002 年至 2013 年公民登记法第 111A 条第(2)款

一个非塞浦路斯公民,如果达到了下述之经济标准(A),无论是其个人财产或是作为股东在公司内依照入股比例所享有之财产,抑或是达到经济标准(A)中任意一条之公司高级管理人员,都可以通过例外规划申请获得国籍。

一个高级管理人员,如果他/她的收入在为期 3 年内为共和国产生了不低于 10 万欧元的税收,并且已经支付或预支了该项税款,便可递交申请。

申请人应当在申请之日前 3 年内完成必要的投资,并且必须在归化之后不低于 3 年内保持该投资。

另外,申请人必须满足在 B 部分中列述之条款和条件。

若在定期检查的情况下发现规避了条件中的任何一条,归化将被撤销。

标准:

1. 对政府公债进行投资

申请人必须购买不低于500万欧元塞浦路斯共和国的国债。

或

2. 对塞浦路斯公司或塞浦路斯组织金融资产进行投资

申请人必须购买不低于500万欧元的塞浦路斯公司或塞浦路斯组织的金融资产(在塞浦路斯共和国注册并发行的债券契约/证券/信用债券)。

注意,这些金融资产既可以在发行时购得,亦可随后在市场上购得。或

3. 对房地产、土地开发以及基础设施项目进行投资

申请人必须投资不低于500万欧元用以购买或建造建筑,或用以其他的土地开发项目(住宅或商业开发,旅游业或其他基础设施项目的开发)。

或

4. 购买、创立、加入塞浦路斯的企业或公司

申请人必须投资不低于500万欧元用以购买、创立或加入在共和国内驻扎并运营企业或公司。这些企业或公司应当在塞浦路斯有明显的存在并不低于雇佣5名塞浦路斯公民。

注意,根据法定义务转化为股份的资金也包括在此标准内。或

5. 塞浦路斯银行中的存款

申请人必须在塞浦路斯的银行中拥有个人3年期定期储蓄或在塞浦路斯共和国中的私有公司或信托公司(并是其中的受益所有

人)的资金,不低于500万欧元。或

上述标准1(对政府公债进行投资)、2(对塞浦路斯公司或塞浦路斯组织金融资产进行投资)、3(对房地产、土地开发以及基础设施项目进行投资)、4(购买、创立、加入塞浦路斯的企业或公司)、5(塞浦路斯银行中的存款)的综合:

申请人被要求在上述诸项总投资达到不低于500万欧元。或

人民银行有限上市公司中存款受到2013年3月15日后所实施之办法影响者:

申请人受到减值影响的存款总数不低于达到300万欧元。

在申请人受到减值影响的存款总数未达到300万欧元的情况下,通过根据标准1(对政府公债进行投资)、2(对塞浦路斯公司或塞浦路斯组织金融资产进行投资)、3(对房地产、土地开发以及基础设施项目进行投资)、4(购买、创立、加入塞浦路斯的企业或公司)、5(塞浦路斯银行中的存款)进行对剩余要求数额的追加投资,他/她可以递交申请。或

6. 大型集体投资

内阁有权利在特殊情况下降低上述标准,即(1)(对政府公债进行投资);(2)(对塞浦路斯公司或塞浦路斯组织金融资产进行投资);(3)(对房地产、土地开发以及基础设施项目进行投资);(4)(购买、创立、加入塞浦路斯的企业或公司);(5)(塞浦路斯银行中的存款):

Ⅰ.对于显名地参与了投资总数不低于1250万欧元的特殊集

体投资方案投资者,降至250万欧元。

Ⅱ.对于显名地参与了投资总数超过1250万欧元的特殊集体投资方案投资者,降至200万欧元。注意,(Ⅰ)条款持续有效直至2014年6月1日(该标准已经失效)。

另外,注意,对于上述(Ⅰ)和(Ⅱ)条款,可以通过不同的销售人员/提供者(自然或法律主体)实现对标准A1至A4的投资。

(二)条款和条件

1.无犯罪记录:申请人必须无犯罪记录。另外,其名字不得被记录在欧盟境内财产冻结的名单内。

2.塞浦路斯共和国居住权:在A部分的所有情况下,申请人必须拥有个人持有的塞浦路斯共和国永久居住权,包括增值税,其购买价格必须不低于50万欧元。

注意,同一家庭的成员,若各自以投资者的身份递交了申请,可以一并获得居住权,只要其家庭资产超过平均每个申请人50万欧元。

(三)资料的提交

为了审查所有的申请,需要提交表格(M127)以及下属资料:

1.无犯罪记录:出生国家和居住国家(如果二者不同)的无犯罪记录证明;

2.塞浦路斯共和国居住权;

3. 购买合同；

4. 土地与调查司用以登记合同的契据/收据；

5. 支付确认价格的收据；

6. 卖方或卖方公司在塞浦路斯商业银行机构中的电汇副本。

对于投资标准，则根据情况需要下列材料：

1. 由公司注册官签发的公司注册证明；

2. 由公司注册官签发的股东证明或能够证明申请人是公司的受益所有人的证明书；

3. 申请年份前的最近3年内公司的审计账目；

4. 如果申请人是高级管理职员，则需要额外提交雇佣合同以及税收署所提供的收据。

任何其他可能被内政部或财务部所需要的材料。

更进一步地，根据不同的情况，需要提交下列文件：

1. 对政府公债进行投资

购买政府公债后由塞浦路斯共和国国库提供的收据。

2. 对塞浦路斯公司或塞浦路斯组织金融资产进行投资

(1)相应金融资产的所有权凭证；

(2)公司或组织在塞浦路斯商业银行机构中的电汇副本。

3. 对房地产、土地开发以及基础设施项目进行投资

(1)购买合同；

(2)土地与调查司用以登记合同的契据/收据；

(3)支付确认价格的收据；

(4)卖方或卖方公司在塞浦路斯商业银行机构中的电汇副本。

4. 购买、创立、加入塞浦路斯的企业或公司

(1)购买合同;

(2)支付确认价格的收据;

(3)由公司注册官签发的股东证明或能够证明申请人是公司的受益所有人的证明书;

(4)公司或组织在塞浦路斯商业银行机构中的电汇副本;

(5)由社会保险司提供的公司中塞浦路斯籍员工的参保确认书;

(6)由税收署提供的申请人所投资的公司或企业中塞浦路斯籍员工的缴税确认书。

5. 塞浦路斯银行中的存款

(1)由塞浦路斯银行提供的申请人、申请人作为受益所有人的公司、申请人作为受益所有人的信托公司3年期定期存款确认书;

(2)在塞浦路斯商业银行机构中的电汇副本。

6. 人民银行中存款受到影响

(1)存款受到影响的等级和时间的确认书;

(2)对于申请人作为受益所有人的公司之存款,由公司注册官签发的公司注册证明和/或其他的证明,同时应当附上由资金受托人提供的、并能够确认申请人为受益所有人的声明书。

上述所有条款都不影响内阁就作出内阁决定所享有之绝对决定权。

（四）申请流程以及所需材料

1. 递交申请

需要总数为2000欧元的费用。原始文档以及相应复印件需要被提交到内政部。

2. 下列所需材料清单

（1）由申请人或其代表起草的信件，并在其中简要说明该份申请是如何满足投资标准的；

（2）由申请人在塞浦路斯法院书记官长或领事官员监督下填写完成并签字的M127表格。该表格亦必须由在共和国内的三个担保人完成并签字，以保证投资者拥有良好的品格和信念，但不能是律师、代表或亲戚。这只是形式程序；

（3）出生证明；

（4）护照复印件；

（5）申请人在出生国家以及居住国家（如果二者有区别）的犯罪记录证明；

（6）结婚证明；

（7）刊登在日报上两个连续版面的广告副本；

（8）两张护照大小的照片；

（9）个人简介；

（10）有关申请人在塞浦路斯所常住私人所有住宅的文件；

（11）销售合同；

(12)土地与调查司用以登记合同的契据/收据；

(13)支付确认价格的收据；

(14)卖方或卖方公司在塞浦路斯商业银行机构中的电汇副本；

(15)如果申请人是高级管理职员，则仍需要提交下列材料：

雇佣合同复件；

由税收署提供的收据复件；

(16)用以证明申请人在塞浦路斯进行投资的文件。这些文件可能包括：

由公司注册官签发的公司注册证明；

由公司注册官签发的股东证明或能够证明申请人是公司的受益所有人的证明书；

申请年份前的最近3年内公司的审计账目。

3. 对政府公债进行投资

(1)由塞浦路斯共和国国库提供的购买政府公债之收据。

注意：从2014年8月1日起，只有在最初市场（直接从财政部）购买国债才具备申请资格。

塞浦路斯公司或塞浦路斯组织金融资产进行投资。

(2)相应金融资产的所有权凭证和其他资料。

(3)公司或组织在塞浦路斯商业银行机构中的电汇副本。

4. 对房地产、土地开发以及基础设施项目进行投资

(1)购买合同；

(2)土地与调查司用以登记合同的契据/收据；

(3)支付确认价格的收据;

(4)卖方或卖方公司在塞浦路斯商业银行机构中的电汇副本。

注意:如果投资者决定投资500万欧元(标准A.3)或2500万欧元(标准A8第(I)款)以独自购买私人所有的住宅,他/她不会被要求以500万欧元的价格去购买其他的私人所有的住宅。

5. 购买、创立、加入塞浦路斯的企业或公司

(1)购买合同;

(2)支付确认价格的收据;

(3)由公司注册官签发的股东证明或能够证明申请人是公司的受益所有人的证明书;

(4)公司或组织在塞浦路斯商业银行机构中的电汇副本;

(5)由社会保险司提供的公司中塞浦路斯籍员工的参保确认书;

(6)由税收署提供的申请人所投资的公司或企业中塞浦路斯籍员工的缴税确认书。

6. 塞浦路斯银行中的存款

(1)由塞浦路斯银行提供的申请人、申请人作为受益所有人的公司、申请人作为受益所有人的信托公司3年期定期存款确认书;

(2)在塞浦路斯商业银行机构中的电汇副本。

7. 人民银行中存款受到影响

(1)存款受到影响的等级和时间的确认书;

(2)对于申请人作为受益所有人的公司之存款,由公司注册官

签发的公司注册证明和/或其他的证明,同时应当附上由资金受托人提供的并能够确认申请人为受益所有人的声明书。

8. 申请的审查程序

一旦递交申请,有关申请人的商业活动和投资的文档将会被送至财政部,以便评估申请人是否确实符合内阁所订立之标准。同时内政部会调查申请人是否符合上述内阁所作出决定中的其他条件。如果申请人符合该决定的标准和条件,内政部长将会把此情况提交至内阁作出最后决定。一旦申请获得批准,公民登记和移民司将在支付归化证明所需费用总计5000欧元后颁发归化证明。

如果申请被正式递交并附上所有必要的证明文件,且投资者符合内阁所订立的标准和条件,则完成该程序的时间约为3个月。注意,申请于支付费用之日被递交,该日期将被注明在内务部出纳办公室发出的收据上。

9. 配偶/子女

内阁2014年3月19日的决定规定给予配偶以及经济依赖的成年子女(18周岁及以上)塞浦路斯国籍。配偶和子女都没有义务达到任何经济标准。

该决定规定,如果投资者的成年子女是28岁以下的学生,并且正在高等教育机构攻读毕业文凭、本科或硕士学位的,则被视为在经济上依赖。该决定不包括正在考取职业证明(如特许会计师或大律师)或正在攻读第二、第三等文凭或学位(本科或硕士)的个人。此外,投资者的子女中,具有严重身体或精神残疾以致他/她无法正常工作的，也被视为在经济上依赖于投资者。

最后，投资者的未成年子女（18 周岁以下）有权根据《公民登记法》第 110 条第（3）款的规定，依照 M126 表格获得国籍。

（五）递交申请

1. 投资者的配偶

需要将申请递交给内政部，并支付 2000 欧元的费用。其申请可以与投资者的申请一并递交，以便配偶双方能够同时获得塞浦路斯国籍。

所需文件与投资者相同，但不用提交投资证明和购买永久居住权的文件。此外，配偶还应提交：

（1）投资者归化证明的复件（若申请没有与投资者同时提交）；

（2）投资者塞浦路斯护照的复件（若申请没有与投资者同时提交）；

（3）结婚证明。

2. 投资者的成年子女（18 周岁及以上）

需要在投资者取得了塞浦路斯国籍后将申请递交给内政部。需要支付 2000 欧元的费用。

所需文件与投资者相同，但不用提交投资证明和购买永久居住权的文件。此外，成年子女还应提交：

（1）投资者归化证明的复件；

（2）投资者塞浦路斯护照的复件；

(3)出生证明;

(4)结婚证明(如果有);

(5)本科学位证复件(如果申请人正在攻读硕士学位);

(6)高等教育机构在读证明(原件);或

(7)残疾证明(原件)。

一旦配偶或成年子女的申请获得批准,便需要缴付用于归化证明的总数为5000欧元的费用。

3.投资者的未成年子女(未满18周岁)

需要在投资者取得了塞浦路斯国籍后将申请递交给公民登记和移民司并由之处理。需要提交的文件如下:

(1)由父母以及塞浦路斯国内的两名担保人在塞浦路斯法院书记官长或领事官员的监督下填写完成并签字的M126申请表;

(2)投资者归化证明的复件;

(3)出生证明;

(4)父母的结婚证明;

(5)子女与父母的护照复件;

(6)申请人居住国提供的犯罪记录证明(16周岁以下儿童不被要求提供);

(7)非塞浦路斯籍父母手写同意书;

(8)两张护照尺寸的照片;

(9)80欧元的费用。

投资者有义务在取得塞浦路斯国籍后至少保持3年的投资。

此3年从内阁批准申请之日起开始计算，如果经过定期检查，确定申请人违反了标准，则其国籍可能会被撤销。一般来说，如果在证明满足归化条件的过程中存在欺诈、虚假陈述或不披露重要事实的情况，则国籍将会被撤销。此外，如果受规划者口头或行为上对共和国表示出不尊重或蔑视其法律，抑或在入籍后5年内于任何国家中被判处有期徒刑1年或以上的情况下，国籍将可能被撤销。内阁根据内政部长的建议，决定撤销国籍。

最后，投资者及其子女将会被免除兵役。

二、移民许可

（一）法律背景

移民许可实质上是永久居住权的一种形式。它终身有效，除非持有人已经离开塞浦路斯两年及以上。它不需要更新，而且可以被转移到新的护照上。

2012年，根据《外侨和移民法规》第6条第（2）款，内政部决定将快速程序下的移民许可范围扩大到在塞浦路斯购买至少30万欧元不动产和满足其他要求的人及其家庭成员（包括他们满足特定条件的成年子女），以吸引对房地产行业的投资。

目前生效的修订标准如下：

在快速程序的范围内授予移民许可证；

给第三国公民并投资塞浦路斯的签证申请人员；

第二次修订标准。

(二)法律框架

1. 根据《外侨和移民法规》第 6 条第(2)款规定,若满足以下条件,内政部长将在通知内阁后,向第三国申请人签发移民许可证。

2. 投资/财务标准

(1)申请人应向塞浦路斯的金融机构提交一份确认书,证明他/她已将至少 30 万欧元资金存入账户,该账户需保证至少 3 年的认捐期。必须证明以上金额已从国外转移到塞浦路斯。

(2)申请人应证明他/她拥有至少 3 万欧元的稳定年收入。这个年收入标准对他/她的家庭(配偶和子女)的每个受抚养人上涨 5000 欧元;对每个受抚养的父母或父母法人,上涨 8000 欧元。这种收入应来自国外,可以包括工作、养老金、股份股息、定期存款和租金等。计算年收入总额时,配偶的收入也可以被考虑在内。

(3)申请人应当连同申请一起提交在其名下和/或其配偶名下的地契或销售合同,房产应为向土地调查司正式提交的、市场总价至少为 30 万欧元(不含增值税)、正式付款收据至少为 20 万欧元(不含增值税)的房产(房产交付日期不论)。应当强调的是,房产总价值应在塞浦路斯金融机构的账户中结算。

上述金额必须证明已从国外转移到塞浦路斯。

需要注意的是,即使以法人名义进行房地产购买,只要申请人和/或其配偶是其唯一股东或最终受益人,并且该法人是在欧盟、欧洲经济区的共和国或其他成员国合法成立的，那么该房产购买证明也可被接受。

(4)为了推行这项政策，申请人可以购买多达两个住房单元(公寓或房屋)，只要市场总价值满足(3)的条件。这些住房单元可以是独立的，但是必须是从同一个开发公司购买的；或者一套住房和一个表面积达到100平方米的商店；或一套住房和一个表面积达到250平方米的办公室。在一对夫妇的情形中，这些限制只适用于夫妻，而不必适用于每个涉及的个人。

所述购买必须与开发公司首次出售的地产(以及上述组合)有关。在申请人拥有两个住宅的情形中，两者都必须由同一个开发公司出售。自2013年7月5日起，就本政策而言，不会接受任何与转售住宅有关的申请。应强调的是，在2013年7月5日(提交有待土地调查司确认的销售合同的日期)之前，为了达到推行该项政策的目的，土地调查司正式提交的有关转售住宅的销售合同是应当被接受的。

应当注意的是，如上文所述，如果购买的财产不立即被另一种价值相同或更高的财产所替换，根据本程序的条件(由发展公司第一次出售)，将会因为违反《外侨和移民法规》第6条第(2)款的规定而被撤销移民许可。

3. 受抚养人

(1)向申请人签发的入境许可包括其配偶和18周岁以下的子女。

(2)18周岁至25周岁的未婚子女，若能证明他们是在国外高等教育机构的学生（且自申请提交之日起至少还剩余6个月的学期），此外，还在经济上依赖于申请人，就能提交一份独立的申请、支付相关费用，以获得移民许可。

(3)在提交完申请和相关费用被缴纳的条件下，申请人/移民许可证持有人的父母和其配偶的父母也可以被签发移民许可证，要求是移民申请人/持有人能为每个此类受抚养人提供每年额外的8000欧元收入。需要注意的是，每个此类受抚养人，应附上所有相关证明文件，与他/她的申请一起提交。

(4)拥有移民许可证而未达到在共和国境内购买房产、拥有稳定年收入和在金融机构有一定额数存款等条件的申请人，他们的配偶、子女和父母将不被包含在许可证中。

4. 更高值的投资，包括没有经济依赖的子女

申请人年满18周岁的子女，同时在经济上不依赖于申请人，只要每个此类子女拥有市场价值至少30万欧元的房产（不含增值税），也可以被授予移民许可证，如上文所述。

5. 定性标准

(1)申请人及其配偶必须在其居住国或塞浦路斯提交一份无犯罪记录证明，若他们是共和国居民，一般无论如何都不会被视为会对公众产生秩序或公共安全威胁的人。

(2)申请人及其配偶应确认他们没有在塞浦路斯从事任何形式工作的准备。

注意,申请人和/或他/她的配偶可能是在塞浦路斯注册的公司的股东,而且在塞浦路斯该类公司的股息收入不被视为妨碍获得移民许可的依据。

(3)根据《外侨和移民法规》第6条第(2)款的规定,移民许可证的持有人有义务在签发移民许可证之日起1年内在塞浦路斯居住。同时,这种许可证的持有人及其被许可人所包括的受抚养人有义务在共和国境内居住不超过两年。否则,根据第6条第(3)款的规定或/和根据第6条第(4)款的规定,可以被取消移民许可证。

(4)与移民许可申请相关的所有必要文件,包括将其翻译成希腊语或英语的文件,都必须经过正式认证。

6. 提交和审查申请的程序

(1)附有所需文件的申请必须亲自或通过授权代表(相关电话号码:22-403921、22-403943)、直接提交至公民登记和移民司(CRMD)。提交申请时需支付五百欧元的费用。

(2)通过授权代表提交的申请必须附上申请人的授权书,说明代表的详细资料、完整地址和联系电话。

(3)申请应由公民登记和移民司处理,并通过内政部常务秘书提交内政部长。只有在内政部常务秘书认为有必要时,才能与申请人进行面谈。

(4)内政部应将内政部部长的相关决定通知给申请人或其授权代表和公民登记和移民司。

7. 签发出入境许可的时间安排

必须强调的是，只要达到本政策标准，并且没有关于申请人的犯罪记录或扰乱公共秩序及安全的理由，申请书将由内政部部长审批，并签发入境许可证。

据估计，本政策声明中所述的审查申请的程序不得超过自提交完整申请之日起的两个月。

三、外资企业的雇佣

目前，多数股权为非欧盟国民（称为外资企业）所持有的塞浦路斯公司或在任何通过认证的证券交易所上市的塞浦路斯公司的分支机构，可雇用来自第三国的外派员工作为执行董事或关键员工。公司实际受益所有人（自然人）的姓名必须在公司的股东名册上予以公开。公司必须在塞浦路斯的办公场所经营，为提供租赁或购买之目的。

此外，必须出具银行和其他文件的相关证据，以证明实际受益所有人（直接或间接）有一笔从国外合法带入（迅速转移）至塞浦路斯，并至少达到 170 860 欧元的外商直接投资。在第一次申请雇员许可证时，公司必须出示银行对账单，证明具有 170 860 欧元外商直接投资（至少剩余 41 006 欧元）。

具有旅游签证的入访者可以在塞浦路斯停留不超过 90 天。在停留期间（塞浦路斯境外的任何日期均不计算在内），必须提交临时工作和居住许可的申请。该类别是唯一一种允许发生这种变化情形而不需要离开或重新进入塞浦路斯的类别。

执行董事(如常务董事、总经理)月收入不应少于3872欧元。

中层管理人员/关键员工(如部门经理、专家等)与执行董事有类似的要求,除了月收入不应少于1936欧元。

上述类别的居留期没有时间限制,而在塞浦路斯的其他类别的居留期则有时间限制。

向公司的第一批雇员发放有效期最长为1年的可续签临时工作和居留许可,而对于后续雇员,许可证的有效期最长为两年。应该强调,如果在同一时期,离开塞浦路斯长达3个月,移民许可存在失效的可能。许可证应包含申请人提交申请后立即采集的生物特征数据。

只要雇主在塞浦路斯的投资额达到上文所述之内阁决定中的任意一条经济标准,执行董事就可以通过快速程序进行归化申请。如果/当投资已完成,只要他/她已经支付或预付了3年期间的10万欧元所得税,并且已拥有交易价值至少为50万欧元的永久住所,那么该执行董事就可以进行归化申请。公司必须为每个进行归化申请的经理追加额外投资。

最后,如果公司的实际受益所有人要求通过快速流程获得国籍,则公司保留雇用第三国员工的权利。移民局负责核实与归化申请共同呈交的材料(如在给予国籍后保留投资的3年规定),并且在申请人提交新的就业或续签申请时进行相关检查。

四、税务细节

（一）基本信息和税率

在征税方面，倘若个人在同一税收年度中在塞浦路斯境内居住一段或多短时间而天数总数超过 183 天的，则认为该人居住在塞浦路斯。

同样的，倘若一家公司的经营和管理都是在塞浦路斯境内进行的，则认为该公司驻地为塞浦路斯。

塞浦路斯对其税收居民（被认定居住在塞浦路斯的个人或驻地在塞浦路斯的公司）全球范围内的收入进行征税。非塞浦路斯税收居民只需缴纳来源于塞浦路斯境内的收入所对应之税。

非塞浦路斯税收居民倘若在塞浦路斯境内拥有常驻机构，可以依照自身利益，选择按照塞浦路斯税收居民的标准进行缴税。

1. 个人所得税税率如下：

应课税收入（欧元）	税率（%）	累积税额（欧元）
低于 19 500	0	无
19 500～28 000	20	1700
28 000～36 300	25	2075
36 300～6 万	30	7110
超过 6 万	35	

公司企业的税率为12.5%。

一项特别的国防捐款会被计入税务居民(个人和公司)以股息、利息和租金的形式的应课税收入之中。

2. 不被计入应课税收入的包括但不限于:

所有利息收入(除了因正常商业活动所产生的利息收入,包括与正常商业活动紧密相关的利息收入);

股息;

在一定条件下,国外常驻机构的利润;

通过退休金获得的金额总数;

获批的人寿保险、公积金和抚恤金本金总和;

由房产所获得之利润;

由塞浦路斯境外雇佣单位发放的劳动报酬,其中要求该主体于一个年度内在该单位工作超过90天,该主体可以是非塞浦路斯居民或属于塞浦路斯居民的境外企业;

对于每个在塞浦路斯开始工作之前已经是塞浦路斯居民的个体,由塞浦路斯境内雇佣单位所发放的劳动报酬中的20%或8550欧元(取最低者)。对于每个在塞浦路斯开始工作之前是国外税收居民的个体,由塞浦路斯境内任何雇佣单位所取得之劳动报酬中的50%,免税期限为自开始工作之年份的1月1日起的3年内。倘若上述收入超过每年10万欧元,则免税期限为自开始工作之年份的1月1日起的5年内;

一些特定的抚恤金和福利;

在一定条件下,奖学金或其他类似的助学金。

3. 减税

倘若满足包括下述的一些条件,则可以减税:

因获批的人寿保险缴纳的额外费用;

因普及医疗方案以及其他获批的医疗方案等缴纳的额外费用;

向塞浦路斯共和国、地方政府或其他获批的慈善机构捐赠的以慈善为目的的文化、教育捐款;

因为保护法案的要求或文物的维修、保护和重建而支付的款项。

根据现行的双重税协定,可以通过对塞浦路斯税征收外国税的税收抵免,来避免对相应收入进行双重征税。

塞浦路斯不征收遗产税。无论是塞浦路斯人、来自欧盟成员国的外国人或不居住在塞浦路斯的外国人,其全球范围内的财产都免征遗产税。

4. 双重税协定

为避免双重征税,塞浦路斯与近 50 个国家签订并批准了税收协定。

需要强调的是,无论税收协定上如何规定,塞浦路斯从不对塞浦路斯的企业或个人向非塞浦路斯的企业或个人所支付的股息、利息和特许权使用费课税。

5. 增值税

如果一年中记录的应税商品的价值超过 15 600 欧元或预计超过 15 600 欧元,则每个个人都有义务登记增值税服务。

根据现行税法，目前的增值税税率为标准税率19%，减税税率9%或5%，零税率(0%)。

(二)财产有关的税金、手续费和征税

1. 印花税

合同印花税为合同金额最初的5000欧元为零税率，合同金额不超过17万欧元部分的税率为千分之一点五，超过部分为千分之二。

需要支付的印花税最高不超过2万欧元。

印花税必须要在合同签订后的30日内缴清，否则会因推迟而受到处罚。

为了让购买者能够实施对抗开发商/出售者的强制履行令所赋予之权利并免于被征收房产税，住房买卖合同应当被提交到土地登记处进行登记。购买者有权在签字后的6个月内保留加盖印花的住房买卖合同。

2. 财产收益税

财产收益税以20%的税率(扣除掉证明了的改造费用并根据通胀进行调整)，从位于塞浦路斯境内占有的不动产、占有的公司股份(不包括经过确认的上市公司)、位于塞浦路斯境内不动产的资产总额中产生出来的收益里进行征收。自然人可以享受一生内一次性17 086欧元的减税。免于课税的收益包括但不限于：因公司重组而产生的收益、因在经过确认的上市公司中占有的股份而产生的收益

以及从占有的主要居住住宅所产生的收益，但总金额不超过85 430欧元。

不用征收财产收益税的例外有：

因死亡和义务取得而产生的让渡不被考虑为占有资产的收益；

对政府或慈善机构的赠与；

根据农业用地法进行的交换或买卖（土地合并）；

公司重组；

如果在资产交换过程中存在给付资产和取得资产之间的差价，则需要被征收财产收益税。

3. 地产让渡费

让渡费需要在让渡完成之时于相关地区土地处缴纳，并按照下面的累进标准进行计算：

最初的85 000欧元，3%；

85 000～171 000欧元，5%；

超出171 000欧元的部分，8%。

注意，合同数额对土地处不具有约束力，土地处将自己组织地产评估，如果评估值大于合同数额，则按照评估值缴纳让渡费。

重要的是，上述税率分别适用于合买中的每一个购买者（无论多少），如夫妻合买的时候，购买金额将会被分成两等份，让渡费将分别按照每个人所给付的份额进行计算，因而降低了让渡费。

4. 房产税

共和国每年都对其境内所有的不动产征收房产税。房产价格将根据1980年1月1日的土地和调查司整体评估标准,按照在土地登记册上登记或记录的市场价格进行评定;倘若没有记录,则该房产价格由土地与调查司的官员进行评估。目前,相关的税率如下:

价值(欧元)	税率(%)	税额(欧元)	累积税额(欧元)
不超过4万	0.6	240	240
4万至12万	0.8	640	880
12万至17万	0.9	450	1330
17万至30万	1.1	1430	2760
30万至50万	1.3	2600	5360
50万至80万	1.5	4500	9860
80万至300万	1.7	37 400	47 260
300万以上	1.9		

2015税收年度的免税额度为12 500欧元,然而房产价值总额度超过12 500欧元的房主则不能免税。

5. 市区地产税或"房产税"

该税项按照土地登记簿中登记或记录的财产价值进行评定,评定方式如上所述,税率为每年0.8%。

6. 地产增值税

从2011年10月1日起,如果在塞浦路斯境内购买或建造的住宅会被用于受益所有人的常住地,则其增值税将会下调5%。在批准申请人提交的相关申请表后,税务署将会签发一张证明书。

倘若该房产是在2004年5月1日后才申请城镇规划许可的新建房产,则购买该房产需要额外缴纳19%的增值税。对于2004年5月1日之前就已完成城镇规划许可申请的,则不需要缴纳增值税。增值税的情况会在购买之前说明清楚。

当购买(房屋或公寓)是买方的第一套私人住宅时,作为对首次购房者的经济激励,买方有权申请在支付了19%的全额增值税后退回大约14%的增值税。

自行建造的房产需要缴纳19%的全额增值税,房屋面积超过250平方米的房产也需要缴纳全额增值税。对于有3个孩子的家庭,关于房屋面积的限制可以增加到275平方米,且往上每增加一个孩子便增加15平方米的住房面积限制,但在200平方米以下的房产不需要缴纳增值税。

房产购买的增值税免税条件:

买方必须以房产为常住地居住10年,否则他将被要求按比例退还增值税。

在需缴纳增值税的房产生活超过十年后,业主有权购买具有相同增值税权利的另一所房子。

该房产必须是主要居所,而且房主在塞浦路斯没有第二套房产。

该房主必须每年使用该房产不少于186天,并证明这是一个有水、电和电话账单的常住地。

增值税退税申请必须连同合同副本和建筑许可证副本一起

填写。

一次性缴纳增值税。在出售房产的时候,没有增值税。

如果买方出租或不居住在该房产中时,不需要缴纳增值税。当房产作为投资出售时,原买家向新买家收取增值税并缴纳给政府。

房产转售不需缴纳增值税。转手房产是二手房产。

土地购买不需缴纳增值税。

五、买家/投资者建议——不动产投资

于投资者而言,虽然(1)塞浦路斯投资者归化方案(以下简称归化方案)和(2)最近修订的针对通过快速程序获得移民许可的投资者的方案(以下简称永久居留方案)都分别提供了投资塞浦路斯共和国所能获得的巨大优势和附加价值,但是考虑到不动产的收购,我们认为每位潜在投资者在投资前都应该认真考虑以下建议和信息:

在选定一种具体的不动产之前,考虑到卖家和候选不动产两方面,有必要进行一次"针对性尽职调查"。

从法律角度来看,一种典型的"尽职调查"应该包括但不限于以下几条:(1)确认候选不动产的登记所有人;(2)确认登记所有人出售候选不动产的法律行为能力;(3)考虑候选不动产是否存在独有地契;(4)是否存在妨碍候选不动产独有地契的抵押、负债、单据或其他债务,是否存在包含了其他候选不动产的土地内容,等等。

除了“尽职调查”所要求的法律信息，建议通过指定的第三方技术专家（如建筑师、土木工程师、土地测量师等）获得额外的信息，以确定候选不动产的状态和特征属性。

投资移民新加坡的全方位解析

作者简介

杰弗里·库里(Geoffrey J. Curley)是大成芝加哥律师事务所公司部资深律师。他刚刚从伊利诺伊理工大学—芝加哥肯特法学院毕业,获得了该校的公司法和国际法的法律博士学位。在威斯康星大学麦迪逊分校读本科时,库里先生主修了汉语、东亚研究和经济学。他还从威斯康星大学麦迪逊分校(UW - Madison)商学院获得了专业证书。由于他的研究成果显著,他数次被邀请前往中国,最近一次是在北京三友知识产权代理公司的暑期实习。

(翻译:余本军律师)

摘要

稳定的社会环境,友好的投资氛围,高效低额的税收,外加十分清廉的商业环境,使新加坡成为全球投资者和企业家追捧的投资目的地。对于投资者而言,该国投资移民主要方式是“全球投资者计划”;另一个次要的、不太永久性的方法就是取得创业移民准入证(又称作商业入境证)。“全球投资者计划”为高净值投资者提供了在该国即时获取的永久居留权。另外,创业移民准入证是允许暂时停留,但最终有可能取得永久居留权。与其他移民方法相比,这两种方法都提供了进入新加坡的相对简单和充足的机会。本文概述了两种方法的要求和各种规则。

免责声明:以下信息仅仅是新加坡移民与检验管理局规定的商业移民目的规定的总则。它是根据一般信息编写的,假设申请人从未有过新加坡签证。本摘要应作为一般准则,但对不同的申请人的具体情况,新加坡移民部门可能会有额外的要求。因此,建议申请人就本人特定情况与律师联络。

一、新加坡投资移民

新加坡共和国(以下简称新加坡)是位于东南亚马来西亚半岛南端的主权城市国家。它拥有超过500万人口,其中近一半来自国外，因此新加坡是世界上外国人比例最高的国家之一①。其多样化的人群主要来自中国、马来西亚、印度和其他东南亚国家②。虽然新加坡最新的 GDP 值仅占世界经济的 0.48%（2970 亿美元）③，但其 1975 年至 2017 年的年增长率平均为 6.78%④。2017 年，美国威达信集团公司的子公司美世公司赞扬新加坡拥有亚洲最好的生活质量，在全球 231 个城市排名榜上名列第 25 位⑤。因此，新加坡已经成为全球移民高度认可的目的地。

投资者投资移民到新加坡有两种途径可供选择：全球投资者计划和新加坡创业移民。全球投资者计划是一项典型的投资移民计划，为外国人提供获得永久居留权的机会。新加坡创业移民是一种工作签证，仅允许持有者临时居留，但价格比全球投资者计划更实惠。全球投资者计划由新加坡联邦管理，受《移民法》的管辖，而新加坡创业移民由人力资源部管理，由《外国人力资源雇佣法》管辖。

---

① 新加坡共和国贸易和工业部统计局 2016 年人口趋势，2016 年 3 月 3 日（http://www.singstat.gov.sg/docs/default - source/default - document - library）/出版物/出版物和论文/人口和人口结构/人口 2016.pdf。

② Id. at 5.

③ 新加坡 GDP，TradingEconomics.com 可在该网址 https://tradingeconomics.com/singapore/gdp 获取。

④ 新加坡 GDP 增长率，Trading Economics.com 可在该网址 https://tradingeconomics.com/singapore/gdp - growth 获取。

⑤ 大卫罗马“新加坡超过东京成为亚洲生活质量最好的城市”，Bloomberg.com（2017 年 3 月 14 日）可在 https://www.bloomberg.com/news/articles/2017 - 03 - 14/新加坡超过东京成为亚洲生活品质最好的城市。

二、全球投资者计划

新加坡投资签证，官方名称为“全球投资者计划”（“GIP”或“计划”），是获得该国永久居留权的合法但昂贵的方式。它主要是为经验丰富的商业人士和愿意并能够投资少量财富的成功企业家而设。该计划有两种投资可供企业家选择。第一个选择（备选方案 A）是投资一个新的业务实体，或扩展许多被认可的行业之中的一种现有业务[①]。第二个选择（备选方案 B）是投资一个全球投资者计划基金，该基金是国家批准的一个风险投资基金，投资于新加坡的公司[②]。目前得到批准的全球投资者计划基金有 The Enterprise Fund V Ltd.，Evia Growth Opportunities IV Ltd.，F & H Singhome Fund III Ltd.，Phillip Ventures Enterprise Fund 5 Ltd. 和 UVM 3 Venture Investments LP.。[③] 备选方案 A 和备选方案 B 都要求企业家投资至少

① 参见全球投资者计划，请联系新加坡（2012 年 8 月 6 日），网址为 https://www.edb.gov.sg/content/dam/edb/en/why%20singapore/entering - singapore/GIP - Global - Investor - 节目宣传册，英文.pdf；参见 GIP 申请的评估标准，请联系新加坡（2017 年 5 月 1 日），网址为 https://www.contactsingapore.sg/Media/ContactSingapore/EN/Investors%20and%20Business%20Owners/Invest%20in%20Singapore/Global%20 投资者 20 计划/全球投资者计划评估标准 -（英文）_2017 年 5 月 1 日.pdf（列出认可行业）。

② 同上文注释①，全球投资者计划。

③ 参见美世有限公司 2017 年版的全球投资者计划（GIP）基金的评级报告。

250 万新加坡元（新元）（约 1 849 386 美元或 12 204 034 元人民币）。[1] 如果申请人选择备选方案 B，可以选择不止一个被批准的 GIP 投资基金；不过要注意，每个基金都有自己的最低投资金额要求。

要获得该计划中的永久居留身份，个人必须证明，其同时拥有大量的业务记录和成功的创业背景。这些资质必须通过申请人一个公司最近三年的财务报表予以证明。[2] 财务报表必须经过有认证资格的审计公司审计。[3] 具体来说，申请人必须表明，在最近一年最成功的业务营业额至少有 5000 万新元，最近三年平均每年至少有 5000 万新元。[4] 如果申请人的公司业务领域属于房地产或建筑行业，所需的营业额就更高，为 2 亿新元。[5] 如果申请人没有能够满足

---

① 参见全球投资者计划，请联系新加坡（2012 年 8 月 6 日），网址为 https://www.edb.gov.sg/content/dam/edb/en/why%20singapore/entering - singapore/GIP - Global - Investor - 节目宣传册，英文.pdf；另见投资签证，新加坡签证服务（2017），网址为 https://www.singapore - visa.net/investment - visa - singapore；另见 Leon Kwong Wing，"SGP 全球商业移民实务指南"，SGP 1.03 移民，14 日（2016 年）。

② 参见全球投资者计划，请联系新加坡（2012 年 8 月 6 日），网址为 https://www.edb.gov.sg/content/dam/edb/en/why%20singapore/entering - singapore/GIP - Global - Investor - 节目宣传册，英文.pdf。

③ 财务报表必须经过资格认证的审计公司审计。具体来说，申请人必须表明，在最近一年最成功的业务营业额至少有 5000 万新元，最近三年平均每年至少有 5000 万新元。如果申请人的公司在房地产或建筑行业，所需的营业额就更高，为 2 亿新元。如果申请人没有能够满足最低营业额要求的业务，则允许其将所有业务合并以达到基准。如果申请人的企业是私人所有的，她必须拥有至少 30% 的所有权才能获得资格。申请人在业务中的作用及其增长和盈利能力也将得到考虑。

④ 参见全球投资者计划，请联系新加坡（2012 年 8 月 6 日），网址为 https://www.edb.gov.sg/content/dam/edb/en/why%20singapore/entering - singapore/GIP - Global - Investor - 节目宣传册，英文.pdf。

⑤ 身份证件。

最低营业额要求的业绩水平，则允许其将所有业务合并以达到基准。如果申请人经营的是私营企业，申请人必须拥有该公司至少30%的所有权才能获得该申请资格。[①] 申请人在促进该公司的业务增长中的作用和盈利能力也会被考虑。

此外，选择方案A的企业家必须提交详细的五年投资计划，包括未来的工作岗位提供和年度财务预测。[②] 投资计划中列出的第三年基准必须在该期限内完成，整个五年计划必须在获得新加坡永久居留身份的最终批准后5年内履行。[③] 如果业务计划涉及投资已有的新加坡公司，公司必须实现的第三年强制性“里程碑”标准：(1)雇用至少5名本地员工；(2)年度总营业支出额至少达到100万新元。[④]

要申请全球投资者计划，申请人必须首先支付申请费7000新元，该笔费用只收不退。[⑤] 申请人在付款后1个月内，必须填写和上传申请表，包括表格A(个人资料)、表格B(拟议投资计划)和表格C(付款明细)。[⑥] 最后，申请人必须向新加坡经济发展局发送各证

---

① Https://www.edb.gov.sg/content/dam/edb/en/why%20singapore/entering-singapore/全球投资者计划—英文.pdf。

② 身份证明。

③ 身份证明。

④ 身份证明。

⑤ 身份证明。

⑥ 身份证明(请访问https://www.contactsingapore.sg/gip以获取表单的可下载副本)。

明文件。[①] 证明性文件包括但不限于申请人经公证的护照复印件和出生证明，直系家庭成员背景的详细记录，经公证的结婚证和离婚证复印件，经审计的公司财务报告和其他证明文件[②]。请注意，外文文件的官方英文翻译必须由有关公证人提供并进行公证。

所有申请费用缴清，文件填写完毕。经确定申请人符合资格标准后，会有一个面试。如果申请获得批准，新加坡移民局将会给申请人颁发原则上批准的“永久居留许可（APPR）”身份认证。从申请开始到得到 APPR 批准，整个过程需要 4 到 8 个月的时间[③]。然后，申请人需要在收到 APPR 身份认证 6 个月内提供 250 万新元的投资。申请者在向新加坡移民局提交投资的书面证据后，新加坡移民局会颁发给其最终批准的永久居留许可认证。如果投资是新业务或现有业务，而不是全球投资者计划基金，申请人需要在投资的第

---

① 参见 GIP 申请的评估标准，请联系新加坡（2017 年 5 月 1 日），网址为 https://www.contactsingapore.sg/Media/ContactSingapore/EN/Investors%20and%20Business%20Owners/Invest%20in%20Singapore/Global%20 投资者 20 计划/全球投资者计划评估标准 -（英文）_2017 年 5 月 1 日.pdf（列出认可行业），GIP 申请评估标准；（申请应提交给新加坡经济发展局，联系新加坡，250 北桥路 28 号，莱佛士城大厦，新加坡 179101）。

② 参见全球投资者计划，请联系新加坡（2012 年 8 月 6 日），网址为 https://www.edb.gov.sg/content/dam/edb/en/why%20singapore/entering - singapore/GIP - Global - Investor - 节目宣传册，英文.pdf；参见 GIP 申请的评估标准，请联系新加坡（2017 年 5 月 1 日），网址为 https://www.contactsingapore.sg/Media/ContactSingapore/EN/Investors%20and%20Business%20Owners/Invest%20in%20Singapore/Global% 20 投资者 20 计划/全球投资者计划评估标准 -（英文）_2017 年 5 月 1 日.pdf（列出认可行业）。

③ “申请流程和处理时间”，投资移民局（2014 年 6 月 25 日），可从以下网址 https://www.investmentimmigration.com/application - process - processing - time - singapore/获取。

二年,第三年和第四年结束时提交经审计的财务报表。[①]

得到最终批准后,申请人将由移民局局长签发再入境许可证("REP"),持续时间为5年。持有REP的永久居留居民可自由出入新加坡,并在出境后保留永久居留身份。在发出REP或其后的任何时间,如果必要,移民局局长可以根据具体情况收回、更改或撤销REP。[②] 在REP的最初五年有效期结束后,如果申请人具体的投资履行情况良好,REP可以延长3年或5年。如果是REP延长3年,申请人必须符合方案A或方案B的投资条件,并且(1)在新加坡设立一个公司,并在一年内发生不少于100万新元的商业支出,或至少聘用了五名本地员工;(2)申请人在GIP申请中列出的持有永久居留身份的人必须在新加坡居住的时间超过REP的最初5年有效期的一半以上(如超过两年半)。[③] 如果是ERP延长5年,申请人必须全面符合上述两项条件(选择方案A或方案B中的实际投资条件,发生超过100万新元的商业支出或至少雇佣5名本地员工,并在新加坡居住时间超过REP的最初5年有效期的一半以上)。[④]

至于申请人的亲属,配偶及所有21岁以下的家庭成员均有资

---

① 参见全球投资者计划,请联系新加坡(2012年8月6日),网址为https://www.edb.gov.sg/content/dam/edb/en/why%20singapore/entering-singapore/GIP-Global-Investor-节目宣传册,英文.pdf,全球投资者计划。

② 参见《移民法》(第133章),《新加坡共和国章程》§11¶3(a)(2008年1月1日)。

③ "投资移民:新加坡居民投资者计划",投资移民网站,网址为https://www.investmentimmigration.com/singapore-residence-investor-program/。

④ 身份证明。

格申请永久居留身份。① 但应该注意的是，根据《国民服役征召法令》，申请永久居留身份的男性子女，在年满 18 岁以后必须履行国民服役。② 但是，申请人的其他亲属，包括父母和 21 岁以上的所有家庭成员一般不符合永久居留身份。但是，根据该计划，如果申请人的父母和岳父母都额外再投资 30 万新元就可以在新加坡得到住所。③ 对于所有其他不符合条件的亲属，想要进驻新加坡，唯一实际的选择就是取得与申请人的再入境许可证有效性相关的 5 年的长期访问通行证。申请人应意识到，申请一个完整家庭的移民意味着对新加坡这个国家有更大程度的投资承诺，而且通常比减少一个或一个以上申请人的直系亲属的移民申请更受好评。

两年之后，申请人可能有资格将其永久居留身份转为新加坡公民身份。④ 不过，请注意，新加坡是一个单一公民国家，所以获得公民身份只能是放弃以前国家的公民身份。申请人可以向移民局提交电子申请。每项申请均根据实际情况和现行政策进行考虑，其后所有申请均须与移民局接洽。

---

① 参见全球投资者计划，请联系新加坡（2012 年 8 月 6 日），网址为 https://www.edb.gov.sg/content/dam/edb/en/why%20singapore/entering - singapore/GIP - Global - Investor - 节目宣传册，英文.pdf。

② 身份证明。另见“永久居民”新加坡移民局官网，“新加坡移民局”（2017 年 8 月 27 日），网址为 https://www.ica.gov.sg/#/apply/PR/apply_PR_who。

③ “新加坡信息：新加坡永久居民”，ExpatSingapore.com（2017），可在以下网址 http://www.expatsingapore.com/content/view/1379 获取。

④ “新加坡公民申请指南”，guidemesingapore.com，Hawksford（2017），可从以下网址获取具体信息。https://www.guidemesingapore.com/business - guides/immigration/citizenship/singapore - citizenship - application - filing - guide.

三、新加坡创业移民

对于希望移民到新加坡但又不能承受全球投资者计划所需的庞大投资金额的投资者,创业移民则是一个可行的替代方案。创业移民专门用于希望在新加坡开办新业务并创造当地就业机会的企业家。它不适用于已有的公司;它只适用于拟建或新成立的公司(已经成立不到6个月的公司)。① 另外,新公司必须是在商业注册局注册的私人有限公司,而且不得涉及以下业务:咖啡店,小贩中心/美食广场,酒吧,夜总会,卡拉OK厅,按摩院,针灸专家,中药管理,草药配药企业,职业介绍机构和风水企业②。创业移民申请费用为70新加坡元。③

与GIP的申请非常相似,创业移民的申请要求申请人提供详细的工作和/或创业经历。④ 申请人明示自己作为公司创始人,合伙人或股东的经验尤为重要。此外,申请人必须提交详细的业务计划,

---

① Leon Kwong Wing,"SGP全球商业移民实务指南",SGP 1.03移民,14日(2016年),第9页。

② "创业移民资格",人力资源部的官网(2017年8月16日),网址为http://www.mom.gov.sg/passes-and-permits/entrepass/eligibility。

③ "申请创业移民",新加坡人力资源部的官网(2017年8月3日),网址为http://www.mom.gov.sg/passes-and-permits/entrepass/apply-for-a-pass。

④ Leon Kwong Wing,"SGP全球商业移民实务指南",SGP 1.03移民,14日(2016年),第9页;(请访问以下网址以获取应用程序的可下载副本http://www.mom.gov.sg/~/media/mom/documents/services-forms/passes/entrepass.pdf)。

详细的市场分析和财务预测。[①] 收到创业移民核准通知6个月后，申请人必须根据签发的商业计划开展业务活动，并在当地组织工作人员就业。[②] 如不能出示业务启动证明，将导致创业移民的申请被撤销。

全球投资者计划和创业移民之间有一个重大差异，对申请人来说是不太有利的，即创业移民只是“外国劳工雇佣法令”下的工作签证（或正式的工作通行证）。[③] 它只签发12个月和24个月的时间，因此必须定期更新。创业移民申请人需要更新时，将在签证有效期还剩3个月的时候收到更新表。申请人需要在通行证到期前至少两个月填写更新表，提交给人力资源部，并附上申请人公司经审计的最新财务报表和其他业务记录（如最新公司注册信息，办公室租赁协议，员工中央公积金报表等）。如果更新成功，申请人将收到原则上批准更新的信件，其有效期为3个月。然后，申请人必须在原则上批准的更新申请有效期内或当前通行证有效期截止之前（以先到者为准）获得新的创业移民通行证。新的创业移民通行证有效期将在旧通行证到期时开始计算。第一次更新将获得为期1年的续

---

① Leon Kwong Wing，“SGP全球商业移民实务指南”，SGP 1.03 移民，14日（2016年），第9页。

② Leon Kwong Wing，“SGP全球商业移民实务指南”，SGP 1.03 移民，14日（2016年），第10页。

③ Leon Kwong Wing，“SGP全球商业移民实务指南”，SGP 1.03 移民，14日（2016年），第7页。

期，此后的更新续期将为期2年。① 通行证的修改通常需要四到八周的时间。②

要获得批准更新，申请人的业务必须符合以下基准：

表1 申请人业务达标标准

续期后……	本地工作*提供	年度总支出**
一年	—	—
两年	三名全职员工(FTEs)；或一位专业人士，经理或行政人员(PME)***	100 000 新元
四年	六名 FTEs；或两名 PMEs	200 000 新元
六年	九名 FTEs；或三名 PMEs	300 000 新元
八年或八年以上	十二名 FTEs；或四名 PMEs	400 000 新元

*“本地工作”是指在申请更新创业移民资质时，提供给新加坡公民或永久居民至少3个月时长的全职工作。③ 员工每个月的收入不得少于1100新元，这与行业标准相当，而且企业必须及时向中央公积金(新加坡的社保系统)支付工资和缴纳费用。④

**“总支出”系指经审计的财务报表所列的总营业费用，除海外公司的特许权使用费、分包给海外公司的工作报酬，以及申请人和/或申请人直系亲属的报酬。⑤

***1个PME计为3个FTE。例如，为了满足6个FTE的要求，申请人可以提供3个FTE和1个PME。

---

① Http://www. mom. gov. sg/passes - and - permits/entrepass/renew - a - pass# renewal - criteria.

② Leon Kwong Wing，“SGP全球商业移民实务指南”，SGP 1. 03 移民，14日(2016年)，第11页。

③ 身份证明。

④ 身份证明。

⑤ 身份证明。

全球投资者计划和创业移民之间的另一个主要区别是所需投资金额更为合理，这对创业移民申请人较为有利。① 申请人投建的公司只需要有50 000新元的实收资本。② 申请人须至少拥有该公司30%的控制权，且被推荐遵循以下四项业务计划中的至少一项：

1. 从新加坡政府机构认可的相关非政府投资机构、风险投资者或商业天使投资者处获得至少10万美元投资；③

2. 持有由一名或多名股东提供的知识产权，且该知识产权已经在新加坡版权局或经批准的外国知识产权机构注册了；

3. 参与新加坡科学技术研究机构或新加坡高等院校认可的研究机构的持续研究合作；④

4. 成为一个新加坡政府在支持的孵化器或加速器中的一个在孵机构。⑤

根据创业移民的要求，申请人的配偶和21岁以下的子女可以以附属通行证的方式加入该项申请（费用是60新元每次），但需要申请人提供的投资业务的总支出达到10万新元，并雇用了3个FTE

---

① 参见Leon Kwong Wing，"SGP全球商业移民实务指南"，SGP 1.03移民，14日(2016年)。

② Leon Kwong Wing，"SGP全球商业移民实务指南"，SGP 1.03移民，14日(2016年)，第10页。

③ 请访问以下网址http://www.mom.gov.sg/passes-and-permits/entrepass/（查询）政府认可的投资机构和风险投资者的例子。

④ 请访问以下网址http://www.mom.gov.sg/passes-and-permits/entrepass/eligibility（有）高等教育机构的例子。

⑤ Leon Kwong Wing，"SGP全球商业移民实务指南"，SGP 1.03移民，14日(2016年)，第10页；请访问以下网址http://www.mom.gov.sg/passes-and-permits/entrepass/获得政府认可的孵化器的例子。

（全职员工）或一个 PME（行政人员）才行。[①] 不幸的是申请人的其他亲戚，如父母，必须解决 5 年的长期访问通行证，这就要求申请人拟建或新设企业的总支出达到 20 万新元，并且已经提供了 6 个 FTE（全职员工）或 2 个 PME（行政员工）职位。[②]

重申一个全球投资者计划和创业移民之间的重要区别。只要满足上述基准和要求，创业移民仅仅允许在新加坡暂时/临时居留。不过，申请人拥有一个有效的创业移民资格两年后可以申请永久居留权的可能。[③]

① Leon Kwong Wing，“SGP 全球商业移民实务指南”，SGP 1.03 移民，14 日（2016 年），第 10 页。

② 身份证明。

③ “新加坡公民申请指南”，guidemesingapore. com，Hawksford（2017），可从以下网址获取具体信息。https://www. guidemesingapore. com/business - guides/immigration/citizenship/singapore - citizenship - application - filing - guide.

澳大利亚

——不容小觑的投资移民市场

作者简介

Lyndsey Letourneau，林赛·莱图尔勒女士，大成芝加哥律师事务所的一名移民律师。她的专业领域是移民法律，具体包括遣返诉讼程序、就业与家庭请愿。莱图尔勒女士为个人及公司提供辩护、指导及法律服务，以使得他们通过移民程序。

（翻译：米晶晶律师）

一、澳大利亚基本情况介绍

鉴于其地理位置及比邻亚洲的工业制度,澳大利亚对投资者而言是十分具有吸引力的。澳大利亚的许多产业,包括能源能量、农业、金融服务、教育及旅游业都是享誉全球的。这是一个“全球领先的黄金、铁矿及铀矿的生产国,全球第二大的液化天然气出口国,全球前十的主要农产品棉花生产国,以及投资管理领域的领先国家。在亚洲的最大管理资金池,学生热衷留学的第三大国家,以及全球第十一大的国际旅游市场”。

自从 1958 年开始投资移民项目起,澳大利亚的移民政策发生了许多变化。为了提高移民签证给国家带来的利益,澳大利亚近年来修订并扩大了短期及长期投资移民签证的要求。澳大利亚投资移民签证包含一系列的限制,包括最新的禁止对住宅房产进行直接投资,限制通过管理基金对住宅房产进行投资,以及禁止作为抵押品或担保物的投资。

澳大利亚有三种投资签证类型。第一,是商业创新,该签证要求投资者在申请永久签证前接受 4 年的临时签证。第二,是商业人才(永久)签证(132 类),该签证允许投资者立刻申请永久签证,但它的财务要求更加严格。第三,是 4 年的临时签证,但到期后可以更新的投资者退休签证(405 类)。

对于每一项签证,澳大利亚州或地区政府机构必须指定投资者并邀请投资者申请签证。这个过程从投资者在线提交意愿书开始。当投资者完成意愿书后，必须选择一个首选的目的地。下一步，投资者必须完成其特定签证的条件表和委任代理人/代表表格。然后，投资者必须在他们申请的国家或地区的网站上作为用户注册。如果投资者的申请获得批准，他们将收到申请签证的邀请。

投资者必须知道，其在澳大利亚的投资所得将根据澳大利亚税法进行纳税。

二、商业创新及投资签证

（一）临时签证（188 类）

商业创新及投资（临时）签证是商业创新及投资项目的一部分。投资者在成为商业创新与投资（永久）签证（888 类）的合格投资者之前必须获得上述临时签证。

根据投资者的意愿是否要拥有并管理一个企业、是否投资在公司债券、是否在澳大利亚进行重大投资，或者投资者本身被认为是有投资价值的商业人才，投资签证分为五个分类：

（1）商业创新分类

澳大利亚为那些想在澳大利亚建立、发展和管理一个新的或现有公司的投资者设计了商业创新类签证。该签证有九个要求：①55 岁以下，国家或地区或许可以免除这个要求，前提是投资者经营的企业是对特别的州或区域有特别的商业价值；②评分至少 65 分；

③在已经设立的企业持有份额，且该企业在申请前四个年度中连续两年营业额超过 500 000 澳元；④若企业营业额低于 400 000 澳元，需持有至少 51% 股权，若企业营业额高于或等于 400 000 澳元，需持有至少 30% 股权，若是一家公开上市公司，需持有至少 10% 股权；⑤拥有一个全面成功的商业生涯；⑥渴望在澳大利亚的企业中继续持有企业股权并进行经营管理；⑦如果投资者指定的主营业务提供专业、技术或贸易服务，投资者必须花费不超过一半的时间实际经营上述业务，而不是企业的一般管理；⑧投资者及其配偶需有 800 000 澳元合法取得，并在授予签证后转移至澳大利亚；⑨投资者与投资者的配偶不得参与禁止的商业或投资活动。

(2)投资者类

该类签证适合那些想要在澳洲投资至少 150 万澳元并在澳洲持续经营活动的投资者。该签证的要求如下：①55 岁以下，国家或地区或许可以免除这个要求，前提是投资者经营的企业是对特别的州或区域有特别的商业价值；②至少 65 分；③有高水准的管理能力；④至少三年以上管理一个或多个合格企业的经验；⑤整体的投资水平及商业活动是成功的；⑥在投资期满后有意愿在澳洲进行企业管理及商业活动的；⑦投资后在澳洲至少居住两年。

投资者或其配偶或共同拥有：⑧在申请前五个财政年度中至少一年直接管理以下企业：一个合格的企业，投资者、其配偶或其共同占股至少 10%，或进行 150 万澳元的投资；⑨在申请前的两个财政年度，合法取得或个人的资产达到225万澳元，并且在签证授予后两年内转移至澳洲；⑩在指定区域投资至少150万澳元，并持有上述投资至少4年；⑪不得参与禁止的活动。

(3)重大投资者类

重大投资者类适合有意在澳洲投资至少500万澳元并在澳洲进行商业活动的投资者。申请此类签证，需要满足以下条件：①居住在指定地；②获得签证后持续经营活动；③获得临时签证期间每年在澳洲累计居住满40天，或其配偶每年居住满180天。

此外，④投资人或其配偶共同拥有合法资产至少500万澳元进行投资；⑤投资者或其配偶不得参与非法活动；⑥投资者及其年满18岁的家庭成员不得因投资行为给澳洲带来损失；⑦500万澳元投资额需投资满4年。

(4)优质投资者类

优质投资者是适合在澳洲投资1500万澳元并持续经营活动的投资者。为实现这项投资，除了需要澳洲政府指定的投资者之外，还需满足以下要求：①投资者需要以下列方式投资1500万澳元：(A)在证券交易所购买股票；(B)澳大利亚的政府债券；(C)澳洲上市公司或其全资子公司发行的公司债券；(D)持股澳洲有限责任公司；(E)投资于非居住类房产；(F)州或区域政府批准的慈善基金。②投资者在获得签证后有确实在澳洲进行经营活动的打算；③投资者、其配偶或其共同拥有至少15 000万澳元用于投资；④不得参与禁止的活动；⑤不得参与有损社会利益的活动。

(5)企业家类

该类签证要求投资者投资至少200 000澳元并进行企业经营运作活动，将某一个商品或服务商业化运作。该类投资者需要州或区域政府指定。为满足此类签证，投资者需要：①55岁以下，国家或地区或许可以免除这个要求，前提是投资者经营的企业是对特别的州或区域有特别的商业价值；②英语能力良好并且在申请签证时就有证明体现；③有意在澳洲进行企业的商业运作。

合法的企业活动是指有创新的理念能够使澳洲的商品或服务商品化，或者在澳洲开发一个企业或产业。上述活动不得涉及以下任何禁止类目录：住宅房地产、劳动雇佣、收购澳洲的现存企业或特许经营。符合规定的企业活动必须满足以下所有条件：投资者有一个或多个合法有效的协议以接受共200 000澳元的资金。上述资金应当从以下渠道获得：澳大利亚联邦政府中介、州或地方政府、公共资金资助的研究机构、澳洲风险投资或早期地方风投组织，或特定的高等教育基金。

进一步来说，④协议中10%的资金必须在企业于澳洲开展商业活动后12个月内进行支付；⑤当协议生效后投资者需持有30%的企业股权；⑥企业的商业计划书需指明有创新的理念能够使澳洲的商品或服务商品化，或者在澳洲开发一个企业或产业。

(二)其他要求

除了投资要求，澳大利亚政府对此类型的签证还有一系列别的要求，包括特定的健康标准、提供投资者居住 1 年以上所在地的当地警察局出具证明、一个价值声明确认投资人会尊重澳大利亚的生活并遵守澳洲的法律，以及承认已经偿还或安排偿还对于澳大利亚政府的任何负债。

签证允许个人设立或开发一个已经存续的企业，或者在澳大利亚进行投资，并进行澳大利亚州或区域政府指定的投资活动。同样，签证允许个人在澳大利亚进行持续的投资行为，或其他商业活动，或在签证有效期内出境将其家庭成员带入澳大利亚，并且通过商业创新及投资（永久）签证（888 类）申请永居。

签证有效期自签发之日起 4 年 3 个月。如果投资者以商业创新类或重大投资者类持有签证，并需要额外的时间以满足长期签证（888 类）的要求，则可以申请时间延长。但投资者类或优质投资者类的签证是不得延期的。重大投资者类的临时签证持有者最多能够申请两次延期。每次延期可以允许投资者在澳洲额外待 2 年。

投资者在申请签证时可以将下列人员一并纳入：投资者的配偶、投资者的孩子/抚养的孩子或配偶抚养的孩子。投资者需要足够的书面文件以证明他们之间的关系。投资者的家庭成员必须达到健康要求。在投资者提交签证申请但未最终决定时，只有投资者的家庭成员能够被添加入申请。在投资者获得签证后，如果其家庭成员想要申请同样的签证，需要提交单独的在线申请。被授予签证的投资者的家庭成员可以在澳洲学习或工作。

三、商业创新及投资签证永久签证(888 类)

永久签证同样需要达到澳洲政府要求的健康、性格及负债要求,与短期签证一样。此外,该签证对投资者在澳洲的投资也有相应要求。

(一)商业创新类

通过商业创新类取得永久签证,投资者必须持有:(1)商业创新类或商业创新延期类的临时签证(188 类);(2)在投资者申请前两年内至少持有 1 年;(3)投资者必须持续表现商业管理能力,达到特定的财务要求并且有雇佣澳洲工人的经历。

(二)投资者类

如果投资者申请投资者类签证,那么投资者必须去过澳洲并且在申请前 4 年中有 2 年时间持有投资者类的临时签证。除此之外,投资者、其配偶或共同在澳洲指定州或地区投资持续 4 年。如果投资者是在 2015 年 7 月 1 日之前申请投资者类临时签证(188 类),投资者可以在获得临时签证 3 年 11 个月后申请 888 签证。如果投资者是在 2015 年 7 月 1 日之后申请的,那么至少要在获得临时签证后 4 年申请 888 签证。

（三）重大投资者类

如果投资者在重大投资者类申请永久签证（888 类），那其必须每年至少 40 天（累计计算）持有重大投资者类或重大投资者延期类的临时签证（188 类），或者投资者的配偶每年在澳洲待满 180 天（累计计算）。

此外，投资者、其配偶或其共同在持有商业创新及投资（临时）签证（188 类）时连续 4 年投资，且经营一个合格的企业，如果投资者是在 2015 年 7 月 1 日之后申请的临时签证，则其申请永久签证 888 类之前至少需要 4 年时间。

（四）优质投资者类

如果投资者申请优质投资者类的永久签证（888 类），那么其必须持有优质投资者类临时签证（188 类）至少 1 年并且被澳大利亚联邦政府所提名。投资者、配偶或其共同进行优质投资持续满 1 年，并且持续投资时间覆盖投资者持有商业创新及投资（临时）签证（188 类）是全部时间。

（五）企业主类

如果投资者在企业主类申请商业创新及投资签证，那么投资者需要来过澳洲并且在申请前持有企业主类的 4 年临时签证。此外，投资者必须在澳洲有成功的企业经营活动。

虽然这是一个永久签证,但签证持有人是需要履行一些义务的。投资者和投资者的家庭成员必须符合所有的签证条件和澳洲法律。如果被授予签证时投资者不在澳洲境内,那么其需要在澳洲政府指定的时间入境澳洲,并且投资者签证申请包含的家庭成员在入境澳洲前不得结婚或进入实质的关系。

四、商业人才(永久)签证(132类)

(一)合格投资

商业人才签证允许两类投资方式:(1)重大商业历史;(2)风险企业投资。

(1)重大商业历史

重大商业历史签证要求投资者及其配偶个人或共同拥有:①在申请签证前的4个财政年度中至少2年其所有者权益达到400 000澳元,并且上述企业应当是公开上市企业,投资者持有至少10%的股份;②企业净值及个人合法取得资产达到150万澳元,并且在获得签证后2年内能够转移至澳洲;③投资者一个或多个主要投资企业在投资者申请前4个财政年度中至少2年公司的年营业额达到300万澳元。此外,投资者需要持有一个年营业额低于400 000澳元的企业至少51%的股份;或持有一个年营业额超过400 000澳元的企业至少30%的股份;或持有一个公开上市的公司至少10%的股份。进一步而言,投资者必须有一个全面而成功的商业生涯,且不得涉及不接受的商业活动，并且投资者真实意愿想要在澳洲的企业担任管理角色。

(2)风险投资企业家

风险投资企业家分类的投资者需要向澳洲风投公司认购100万澳元的基金并签署正式协议。此外，基金须是投向初创类、产品商业化或商业发展类企业，并且上述风投公司需要是AVCAL成员之一。

(二)签证的福利

签证允许投资者及其任何家庭成员在获得签证5年内有权不限期地在澳洲居住、工作及学习，并且享有医疗保险。签证持有人也可以申请澳洲公民、赞助合格的亲属申请永居或自由出入境澳洲。

(三)持续持有签证的要求

在被授予商业人才(永久)签证后，需要履行一些义务。重大商业历史类签证的要求包括：(1)投资者在澳洲建立一个符合要求的企业；(2)参与澳洲现存企业的商业运营。至于公司，投资者需要持有公司实质的所有权，并且参与公司日常运营、作出影响公司经营方向的决策，并对澳洲的经济作出贡献。

对于风险投资企业家类的签证，投资者在进入澳洲并实质上进行投资或经营企业后，必须满足风险投资协议中的要求。

五、投资者退休签证

投资者退休签证是提供给55岁以上不依靠子女或其他家庭成员生活的投资者。对投资者的要求包括资产、收入及投资要求。投资者必须拥有资产(其本人、配偶单独或共同拥有至少750 000澳元资产)。上述资产必须为:(1)投资者个人或与其配偶合法拥有或取得的。(2)有能力且能够将资产转移至澳大利亚。这里只有一种例外情况,投资者有意居住在澳大利亚的特定地区,则投资者与其配偶需单独或共同拥有500 000澳元。(3)所有的资产需要在投资者申请签证前持有2年或以上。如果投资者有意将资产出售并迁至澳大利亚,我们建议待获得投资移民签证后进行。如果投资者需要出售资产以达到签证要求,那么投资者需要谨慎考虑其经济状况是否能够维持在澳大利亚的持续开支。这些资产还包括用于指定投资所需的资金。这个资产测试只适用于新申请者申请投资者退休签证(405类)。如果投资者选择重新申请投资移民签证,则不需要再次进行资产测试。

此类签证的收入要求包括:(1)投资者、其配偶或其共同每年净收入达到65 000澳元;(2)如果投资者有意愿住在澳洲的特定地区,投资者、其配偶或其共同每年净收入达到50 000澳元。不像资产测试,申请投资者退休签证(405类)的投资者,每次申请都要重新做收入测试,以证明其收入情况仍然达到要求。

除了收入和资产要求，签证还有特定的投资要求，包括：(1)以投资者(或投资者及其配偶)的名字进行至少750 000美元的指定投资；(2)如果投资者有意愿住在澳洲的特定地区，则以投资者(或投资者及其配偶)的名字在指定的州或地区进行至少500 000美元的投资。投资者再次申请此类签证，则指定投资金额降为250 000澳元且之后一直如此。此类签证要求投资者购买合适的健康保险。

这是一个短期签证。该签证允许投资者在澳大利亚工作时间为每14天不超过40小时，并且在获得签证后需要入境澳大利亚并待满4年。

六、结论

基于众多商业化利益考量，澳大利亚对投资者而言是极具吸引力的国家。投资签证共有三种：商业创新及投资、卓越商业人才(永久)签证(132类)以及投资者退休签证(405类)。不论选择哪一种移民签证，需要注意的是本文所述的信息是源于对公众公开的信息，并且随着政府政策变化而变化。而取得不同签证的要求及政策需要在申请签证前获得专家的帮助，以确保整个申请程序合法合规。

领略印度尼西亚投资移民不一样的特征

作者简介

Dinda Karina, MERITAS 律师事务所合伙人、商事律师。

（翻译：王越律师团队）

前言

印度尼西亚(以下简称印尼)丰富的自然资源遍布全国各地,使其成为外国投资流向较高的国家之一。外方(尤其是中国)预见到印尼作为一个拥有巨大潜力的国家而热衷于投资印尼。中国经济的快速增长则使得这样的影响与日俱增,且中方倾向于向印尼这样的发展中国家进行投资,来自中国的大规模投资势必对印尼的发展产生积极的影响。在进行投资活动时,许多中国投资者无论是否受雇于印尼公司,都会选择在印尼居留。在实践中,这往往会导致许多中国籍员工在印尼不具备合法有效的居留文件。鉴于上述情况,本文拟对潜在的赴印尼投资或工作的中国公民提供移民或居留许可的相关信息。

一、引言

印度尼西亚是世界上拥有自然资源最丰富的群岛国家之一,吸引了来自世界各地的外国投资者的关注。2015 年 6 月至 8 月,根据签发的限制性居留许可(Limited Stay Permits)数量来统计,在印尼注册的外籍公民有 864 982 人,其中人数最多的是中国公民,为 20 911 人①。

---

① Http://kabar24. bisnis. com/read/20150831/15/467455/bebas - visa - jumlah - wna - di - indonesia - bertambah,访问日期:2016 年 3 月 22 日。

此外，由于亚洲经济共同体（马来语：Masyarakat Ekonomi Asia，MEA）的相关政策于2016年年初生效，仅2016年1月，就有25 000名经注册的外籍员工抵达印尼。印尼资本投资协调委员会（马来语：Badan Koordinasi Penanaman Modal，BKPM）据此记录的投资额约为206万亿印尼卢比，较去年同比增长11%，其中外商投资额为168万亿印尼卢比，较去年同比增长101%①。

不断增长的外国投资对印尼的经济而言无疑是有利的，但同时它也离不开外籍公民在印尼境内活动、身份有效性及人员流动问题的增多，这其中尤以中国公民为甚。外籍公民在印尼进行投资活动的同时，作为各自行业的专业人力资源而需要在印尼定居。基本上，外籍员工（马来语：Tenaga Kerja Asing，TKA）在印尼就业主要分为两种情况，即外籍员工（作为投资者）引入资本；及/或通过外籍员工引入专业知识或专业技能②。

不断增长的外籍员工进出会使印尼当地劳动力的失业率上升。作为主权国家，印尼显然有权制定规则来保护印尼公民的权益。这类权力包括对外籍公民的入境管理，这牵涉各国现有政策法规对于移民问题普遍或特定的价值取向和需求③。目前在印尼相关的法律规定包括2011年第6号移民法案（下称移民法），及1992年第9号

---

① Http://erabaru. net/2016/02/10/komitmen - investasi - januari - 2016 - diklaim - terus - meningkat/，访问日期：2016年3月22日。

② Sumarprihatiningrum. 外籍雇员在印尼境内的雇用。雅加达：HIPSMI出版社，第56页。

③ Ukun, Wahyudi. 递解出境与国家主权在移民领域的适用。雅加达：PT. Adi Kencana Aji出版社2004年版，第31页。

移民条例修正案。进行上述立法及修订的考量因素之一是印尼境内非法移民的不断增加①。

印尼移民署目前实施了一项与服务和监管相关的政策。在这一政策下，只有那些有利于印尼人民福祉，不会危及和平及公共秩序，且不会对印尼人民、国家意识形态（被称为“Pancasila”）和1945年宪法构成威胁的外籍公民，才会被允许入境印尼。

目前，印尼已在境内多个地区发现包括中国公民在内来自多个国家的非法移民。2014年，在印尼包括棉兰、泗水及万丹等地区发现了数以万计来自中国的非法移民。在实践中，移民官通常有权对其进行行政处罚，如将非法移民驱逐至原籍国。这与马塔兰移民署（印尼语：Kantor Imigrasi Mataram）驱逐35名中国籍公民的行动一致，这些人员未持有居留印尼的有效文件②。

非法移民情况的屡见不鲜，不仅是由于某些人意图偷渡或逃避规则，同时也正是由于印尼是一个充满了官僚主义的国家。这种官僚主义使得外籍公民在印尼获得合法有效的居留许可变得漫长而困难，因此这些外籍公民更倾向于选择捷径而违反外籍公民在印尼居留许可的相关规定。目前在审核外籍公民在印尼居留许可的问题上，印尼中央政府正在努力减少官僚主义的影响。

---

① Undang - Undang tentang Keimigrasian, UU No. 6 Tahun 2011, LN. No. 52 Tahun 2011, TLN No. 5216, general provisions.

② Http://www.cnnindonesia.com/nasional/20160314235732 - 12 - 117410/35 - warga - china - dideportasi - kantor - imigrasi - mataram/，访问日期：2016年3月22日。

为外籍员工及外国投资者居留印尼提供相关指南十分重要，这能够为印尼和其他国家之间加强合作、产生经济效益，并保护印尼公民和外籍公民合法权益以及避免非法移民问题提供支持。

二、移民及就业相关许可

（一）外籍员工和外籍员工雇主

1. 外籍员工

根据 Sumarprihatiningrum 博士的观点，外籍员工虽不是印尼公民，但由于他们的自身能力和资格能够满足社会的需要，因而需要留在印尼工作或从事其他活动①。根据 2003 年第 13 号劳工法案第 1 条（下称劳工法），外籍员工是指持有签证而允许在印尼工作的外籍公民。

外籍员工只被允许在指定职位和指定时间段内在印尼工作，其任期不能延展，一旦任期结束也不能被其他外籍员工替换［劳工法第 42 条第（4）、（6）款］。根据 2015 年人力资源部长令第 16 号（由 2015 年人力资源部长令第 35 号修正，下称 2015/35 条例）第 36 条第（1）款的规定，受雇于外国直接投资公司的外籍员工必须满足以下条件：

---

① Sumaprihatiningrum. 外籍雇员在印尼境内的雇用。雅加达：印尼人力资源发展协会，2006 年，第 2 页。

a. 具有与其职位相对应的教育背景；

b. 具有资格证明或至少 5 年相关职位的工作经验；

c. 已作出会将专业知识传授给其合作印尼员工的声明(印尼语：Tenaga Kerja Indonesia Pendamping，英文缩写：TKI Associate，下称合作员工)。而其专业知识技能将通过一份有关该外籍员工具备与其职位相对应的培训及教育背景的报告来证明；

合作员工是指公司专门指派的以完成技术转让为目的的印尼籍员工[2015/35 条例第 1 条第(2)款]。

d. 对于工作超过 6 个月的外籍员工，需具有纳税人注册号(NPWP)；

e. 具有在印尼注册成立的保险公司出具的保险证明；

f. 对于工作超过 6 个月的外籍员工，需参加印尼国家社会保险(National Social Security)。

2015/35 条例第 36 条第(2)、(3)、(4)款对上述规定作出了例外规定。这些例外情况如下：

a. 以上所列标准不适用于外籍员工因急救和紧急性工作而受雇的情形；

b. 以上所列标准中的 a、b 和 c 项不适用于董事会成员、各委员会成员或监事会成员；

c. 下列情形无须满足以上所列标准中的 a、b、c、d 和 f 项：

i. 外籍员工受雇完成偶然性工作或可以在短时间内完成的(暂时性)工作；

ii. 外籍员工受雇从事经理人服务。

2. 外籍员工雇主

2015/35 条例第 1 条第(3)款将外籍员工雇主定义为,通过支付工资或其他任何形式的报酬而雇用外籍员工的合法法人或其他实体。在印尼,雇用外籍员工的法人形式之一是有限责任公司。根据 2007 年第 25 号投资法案第 5 条第(2)款的规定,任何外国投资者若要进行外国直接投资(印尼语:Penanaman Modal Asing),必须在印尼设立有限责任公司:"外国投资的形式必须是在印度尼西亚共和国境内根据印度尼西亚法律设立的有限责任公司,法律另有规定的除外。"

2015/35 条例为外籍员工雇主作出如下要求:

a. 外籍员工的就业补偿基金(下称外籍员工补偿基金)

外籍员工的就业补偿基金(印尼语:Dana Kompensasi Penggunaan Tenaga Kerja Asing,DKP – TKA)是指外籍员工雇主因雇用外籍员工而向国家缴纳的补偿金[2015/35 条例第 1 条第(7)款]。外籍员工补偿基金设定为每个外籍员工职位每个月 100 美元,并且需要提前预付[2015/35 条例第 40 条第(1)款]。

由外籍员工雇主缴纳的外籍员工补偿基金需存入由劳工部指定的政府账户,并被认定为免税国内收入(印尼语:Penerimaan Negara Bukan Pajak)。

b. 报告要求

根据 2015/35 条例第 58 条,外籍员工雇主在取得外籍员工雇用许可后(印尼语:Izin Menggunakan Tenaga Kerja Asing, IMTA),必须在外籍雇员开始工作7个工作日内,向地方政府负责人或市政厅负责人报告。

外籍员工雇主必须向外籍员工就业管理负责人,或市政厅负责人报告外籍员工雇用情况,并向促进和扩大就业司的负责人提供一份报告,报告的内容应包括[2015/35 条例第 59 条第(2)款]:

i. 每6个月为单位对合作员工的公司内部培训实施进度;

ii. 对外籍员工的终止雇用。

根据 2015/35 条例第 59 条第(3)款,外籍员工就业管理负责人,或市政厅负责人在向企业颁发外籍员工雇用许可后,必须每3个月定期向人力资源部提交季报并抄送促进和扩大就业司的负责人。该等立法意图主要从根本上确保在各领域和各层级都能向印尼公民提供合适的工作机会①。

---

① Agusmidah:《印度尼西亚就业法:动态与评价理论》(第1版)茂物:Ghalia Indonesia 出版社 2010 年版,第111页。

（二）外籍员工许可（TKA Permit）

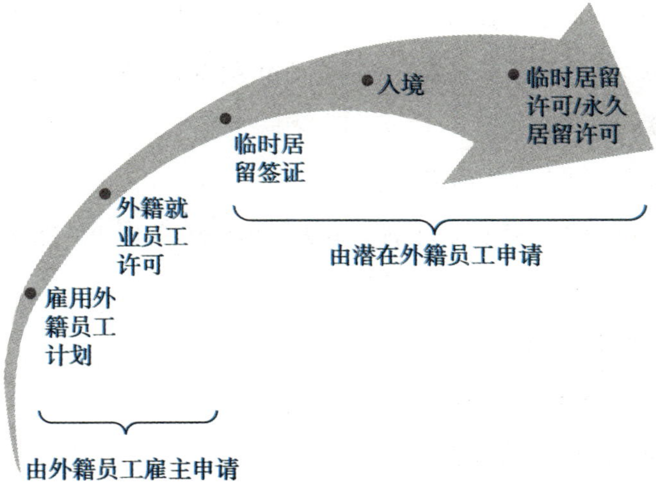

当外国直接投资公司作为雇主雇用外籍员工时，公司需要获得一系列的就业和移民相关许可，包括对于预期外籍员工的就业许可，其中包括：

1. 雇用外籍员工计划（RPTKA）

根据2015/35条例第1条第4款规定，“雇用外籍员工计划”是指外籍员工的雇主在指定时间内聘用外籍员工任职指定岗位，并由人力资源部长或指定官员批准的计划。

雇用外籍员工的雇主必须具有人力资源部或劳工法第43条第(1)款及2015/35条例第5条第(1)款的规定指定的官员批准的“雇用外籍员工计划”。但这项义务不适用于政府机构、国际机构和外国代表。需要注意的是，取得批准的“雇用外籍员工计划”是获得外籍员工雇用许可的前提条件。

外籍员工雇主必须通过外籍员工在线系统（印尼语：Sistem Online Pelayanan Tenaga Kerja Asing）由外籍员工就业管理负责人向促进和扩大就业司提交包含下列内容的申请［2015/35 条例第 6 条第（1）款］：

a. 雇用外籍员工的事由；

b. 雇用外国籍员工计划申请表［2015/35 条例第 6 条第（2）款］：

i. 外籍员工的姓名；

ii. 外籍员工雇主地址；

iii. 公司负责人姓名；

iv. 外籍员工所占的职位名称；

v. 外籍员工职位描述；

vi. 外籍员工人数；

vii. 外籍员工工作地点；

viii. 外籍员工的聘用期限；

ix. 外籍员工的工资/薪酬；

x. 开始日期；

xi. 创造的印尼员工就业机会数量和就业机会；

xii. 被任命为合作员工的印尼员工；

xiii. 印尼员工的教育和培训计划方案；

c. 主管机构颁发的公司营业执照；

d. 主管机构批准/或修改的公司成立相关文件，但下列外籍员工雇主除外［2015/35 条例第 6 条第（3）款］：

i. 政府机构；

ii. 国际机构；

iii. 外国代表；

iv. 国际组织；

v. 外贸代表处、外国公司代表处、外国新闻机构代表处；

vi. 外国私营公司、有权代理机构注册的外国企业；

e. 公司组织结构；

f. 由相关技术部门根据其相关规定对外籍员工所在职位出具的推荐信；

g. 公司所在地政府就公司住所地出具的声明；

h. 外籍员工雇主的税号；

i. 合作员工任命函和合作计划；

j. 根据外籍员工职位的资格，对印尼员工进行职业教育和培训执行情况说明；

k. 根据现行 1981 年第 7 号法案而提供的强制性就业报告证明。

外籍员工就业管理的工作人员在收到外籍员工雇用计划申请后，将对申报材料进行审查，若材料不完整，工作人员将通知雇主根据 2015/35 条例第 7 条通过外籍员工在线系统补充提交。在申请材料齐全的情况下，工作人员将参考人力资源部所预设的职位名单进行可行性评估，在充分考虑国家劳动力市场需求的基础上，可能需要到现场进行实地考察。

若雇用外籍员工计划可行性评估的结果符合2015/35条例第6条的规定，则促进和扩大就业司负责人或外籍员工就业管理负责人将在3个工作日内颁发批准文书，具体规定如下（2015/35条例第10条）：

a. 若雇用50名及以上外籍员工的雇主，批准文书由促进和扩大就业司负责人颁发；

b. 若雇用少于50名外籍员工的雇主，批准文书由外籍员工就业管理负责人颁发。

上述雇用外国籍员工计划的批准文件需包含以下内容（2015/35条例第11条）：

a. 雇用外籍员工的原因；

b. 外籍员工的职位及/或职务；

c. 外籍员工的工作地点；

d. 外籍员工的工资/薪酬；

e. 外籍员工人数；

f. 外籍员工的聘用期限；

g. 已被任命为合作员工的印尼员工数量，但不适用于[2015/35条例第11条第(2)款]：

i. 董事会成员、各委员会成员及监事会成员；

ii. 受雇于急救或紧迫性工作的外籍员工；

iii. 外籍员工受雇完成偶然性工作或可以在短时间内完成的

(暂时性)工作;

iv. 在印尼境内从事临时性的艺术和体育活动组织(经理人服务)的外籍员工;

h. 雇用印尼员工的数量。

雇用外国籍员工计划最长有效期为 5 年,可以按照 2015/35 条例第 12 条的规定,在考虑印尼劳动力市场状况的前提下适当延长。

2. 外籍员工雇用许可(IMTA)

根据 2015/35 条例第 1 条第(5)款,外籍员工雇用许可是指由人力资源部或指定人员授予外籍员工雇主的书面许可。每名外籍员工雇主需有外籍员工管理负责人签发的外籍员工雇用许可(2015/35 条例第 37 条)。但外籍员工雇用许可的规定不适用于聘请外籍员工为外交官或领事馆的外国代表。

外籍员工雇主必须通过外籍员工在线系统向外籍员工管理负责人提出申请,并提供下列信息[2015/35 条例第 38 条第(1)、(2)、(3)款]:

a. 通过人力资源部长指定的政府银行支付外籍员工赔偿基金的证明;

b. 雇用外籍员工计划批准文件;

c. 外籍员工的护照;

d. 外籍员工的彩色护照照片,尺寸为 4 厘米 ×6 厘米;

e. 合作员工任用书;

f. 符合外籍员工职位要求的教育背景;

g. 资格证明或至少 5 年相应职位的工作经验；

h. 聘用协议草案或服务协议草案；

i. 由印尼注册成立的保险公司出具的保险证明；

j. 雇用外籍员工必要的相关政府机构出具的推荐信；

k. 主管机构批准及/或修改的公司成立相关文件（外籍员工雇用许可为董事会成员、各委员会成员或监事会成员职位的除外）；

相关政府机构的推荐信（外国员工雇主为外国代表、外贸代表处、外国公司代表处、外国新闻机构代表处除外）。

实践中，上述申请流程从填写在线表格起，并通过在线方式上传以上所需文件作为附件。根据上述规定获得外籍员工雇用许可所需文件的例外情况见于 2015/35 条例第 38 条第（4）、（5）、（6）款：

a. 上述文件不适用于政府机构、国际机构、外国代表、慈善组织和宗教组织；

b. 上述 e，f，g，h 和 i 项所需的文件不适用于从事急救或紧急工作的外籍员工；

c. 上述 e，f，g 和 h 项所需的文件不适用于以下职位：

i. 董事会成员、各委员会成员及监事会成员；

ii. 外籍员工受雇完成偶然性的工作或可以在短时间内完成（暂时性）的工作；

iii. 在印尼境内从事经理人服务的外籍员工。

2015/35 条例第 54 条对雇主雇用需要取得永久居留许可的外籍员工所需要上传的具体文件作了具体规定。下列文件需要通过外籍员工在线系统上传至外籍员工管理负责人处：

a. 有效雇用外国籍员工计划；

b. 有效永久居留许可；

c. 参加国家社会保障证明；

d. 通过指定政府银行支付外籍员工补偿基金的收据；

e. 聘用协议或服务协议；

f. 在印尼注册成立的保险公司出具的保险证明；

g. 外籍员工有效护照；

h. 外籍员工的颜色护照照片，尺寸为 4 厘米 ×6 厘米；

i. 外籍员工的纳税人注册号；

j. 外籍员工雇主的纳税人注册号。

凡上述申请事项均符合要求后，外籍员工就业管理负责人将根据 2015/35 条例第 39 条第(1)款的规定，在 3 个工作日内颁发外籍员工雇用许可。外籍员工雇用许可的最长有效期为 1 年，人力资源部可根据外籍员工或外籍雇员计划相应职位的实际情况予以延长。但在实践中，外籍员工雇用许可续期不得超过 5 次，因为外籍员工在印尼签证连续续期最多不得超过 5 年。

根据 2015/35 条例第 39 条第(3)款，外籍员工雇用许可将被用作申请以下许可的前置条件：

a. 签发签证批准书；

b. 发放及延长限制性的居留许可；

c. 从访问许可变更为限制性的居留许可；

d. 从限制性的居留许可变更为永久居留许可；

e. 延长永久居留许可。

需要注意的是，外籍员工雇用许可每年都须按照永久居留许可的有效期及续期而同步进行续期。外籍员工职位为董事会成员、各委员会成员或监事会成员，则可以给予其最长2年的外籍员工雇用许可，且嗣后可以续期。

3. 临时居留签证（Temporary Stay Visa）

A. 概况

根据移民法第1条第（18）款，签证是指印尼大使馆授权人员或印尼政府确定的其他人员向外籍公民发出的同意其居留的书面声明。临时居留签证可签发给下列外籍公民（移民法第39条）：

a. 专家、工作人员、研究人员、投资者及其家属且其将前往印尼境内短暂逗留；

b. 在印尼群岛水域、领海、大陆架及/或印尼专属经济区内运营的船舶、浮动设备或设施上工作。

由此可见，对于计划在印尼进行投资的外国直接投资公司以及任何潜在的外籍员工和潜在的投资者，都必须按照移民法第39条的规定持有临时居留签证。

临时居留签证需要在其签发之日起90个日历日内使用，按照2013年第31号条例关于实施第6号移民法（下称移民条例）第110条的规定，若在上述期限内未使用签证，则该签证将失效，若外籍公民仍需入境印尼，则必须重新申请签证。此外，该临时居留签证将被用作申请获得临时居留许可的前置文件之一。

B. 临时居留签证的申请

临时居留签证由法律及人权事务部长批准，并由印尼驻外使领馆的移民官员按照移民法第40条第(3)(4)款签发。取得临时居留签证后允许进行以下活动(移民条例第102条)：

a. 工作：

i. 作为专家；

ii. 在印尼群岛水域、领海、大陆架及/或印尼专属经济区内运营的船舶、浮动设备或设施上工作；

iii. 从事有偿专业性工作；

iv. 从相关政府机构取得许可后，从事商业影视制作工作；

v. 对货物和产品进行质量控制；

vi. 对(外国)公司的印尼分公司进行调查或审计工作；

vii. 开展售后服务；

viii. 安装和维修机械；

ix. 进行临时施工；

x. 进行艺术、音乐和体育等相关活动；

xi. 从事职业体育活动；

xii. 从事医疗活动；

xiii. 作为一名潜在的外籍工作者，在其专业领域背景下开展工作。

b. 非工作相关活动：

i. 进行外商直接投资；

ii. 培训和科研；

iii. 家庭探视；

iv. 遣返。

根据移民条例第75条的规定，临时居留签证可通过书面或在线方式申请。临时居留签证的申请可以由外籍公民或所在单位向法律及人权事务部部长或指定的移民官提交，填写申请资料并附上下列材料［移民条例第103条第（1）款］：

a. 所在单位出具的担保书；

b. 护照复印件：

i. 对于在印尼居留不超过6个月的外籍公民，护照剩余有效期至少12个月；

ii. 对于在印尼居留不超过1年的外籍公民，护照剩余有效期至少18个月；

iii. 对于在印尼居留不超过2年的外籍公民，护照剩余有效期至少30个月；

c. 在印尼居留期间，申请人及/或其家庭成员的生活费用证明；

d. 彩色护照照片；

e. 根据移民条例第103条第（2）款及其他现行规定，提交由相关政府机构及/或部门出具的推荐信将作为一项附加要求。

在完成上述申请后，指定的移民官员将按照移民条例第104条的规定进行评估，并将评估结果向法律及人权事务部部长或指定的移民官员汇报。随后,法律及人权事务部部长或指定的移民官员将向印尼大使馆的移民官发出签发临时居留签证的批准。大使馆的移民官将在收到上述批准通知之日起的 4 个工作日内签发临时居留签证并按规定接受申请费用。

4. 入境签注和出境签注

A. 入境签注(Entry Mark)

根据移民法第 11 条第(10)款,入境签注是指移民官员在印尼公民和外籍公民的旅行证件上通过手动或电子方式加印某种标记,表示其进入印尼境内。因此,外籍公民必须在边检取得入境签注后,才可以进入印尼境内[移民法第 44 条第(1)、(2)款]。

获得入境签注后,外籍公民作为临时居留签证持有人,必须向移民局负责人提交移民法第 46 条第(2)款规定的临时居留许可申请。外籍公民不履行义务的,在印尼境内将被视为非法移民。

B. 出境签注(Exit Mark)

根据移民法第 1 条第(20)款,出境签注是指移民官员在印尼公民和外籍公民的旅行证件上通过手动或电子方式加印某种标记,表示有关人士已离开印尼。任何满足离境印尼要求的外籍公民,只有在从移民官处取得出境签注之后才可离开印尼领土(移民条例第 24 条)。

5. 临时居留许可(Temporary Stay Permit)

A. 概况

根据移民法第 1 条第(21)款,居留许可是指移民官员或外交部门官员批准外籍公民在印尼境内逗留的许可。入境许可是根据移民条例第 112 条第(2)款的规定签发给外籍公民。

所有在印尼境内并取得临时居留签证的外籍公民,必须按照移民法第 148 条第(1)款及移民条例第 112 条第(1)款的规定,办理临时居留许可。目前可通过书面或在线方式申请该等许可,并向下列人士签发[移民法第 52 条及移民条例第 141 条第(1)款]:

a. 通过临时居留签证进入印尼境内的外籍公民;

b. 在印尼境内出生且父母一方或双方持有临时居留许可的儿童;

c. 变更访问许可的外籍公民;

d. 根据法律法规规定,在印尼领海及领土范围内运营的船舶、浮动设备或设施上工作的船长、船员或外国专家;

e. 与印尼公民合法结婚的外籍公民;

f. 与印尼公民合法结婚的外籍公民的子女。

移民法第 55 条规定,访问许可、临时居留许可和永久居留许可的授予、续期和取消均由法律及人权事务部长或指定的移民官员批准和执行。若移民官员对外籍公民居留许可的状态及其国籍存在疑问的,移民官员有权对其进行调查(移民法第 58 条)。

此外,上述 a 项及 c 项中的外籍公民包括[移民条例第 141 条第(2)款]:

a. 参与投资的外籍公民;

b. 专家;

c. 科研人员；

d. 限制性居留许可持有人的配偶；

e. 具有外国国籍但父母为印尼国籍的儿童；

f. 父母持有限制性居留许可或永久居留许可的 18 岁及以下未婚子女；

g. 曾是印尼公民的现外籍公民。

由此可见，在印尼境内进行投资的所有外籍公民都必须获得临时居留许可。另外，在印尼境内工作和留任的每位潜在外籍员工也必须获得临时居留许可。

临时居留许可最长期限为 2 年，每次延展的期限为 2 年，但总的居留期限最长不得超过移民条例第 148 条规定的 6 年。

B. 限制性居留许可的申请

临时居留许可申请必须由外籍公民或者担保人出入境管理机构负责人或其外籍公民所在地的指定移民官员提出。投资印尼领土的外籍公民必须填写申请资料，并附上移民条例第 142 条第(2)款(d)所规定的以下文件：

a. 所在单位出具的担保书；

b. 合法有效的本国护照；

c. 居住证明；

d. 有关政府机构/部门出具的推荐信。

根据移民条例第 143 条的规定，上述临时居留许可申请必须在取得入境签注之日起 30 天内提交。若在该期限内没有及时提交临时居留许可申请的，则按照现行法律法规，外籍公民将被收取一定费用。

移民局负责人或指定的移民官员随后将审查所需文件。若审核通过且申请人的照片已被接收，移民局负责人或指定的移民官员将在 4 个工作日内签发临时居留许可。

6. 永久居留许可（Permanent Stay Permit）

A. 概况

根据移民法第 1 条第（2）款，永久居留许可是外籍公民作为印尼居民于印尼境内居留和定居的许可性文件。

根据移民法第 54 条第（1）款规定的居留状态变更和移民条例第 152 条第（1）款，可以向下列人士提供永久居留许可：

a. 持有临时居留许可的外籍公民作为雇员及/或投资者，在印尼连续居留超过 3 年并向印尼政府签署综合性声明的［移民条例第 60 条第（1）款］；

综合性声明（Integration Statement）是指外籍公民向印尼政府所作的声明，作为获得永久居留许可的条件之一［移民法第 1 条第（22）款］。

b. 外籍公民与印尼公民合法结婚且婚姻关系存续满 2 年，并签署了印尼政府的综合性声明［移民法第 60 条第（2）款］。

c. 持有永久居留许可的外籍公民的配偶及/或子女。

d. 曾是印尼公民的现外籍公民或未成年时具有印尼双重国籍。

需要注意的是，上述永久居留许可不会颁发给没有本国护照的外籍公民。根据移民法第 54 条第(3)款的规定,持有永久居留许可的外籍公民将被认定为印尼居民。在此情形下,法律及人权事务部部长仍具有禁止已获得永久居留许可的外籍公民在印尼特定地区居留的权力。

除上述情况外,下列在印尼境内居留的外籍公民也有权获颁永久居留许可[移民条例第 152 条第(2)款]:

a. 未成年时曾在印尼拥有双重国籍但最终选择外籍身份的人士;

b. 作为持有永久居留许可的外籍公民的子女并出生在印尼的儿童;

c. 在印尼境内丧失印尼公民身份的印尼公民。

根据移民法第 59 条的规定,永久居留许可期限为 5 年,且只要许可未被撤销则可无限期延长。永久居留许可持有人有义务每 5 年向移民局报告,且根据移民法第 59 条第(2)款的规定,持有人不会被收取任何费用。

B. 永久居留许可的申请

根据移民条例第 133 条的规定,永久居留许可申请必须由外籍公民或者所在单位向移民局负责人或外籍公民所在地的指定移民官员提交申请,同时提供以下材料:

a. 合法有效的本国护照;

b. 移民法第 152 条第(2)款规定的外籍公民临时居留许可复印件;

c. 居住证明；

d. 外籍公民签署的综合性声明；

e. 有关政府/机构的推荐信。

移民局负责人或指定的移民官员将核查上述永久居留许可申请的完整性，并在4个工作日内，根据移民条例第154条规定颁发永久居留许可。

C. 居留许可状态的变更

移民法第56条和第57条为外籍公民变更居留许可状态提供了机会。此等变更须由法律及人权事务部部长书面批准。可变更的居留许可情况如下（移民条例第160条）：

a. 访问许可变更为临时居留许可

将访问许可变更为临时居留许可的申请必须由所在单位向外籍公民居住地有管辖权的移民局负责人提交，下列外籍公民可批准变更［移民条例第166条第（3）款］：

i. 资本投资方；

ii. 专家；

iii. 印尼公民的配偶；

iv. 限制性居留许可或永久居留许可持有人的配偶；

v. 具有外国国籍但父母为印尼国籍的儿童；

vi. 父母持有限制性居留许可或永久居留许可的18岁及以下未婚子女；

vii. 法律及人权事务部部长基于社会及/或公民福祉的考量；

viii. 希望重新合法获得印尼公民身份的人士。

由此可见,持有访问许可并将进行投资的外籍公民或持有访问许可并在印尼工作和生活的外籍公民,可将其访问许可变更为临时居留许可。

若要进行该等状态变更,所在单位必须按照移民条例第 166 条第(4)款的规定,提交相关机构及/或政府部门出具的推荐信。

b. 临时居留许可变更为永久居留许可

由临时居留许可变更为永久居留许可的申请必须由所在单位向外籍公民的住所地有管辖权的移民局负责人提交,这类申请主体包括[移民条例第 167 条第(2)款]:

i. 雇员;

ii. 投资者;

iii. 永久居留许可持有人的配偶;

iv. 具有外国国籍但父母为印尼国籍的儿童;

v. 曾是印尼公民的现外籍公民。

上述(i)至(iv)项中,外籍公民的临时居留许可变更为永久居留许可状态必须满足一定条件,即该外籍公民应依据移民条例第 167 条第(3)款的规定,至少连续 3 年取得临时居留许可。

此外,移民条例第 167 条第(4)款规定,为变更上述(i)至(iii)项所述的外籍公民身份,所在单位必须按法律规定,提交相关机构及/或政府部门出具的推荐信。

因此,只有在获得外交部部长的同意后,法律及人权事务部部长才能按法律规定批准该等状态变更。该等变更不适用于(i)通过访问签证而获得访问许可的人士或免签访问人士,或(ii)移民条例第166条第(5)款规定的交通运输人员。

D. 对于违反居留许可的制裁措施

关于上述情况,移民法第78条规定,对居留许可有效期外逗留印尼境内的外籍公民采取严格的制裁措施,具体如下:

a. 对于持有过期居留许可而仍在印尼境内居留的外籍公民,逾期少于60日的,将按照现行规定进行罚款。

b. 此等情形下,该等罚款为该外籍公民的非征税国内收入,若外籍公民没有支付相应费用,他们将面临如递解出境、禁止入境等形式的移民类行政处罚措施。

c. 上述居留许可逾期超过60日的,外籍公民将直接面临如递解出境、禁止入境等形式的移民类行政处罚措施。

7. 许可申请过程的障碍

雇用外籍员工在印尼确实具有实际需求,特别是在外国投资方面。然而如前所述,印尼移民局在移民领域的服务和监督原则上都围绕一项政策开展。根据这项政策,只有当外籍员工能够符合印尼国家福祉、不危及公共安全和秩序、也不对印尼人民或国家构成威胁、并符合1945年宪法及印尼的国家意识形态,才被允许进入印尼境内。

这样的原则导致印尼政府对外籍公民作为投资者或外籍员工入境印尼设置了诸多审批要求。如此数量众多的入境审批要求有时会在入境居留许可的申请过程中造成障碍,包括印尼政府进行的审查就可能需要相当长的时间。

当然,印尼政府也在力图加快移民和劳工居留许可审批的进程。其成果之一是印尼资本投资协会的一站式服务。一站式服务得到了潜在外国投资者的积极响应,因为这一措施可使得外国投资者或潜在的外籍员工更方便快捷地处理所有许可的申请,包括移民和劳工等居留许可。

三、税务问题

根据2008年第36号法案"关于1983年第7号所得税法第四修正案"(下称所得税法)第2条的规定,税收主体分为国内税收主体和外国税收主体。国内税收主体包括:

a. 居住在印尼的个人、12个月内在印尼居留超过183天的个人,或在一个纳税年度内居住并意图居住在印尼的个人;

b. 在印尼设立或居所位于印尼的法人实体,但符合以下标准的某些政府单位除外:

i. 其设立由法律法规规定;

ii. 其资金来自国家或地方政府的财政预算;

iii. 其收入列入国家或地方政府的预算内;

iv. 其会计记录由国家职能监督机构进行审计;

c. 未分割的遗产作为一个整体替代有权继承人。

外国税务主体包括:

a. 不在印尼居住且 12 个月内在印尼居留不到 183 天的个人,以及非印尼设立或居所地不在印尼的法人实体,但通过在印尼的常设机构从事经营活动的;

b. 不在印尼居住且 12 个月内在印尼居留不到 183 天的个人,以及非印尼设立或居所地不在印尼的法人实体,且不通过在印尼常设机构,而在印尼境内因商业活动产生收入的。

关于税收方面,外籍公民实际可以分为两类:一类是外籍公民来到印尼作为外国投资者,另一类是外籍公民来印尼成为外籍员工。这两种类型具有不同的纳税义务和责任,同时还涉及外籍公民是否被纳入国内税务主体或外国税务主体等问题。

关于国内税务主体的股息收入(income in the form of dividends)的应纳所得税收条款载于 2009 年第 19 号政府法规(GR 19/2009)第 1 条,以及所得税法第 17 条第(2c)款和第 17 条第(2d)款:"个人纳税人在本国境内收到或计提的股息形式收入最终须缴纳所得税率为 10%。"

股息所得税款将由股息的付息人或其他指定付款人代扣。在纳税期限结束后的 10 个月内,这笔代扣款将通过邮局或由财政部长指定的银行缴入国库(2010 年第 111 号财政部长令关于国内个人纳税人股息收入所得税代扣代缴及报告程序第 4 条)。

若在 12 个月内作为外籍员工的外籍公民在印尼居留超过 183 天,那么他将被认定为国内税务主体,必须获得纳税人注册号(NPWP),与普通印尼雇员承担相同纳税义务。

若外籍公民作为投资者或外籍员工在印尼居留，但不符合所得税法第 2 条规定的期限，即 12 个月内在印尼居留没有超过 183 天，那么他会被认定为外国纳税主体。外籍公民作为国外纳税主体，有关股息收入的应纳税额由所得税法第 26 条第（1）款规定："以下所列的以任何名义或任何形式支付、提供支付，或由政府机构、国内纳税主体、活动组织者、常设机构或外国公司驻印尼代表处应支付给非驻印尼常设机构的外国纳税主体的款项，应当由上述付款一方预扣所得税，税额为总收入的 20%"：

a. 股息；

b. 保费、贷款偿还担保相关的折扣及赔偿等所产生的利息；

c. 专利使用费、租金等与财产使用相关的收入；

d. 与服务、工作和其他活动有关的报酬；

e. 奖金和奖项；

f. 退休金和其他定期收入；

g. 溢价交易和其他对冲交易；

h. 债务履行所产生的收益。

根据上述规定，外籍公民作为投资者或外籍员工在印尼境内的股息收入，或与服务、工作和其他活动有关的收入，都须缴纳 20% 的所得税。但是，若取得股息收入的外国纳税主体其原籍国与印尼已签订了税收协定，且该主体能够提供居籍证明（Certificate of Domicile, COD），则根据 Per－24/PJ/2010 号税务条例"关于修订 Per－61/PJ/2009 号税务条例'关于适用避免双重征税的批准程序'"的规定，最终应缴的税率将以上述税收协定中的约定为准。

目前印尼正在不断优化其税务部门，以使纳税人更易符合相关税收规定的要求，并按现行规定进行纳税。最新的一项成果是可以通过电子汇款业务进行纳税，其依据是2014年第32号财政部长令。

四、违反外籍员工就业相关规定的案例

目前在印尼境内，违反雇用外籍员工相关规定的现象仍十分普遍。从现有的违法案件数量可见一斑。以下是印尼境内违反雇用外籍员工相关规定的案例。

（一）案例一

根据beritasatu. com网站2015年3月21日发表的一篇标题为“外籍员工遭驱逐，MMI建设工程停工”的报道，印尼一家煤矿公司因数十名中国籍员工被遣返后，其建设项目被迫暂停。据报道，在该公司工作的中国籍员工共56人，其中25人于2015年1月被遣返，另外31人于2015年3月底被遣返，原因是该公司对这部分员工的外籍员工雇用许可已经过期。但在随后的抽查中劳动部门却发现，公司就这31名中国籍员工根本没有取得外籍员工雇用许可①。

根据劳工法第43条第（1）款以及2015/35条例第5条第（1）款

① Http://www. beritasatu. com/nusantara/259116 - pekerja - asingnya - dideportasi - pembangunan - konstruksi - mmi - dihentikan. htm，访问日期：2015年3月21日。

的规定，雇用外籍员工的雇主必须提交并获得由人力资源部部长或指定官员批准的外籍员工计划。此外，劳工法第42条第(1)款规定，雇用外籍员工需要人力资源部部长或指定官员批准签发的书面许可。而根据2015/35条例第37条第(1)款的规定，外籍员工的雇主必须取得外籍员工雇用许可。

外籍员工雇用许可最长期限为1年，人力资源部部长可以根据外籍员工所在职位的实际情况予以续期①。此外，若外籍员工被任命为董事会成员，各委员会成员或监事会成员，则外籍员工雇用许可将给予单次最长2年的期限，期限届满后可续期②。

在上述网站的报道中，在印尼煤矿公司工作的中国籍员工由于其外籍员工雇用许可已过期，因此违反了2015/35条例第37条第(1)款的规定。

(二)案例二

2015年10月20日，tempo. co新闻网站刊登报道，标题为“加里曼丹省海螺水泥公司(Semen Conch Kalimantan)疑似非法雇用中国籍员工”。南加里曼丹省议会地方就业条例草案特别委员会于2015年10月20日凌晨突击检查了一家水泥制造公司。该特别委员会主席亚西迪·费齐(Yazidie Fauzi)表示他们曾设法抓捕部分外籍员工。同时他解释说，这些外籍员工可能没有取得任何在印尼居留工

---

① 2015年第16号劳工部长令关于雇用外籍员工方式：第39条第(2)款。
② 2015年第16号劳工部长令关于雇用外籍员工方式：第39条第(5)款。

作所需的法律文件。在进行检查时,水泥公司无法就这些外籍员工提供任何有效文件证明其在印尼工作的合法性。这起案例的实质是非法外籍员工通过访问签证入境印尼后违法居留并工作①。

外籍员工除应上报并取得外籍员工雇用计划和外籍员工雇用许可外,还必须具备前面提到的移民类许可,如入境签证和居留许可。外籍公民若在印尼工作的,则必须取得临时居留签证(Temporary Stay Visa)。根据移民法第 39 条的规定,外籍公民取得临时居留签证后方可从事以下活动②:

a. 作为专家、雇员、研究人员、投资者及其家属,以及与印尼公民合法结婚的外籍公民在印尼境内临时居留;

b. 在印尼境内群岛水域、领海、大陆架及/或印尼专属经济区内经营的船只、浮动设备或设施上工作。

临时居留签证是在印尼境内工作的外籍员工获得临时居留许可的前提条件。移民法第 48 条规定,外籍公民的居留许可将根据其签证类型和状态予以签发。此外,移民法第52 条第(a)款规定,通过临时居留签证入境印尼的外籍公民可获得一份暂住证(Limited Stay License)。

由此可见,上述报道中的违法行为,其原因是滥用外籍员工的访问签证而实际在印尼境内工作。该行为违反了移民法第 39 条和

---

① Https://nasional. tempo. co/read/news/2015/10/20/063711162/semen - conch - kalimantan - diduga - pekerjakan - tka - cina - ilegal,访问日期:2015 年 10 月 20 日。

② Https://nasional. tempo. co/read/news/2015/10/20/063711162/semen - conch - kalimantan - diduga - pekerjakan - tka - cina - ilegal,访问日期:2015 年 10 月 20 日。

第 52 条第(1)款的规定。作为外籍公民入境和居留印尼的文件,签证和居留许可记载了外籍公民在印尼所允许进行的活动。因此,外籍公民不得从事其签证和居留许可中未允许从事的活动。

(三)违法行为的制裁

上述两个案例中的外籍员工均违反了现行法律规定。而这些外籍员工的行为将受到被印尼政府递解出境的制裁。移民法第 75 条对递解出境的行政处罚作了具体规定:

(1)移民局负责人有权对印尼领土内涉嫌危及公共安全和秩序的危险活动或不尊重或不遵守印尼法律法规的外籍公民进行移民类行政处罚。

(2)上述第(1)款所述的移民类行政处罚包括以下形式:

a. 列入入境预警或禁令名单;

b. 限制、变更或撤销居留许可;

c. 禁止其进入印尼境内的特定区域;

d. 指定其在印尼境内的特定区域居留;

e. 罚款;

f. 从印尼领土递解出境。

(3)递解出境形式的行政处罚行为同时适用于在印尼境内逗留、试图逃避原籍国法院判决威胁和执行的外籍公民。

根据上述规定,对上述两个新闻报道的案例中,违反移民法的外籍员工属于从印尼领土递解出境的行政处罚的适用范围。

日本投资移民全流程解析

作者简介

古田诚司，古田行政书士事务所所长。于2002年取得行政书士资格，2003年开办行政书士事务所。目前在大阪市内经营行政书士事务所。专业办外国人在日本的在留资格相关手续。其中，客户中多数为中国人。近年来，经手的入国管理局的年间申请数已超过200件，且多次办理过从中国申请的“经营管理”在留资格，并成功取得签证。曾在贸易公司工作多年，且经常往返于中日之间，对中国的经济和社会文化十分精通。

（翻译：霍婕）

一、爆买和赴日中国游客

中国游客在日本国内的各大电器商场、百货店、药妆店等，排长队购买的情景已不再罕见。这种现象被称为“爆买”。以下就该现象进行分析。

赴日旅行的外国人游客人数持续增长。政府为发展经济，也致力于吸引外国游客赴日消费。2013 年赴日游客人数突破 1000 万人，2014 年高达 1300 万人，2015 年 1970 万人，2 年内增长了约 2 倍。

中国游客引领了访日热潮。在 2014 年访日的中国人达到 240 万人，2015 年远远突破该人数，高达 500 万人，而且该趋势暂不会衰退。

中国人赴日的目的，是想要体验日本的自然风光和历史文化，但近期大部分中国人赴日的主要目的是购物，即“爆买”。

“爆买”一词，已成为一种社会现象。在日本人消费欲萎缩的时候，中国人狂热的购买欲，成为以零售行业为主的日本经济的救世主。

“爆买”的商品，大部分是化妆品、药品、电器、手表、保健食品等。造成中国人“爆买”的现象主要有以下几个原因：其一是汇率，因人民币升值日元贬值，让人觉得日本的商品变便宜了。其二是日本商品的优质高性能，引起了消费者强烈的购买欲。

另外，中国的税收制度造成了国内外价格的差异，这也是引发

“爆买“热的原因之一。同样的产品，在日本购买再带回国，也比在中国购买便宜很多。通常在中国购买日本的产品，需缴纳中国关税和增值税等。产品不同，差价也各异，如在日本100日元的产品，在中国购买的话至少需150日元以上。此外，因为是出口产品，在许多情况下还能在日本享受免税优惠。这也就难怪中国人会赴日“爆买”了。

而中国游客在海外“爆买”，被认为是造成中国国内消费低迷的要因之一，所以对于从日本等其他国家购买回国的商品，开始严格征税。

“爆买”一般都是在大量购买之后再分给家人朋友，或者再在中国转售。但中国游客在日本“爆买”的产品数量已经远远超出了一个家庭单位的消费量。化妆品等消耗品自不必说，除此之外，比如在中国极受欢迎的电饭煲等，很多中国人相同产品同时买5个、10个。很明显这并非一个家庭单位的需求量。

关于赴日时期，很多中国游客赶在“国庆节”“春节”等黄金周赴日爆买，或趁4月上旬樱花盛开的季节，赴日赏花。而且，除乘坐飞机外，坐船赴日的中国游客数也在激增，目前这种趋势并无消退迹象。但是，访日人数已经超出了现有住宿设施的可容量，尤其是在东京、大阪等大城市，一些出差的日本人因预约不上宾馆而十分困扰，为此抱怨纷纷。

二、关于投资日本房地产

随着“爆买”热潮的出现，从中国赴日购置房地产的人数也在增加。就房价而言，一般游客并没有购买能力，赴日不断地购置公寓、别墅等房地产的往往是中国的富裕阶层。中国人的购房行为，也被视作中国人“爆买”的一部分。就理由而言，虽购房和爆买化妆品并不完全相同，但两者又存在共同点。以下将对赴日购房的理由进行分析。

（一）中国房地产的使用权，日本房地产的所有权

中国的土地归国家和集体所有，个人不拥有土地所有权。购房时，会获得 70 年等使用期限。自中国个人持有房屋产权过了 70 年左右，虽到期后可以更新土地使用权，但无人知晓 70 年后会具体发生怎样的变化。也会有人忧虑将来是否必须将土地返还给国家。

任何东西都想自己握有所有权，这是人类的正常心理。因此对于中国的富裕阶层而言，在日本拥有房地产所有权，获得个人所有的财产，是极具吸引力的。

（二）日本良好的环境

初次赴日的中国人对日本的印象，大多是街道漂亮干净、环境优良。湛蓝的天空，街道上望不见垃圾，有很多公园，道路两侧绿化

完善等。而一般外国人对日本的第一印象都是在飞机降落时，那时就已感叹于干净、便利的整体机场环境。此外，铁路等公共交通也非常便利，在城市通过乘坐 JR（国铁）、私营铁路、地铁等可以舒适快捷地出行。

中国的环境相比之下堪忧，尽管不能一言蔽之。其中，北京和上海的空气污染尤其严重。这是将推动经济增长置于首要位置，而懈怠了环境保护的结果。另外，煤炭的大量使用，汽车和摩托车的使用人数急速增加，更加剧了环境不同程度的恶化。中国如今出现的这些问题与日本高速成长期间的公害病等，及当时日本的其他情况十分类似。

长期在日本生活的中国人，每次回国都生病，而再次回到日本后身体状况又会恢复。日本的蓝天让人心情舒畅。

（三）日本良好的治安

日本不仅自然环境优美，空气质量好，日本的治安也位居世界前列。

日本的法律制度、基础设施等也非常健全，类似高额出售劣质产品的无良厂商十分少见。

在日本可以放心购房，这同样刺激了中国人赴日购房的欲望。受物价和日元贬值的影响，中国人长期以来普遍认为日本物价高。而在 10 年、20 年前，去中国出差或旅行的日本人都惊叹于中国的低廉物价。那时，在工厂工作的中国人一个月的工资约 300 ~ 400 元，食品、服装、日用品基本都在10元以内，非常便宜。大多数人的印象都是中国的物价很低。

然而，随着这几年中国经济迅猛发展，物价也大幅度上涨。且由于劳动力成本的上升，商品价格也越来越高。与中国的物价上涨速度相比，日本受长期的通货紧缩影响，物价上升相对缓慢。其结果是，日本和中国的物价差距越来越小。现如今日本人去中国，甚至会觉得中国的物价已超过日本。

而对于中国人来说，感觉恰恰相反。过去一直认为日本物价很高的中国人，如今到了日本后感觉很多东西都很便宜，对日本物价的前后印象发生了明显的变化。

此外，最近几年日元一直贬值。在2012年1美元约为80日元，2015年暴跌至120日元，降幅实际超过40%。对于外国投资者而言，相应地，日本的房价也相对下降。

在10年、20年前，以绝对不可能在日本买到房的低价即可以在中国购买公寓。而如今中国房价一路飙升，很多人只能望楼兴叹。因此，购买欲旺盛的中国人在了解了目前日本的房价后，定不会错过机会。并且还会越发萌生购买欲，出现连锁反应。

（四）投资目的

2020年将举行东京奥运会。在东京奥运会之前，多数中国人预测日本的房价将会持续上涨。过去，很多人以2008年中国举办北京奥运会和2010年的上海世博会为契机，通过投资房地产而赚得盆满钵满。所以不少中国人打算在日本以同样策略，在奥运会之前将房售出大赚一笔。

（五）对于中国人在日本大量购房，日本政府的态度

日本的房地产，原则上只要有钱任何人都可以自由购买。且基本上对买方国籍没有要求。在不贷款购房的情况下，所需文件仅仅是印章证明，用于房屋登记。若买方是中国人，仅需要提交印章的公证书。简言之，只要有现金，就可以购房。因此，也有日本人担心如果对中国人“爆买”房地产行为不加限制任由发展的话，日本的大量土地和房屋将被中国人所有。另外，房地产所有权人需缴纳的固定资产税、遗产税等的征收问题，也备受关注。

虽然日本一些新建公寓原本制定了出售给中国人的比例，如规定在20%以下等。但由于这并不具有强制力，实际销售时有些公寓的近一半业主仍然是中国人。

从海外赴日购房的中国人，大部分都以现金购买，因此不需要贷款审查，自然也省去了相关手续，因而加快了销售速度。

目前，日本政府针对外国人在日购房行为，还未采取任何措施。制定法律进行规范调整或许有一定的难度，但政府需考虑继续放任不管是否会引致其他问题。政府应未雨绸缪，在早期思考并采取应对措施。

三、在日本成立公司

作为投资方式，除了购房外，近些年在日本出资设立公司创业的中国人也在增加。

到目前为止，长期居住在日本的中国人设立公司的较多。但是最近用短期签证从中国赴日设立公司的人数也开始日益增加。

不少中国人在日本购房的同时设立公司，还有一些中国人在设立公司后再购房。因为仅凭购房并不能获得签证，因此很多人开始选择在设立公司后一边经营公司一边留在日本生活的这种模式。

日本的公司形态各种各样，但最普遍的是株式会社。

外国企业在日设立株式会社时需办理的手续，和日本人设立公司时基本相同。关于资料文件，需要发起人和代表董事在日本当地的相关文件(印章证明或签字证明)。

设立株式会社的流程：

①决定公司名称。公司名称前或后需有株式会社这四个字。

②决定公司全貌。目的(事业内容)，总公司住址，资本金，发起人，董事，监事，事业年度，交易银行等。

③制作公司印章(代表人印章)。直径1cm以上3cm以下。

④取得印章证明。

⑤发起人、将来董事的印章证明书制作公司章程，公司章程需记载公司基本的内部规定；记载②中的决定内容，并制作为正式书

面文件。

⑥公证公司章程。在公证处认证制作好的公司章程。

⑦出资。在规定的交易银行或其他金融机关,就认购的股份缴纳相应的出资,作为设立公司的资本金。

⑧代表董事,董事等的决定。代表董事的选任,决定总公司住址等,并制作会议记录。

⑨制作登记申请书。

⑩向所管辖的法务局申请登记。登记申请书;公司章程 1 份;会议记录。

登记审查手续约 1 周完成,之后可以取得登记事项证明书等已成立公司的相关文件。

⑪向政府机关申报。向税务局、都道府县税务所、劳动基准监督署、公共职业安定所等提交公司设立申报书。

在公司设立的过程中,公司发起人或董事个人需在日本拥有城市银行的账户。因此,一般打算在日设立公司的人都会邀请居住在日本的朋友一同创办公司。

四、签证及在留资格

(一)赴日签证审查手续

日本的签证制度是:日本入国管理局首先进行资料审查,判断是否符合在留资格,审查通过后交付在留资格认定证明书。

需向日本大使馆等申请签证，并获得批准。但若以结婚或工作为目的赴日，或申请可以长期居留在日本的签证，位于日本境外的日本大使馆或领事馆审查起来相对复杂麻烦。因此，在该情况下，日本的入国管理局首先审查希望在日本居留的外国人将要从事的活动内容是否符合各类签证条件（在留资格），若审查结果为符合其中一类条件的，则签发在留资格认定证明书。然后将该在留资格认定证明书提交给日本的大使馆或领事馆，若使领馆认为满足入境及居留条件的，则签发签证。

（二）申请在留资格认定证明书→获得签证→进入日本境内的一般流程

【日本境内】

本人或代理人向日本入国管理局提交在留资格认定证明书并交付申请书；日本入国管理局向在日本的本人或代理人交付在留资格认定证明书。

【日本境外】

向最近的日本大使馆或领事馆提交在留资格认定证明书，并申请签证；

日本大使馆等批准签证。

【日本境内】

入境日本。

入境日本时（必须自在留资格认定证明书签发之日起3个月内

申办签证，入境日本），需向入国审查官出示护照和签证，并提交在留资格认定证明书，之后审查官会在护照上加盖入境许可章，然后会向中长期的外国居留者，交付在留卡。在留卡是日本入国管理局针对中长期居留者签发的，以证明各自的在留资格的文件，即在留许可。

另外，关于在留资格中的“短期居留”，不需要申请在留资格认定证明书。比如，以短期旅行、探亲、商业谈判等目的赴日，且停留时间在90天内的人，可以直接向当地的日本大使馆或领事馆按规定手续申办签证。

美国、英国、韩国、中国台湾地区等国家和地区的护照持有者，因为存在互免签证制度，所以如果是短期在日停留，则无须获得签证即可直接赴日。而在中国大陆因还未制定该制度，所以仍需先取得签证才能入境日本。

日本从几年前开始逐渐放宽对华的短期签证条件，尤其是访日的团体旅游签证变得非常宽松。如果去一次冲绳，就可取得多次访问签证。虽然还对年收入有要求，但对于富裕阶层而言，是个好消息。日本放宽签证条件，也是造成“爆买”现象的要因之一。

目前，中国人个人无法直接去日本大使馆和领事馆办理签证手续，必须通过居住地的代理机构代办。

关于购房和签证间的关系，很多人存在错误认识。在日本，如果仅仅是购买了公寓、别墅、高层建筑等房地产，并未获得签证（在留资格）。虽购买了高价房产，但也不能凭此在日居留生活，甚至不能入境日本。如果想在日本停留或赴日,必须首先取得签证。

(三)在留资格取得——经营管理

中国的富裕阶层基本不会通过在日本公司任职从而取得签证,更多的是凭借设立自己的公司,在日本创业取得签证。若投资设立新公司,则赴日外国人将取得“经营管理”在留资格。

“经营管理”在留资格以前被称作“投资经营”,在2015年变更了名称。但在某些情况下,投资经营更容易理解。

取得“经营管理”在留资格的条件:

①500万日元以上的出资;②办公地点的确保;③事业的稳定性。

以上三个条件缺一不可,否则将不予许可在留资格。

①关于出资,对于在日本能轻松购房的中国富裕阶层而言,出资500万日元并非难题。

②关于公司住址,所购买的房地产即可作为办公场所,设为公司住址,进而开展事业。

而如果以租借的办公室作为办公场所,将出现在日本特有的问题。在日本租房,一般需要连带保证人,且并非任何人均可担任保证人,一般要求是日本人或持有永住在留资格的外国人。这对于初次赴日的外国人而言是一大难题。

③关于事业的稳定性,若在中国本身就有事业,赴日开展相同事业的,则容易获得许可。因为在该情况下,往往被认为事业能够

进展顺利。

除非长期在日本居住或日语流利，否则初次在日本开展事业较为困难，且难以获得许可。

不管在任何情况下，都需经入国管理局审查，如果审查不通过，则得不到许可，也就不能入境日本。即便购置了房地产，设立了公司等，也不能保证定能取得签证，是否符合经营管理在留资格的审查非常严格，获得签证并非易事。

最坏的结果是，明明高价购置了房产却遭到拒签，进而无法赴日。

五、和日本泡沫时期的对比

有很多人将20世纪80年代日本的经济泡沫破裂和中国现状进行比较。两个国家的共同点是，房地产价格疯涨，股市快速上涨。那时日本因严重的通货紧缩，使得日本在“失去的10年”甚至“20年”毫无发展，鉴于此，中国也值得借鉴经验，需要提防面临物价暴跌的危险。

中国被称作世界工厂，接受来自世界各地的投资。但中国企业生产的钢铁、煤炭、水泥等数量已超过需求量，出现生产过剩。生产过剩有一种趋势就是会导致价格竞争，进而商品价格将会越来越低。

在日本的泡沫时期，很多企业以投资为目的，在美国纽约购买大厦、有名的书画等。并且日本国民都十分喜爱法国产的化妆品、意大利的品牌,当时也有很多日本人拥有这些产品。虽然不及当前中国人的“爆买”程度,但在经济发展的历史长流中,中日的很多情况都十分类似。

基于此,因20世纪90年代的日本和2015年的中国有很多相似之处。中国应该从过去日本经济遭遇的境况中吸取经验,引以为戒。

六、今后的趋势

20世纪90年代泡沫经济崩溃后,日本企业的业绩下滑,之后进入长时间的衰退期。在包括日本在内的全球经济停滞不前时,中国经济开始崛起,并以每年10%以上的惊人速度持续增长。欧美各国和日本,开始以各种方式在中国投资,中国成为世界工厂。北京奥运会、上海世博会成功举办,全球瞩目。21世纪初中国的经济继续飞速增长,GDP在世界排名中一跃而上。然而,近几年原本一帆风顺的中国经济也出现了下滑趋势。比如,上海股市大幅下跌、贸易总额减少、人民币贬值等,中国经济一时的增长势头开始逐渐消失。

虽然随着中国游客的“爆买”,种种不礼貌行为开始显现,但不管如何还是拯救了一直低迷的日本经济。中国人旺盛的购买欲并非日本人可匹敌。不过,中国人不在经济发展停滞的中国消费,却在国外疯狂购物,任谁都会觉得不可思议。因此,在国内经济的下滑期,中国政府不会对此放任不管迟早会采取相关措施。由于中国国民在国外“爆买”是造成中国经济停滞的原因之一,因此可以预见政府将会采取的措施或政策动向。在经济成长期以前,中国对外汇管理十分严格,严格管制境外汇款和带现金出境。近日,听闻海关提高了对随身携带行李物品的进口税率,并开始在中国机场严查随身携带行李等。

日本也担心因为中国政府的干预,中国人赴日“爆买”的欲望会急剧减退。虽然今后赴日的中国人人数和“爆买”欲可能会受影响,不过很多人仍认为在日购房的热潮会一直持续至东京奥运会。我个人认为短期内,“爆买”热还会持续升温,不会突然减退。但是,“爆买”需要资本,而经济成长期资金富足的情况并非能永久持续。因此,一般而言,从长期来看,投资热潮和消费热潮终将过去,回归平静。

后　记

随着近年来中国经济稳步发展，越来越多的人已经在经济实力上具备海外投资移民的条件，心理上也有走出去的需求，成功的案例比比皆是。许多人跃跃欲试，从各方面寻求海外投资移民的机会。希望能够通过投资移民，节省将来把孩子送出国留学的费用，并享受到移民国家的各种福利，同时增加他们中国事业未来在国际舞台发展的竞争实力。

然而，近年来受到多方面政策的影响与制约，海外投资移民市场并非一帆风顺。众所周知，不同国家的政策对于申请人学历、年龄、经商背景和语言均有不同的要求。而在国内的移民咨询机构，仅仅了解到一些简单的信息，对于移民法律与政策最新的变动及移民环境不甚了解。事实证明，想要进行海外投资移民，仅凭一腔冲动是远远不够的，我们需要提前数年进行完善的准备，以确保万无一失。同时，我们更需要专业人士为每一位申请人设计符合其实际情况的详细规划。

本书邀请了海外众多国家的资深律师及业内专业人士撰写。在每个篇章中详细介绍了各个国家的移民要求、申办流程、移民政策、税务规划等板块，涵盖了海外投资移民所关注的方方面面，这是一本投资移民全程参考书，涉及移民前、移民中、移民后全方位。此外，部分篇章还采集了真实的移民案例，介绍了移民后的生活概况，讲述移民前后生活的变化与不同等，以便读者了解移民后的生活，对自己的选择做出独立准确客观可信的预判。

我们希望通过这本书，能够帮助有志于国际化发展、去海外进行投资的读者提前做好充分的规划和准备，能够就大家关注的一些问题进行相应的提示。

对于本书的出版，国内外朋友给予了大力帮助和支持，在此表示感恩。

因移民法和税法政策会经常调整变化，本书已尽最大努力搜集目前主流移民国家的最近资讯数据及法律政策规定，尽管我们已经竭尽全力核实校对，但仍难免有一些疏漏和不足，涉及您有意详细了解的国别投资移民政策法规和具体措施，在采取行动之前，请一定要咨询该国律师等专业人士，避免发生因为听信个别商业机构的夸大言辞而导致时间与金钱上的损失。

如果读者发现本书内容有错漏的地方，希望能海涵指正，并发邮件给我们，以便我们再版时进行更正。

本书编委会

二〇一九年三月

图书在版编目(CIP)数据

海外投资移民实用指南 / 黄正东主编. -- 北京 : 法律出版社, 2019
ISBN 978-7-5197-3058-1

Ⅰ. ①海… Ⅱ. ①黄… Ⅲ. ①移民问题-世界-指南 Ⅳ. ①D523.8-62

中国版本图书馆 CIP 数据核字(2019)第 022253 号

海外投资移民实用指南
HAIWAI TOUZI YIMIN SHIYONG ZHINAN

黄正东 主编

责任编辑 李 璐
装帧设计 贾丹丹

出版 法律出版社
总发行 中国法律图书有限公司
经销 新华书店
印刷 天津嘉恒印务有限公司
责任印制 胡晓雅

编辑统筹 司法实务出版分社
开本 A5
印张 14
字数 276 千
版本 2019 年 3 月第 1 版
印次 2019 年 3 月第 1 次印刷

法律出版社/北京市丰台区莲花池西里 7 号(100073)
网址/www.lawpress.com.cn
投稿邮箱/info@lawpress.com.cn
举报维权邮箱/jbwq@lawpress.com.cn
销售热线/010-83938336
咨询电话/010-63939796

中国法律图书有限公司/北京市丰台区莲花池西里 7 号(100073)
全国各地中法图分、子公司销售电话:
统一销售客服/400-660-6393
第一法律书店/010-83938334/8335 西安分公司/029-85330678 重庆分公司/023-67453036
上海分公司/021-62071639/1636 深圳分公司/0755-83072995

书号:ISBN 978-7-5197-3058-1 **定价:**68.00 元
(如有缺页或倒装,中国法律图书有限公司负责退换)